La sagesse des éléphants

Françoise Malby-Anthony

et Kate Sidley

La sagesse
des éléphants

Traduit de l'anglais
par Marion Schwartz

Albin Michel

À tous les amoureux des animaux qui partagent la même passion et la même vision de la préservation de la faune sauvage, et à mon incroyable équipe de Thula Thula, à mes côtés dans toutes mes aventures africaines.

1

Un éléphant dans mon jardin

Que faisait Frankie devant le portail ?

Avec elle, il fallait toujours se méfier : notre matriarche au tempérament de feu était imprévisible. Elle avança de quelques pas en direction de la maison, fière, la tête haute. On aurait dit qu'elle était dans le jardin ! À cette pensée, je fus prise d'un frisson. Impossible. Cinq fils électriques tirés au sol – soit 8 000 volts – barraient l'accès principal, pour empêcher les animaux de pénétrer dans l'enceinte de la maison. Jamais Frankie n'aurait pu franchir cette limite.

Je m'approchai de la fenêtre pour mieux voir. Étais-je en train de rêver ? Frankie était bel et bien dans mon jardin ! Elle avait réussi je ne sais comment à enjamber la clôture (l'électricité était-elle coupée ?) et progressait vers la maison, foulant cette terre interdite d'un pas léger et serein.

Je pensai immédiatement à mes chiens et les cherchai du regard, paniquée. Sept chiens qui aboient à tout rompre face à une gigantesque femelle éléphant : c'était la catastrophe garantie. M'efforçant de garder une voix calme, bien que tremblante, je les appelai :

– Tina, ici… Lucy, Miley, venez…

Ces petits chenapans n'obéissent pas toujours au doigt et à l'œil, mais cette fois, percevant sans doute l'urgence dans ma voix, ils me suivirent rapidement jusqu'à la maison, sans bruit. Je fermai la porte derrière eux et m'y adossai, frémissant de peur et d'adrénaline.

– Venez, venez, mes chéris, chut…, murmurai-je en les rassemblant autour de moi et en les caressant pour m'assurer qu'ils restent sages.

Mon petit Gypsy tremblait. Même les caniches, Alex et Shiny, d'ordinaire si dissipés, se comportaient de manière exemplaire. La plupart des chiens ont un grand respect pour les éléphants ; Frankie, elle, ne semblait pas les apprécier en retour. J'irais même jusqu'à dire qu'elle les détestait. Un jour, quelques années plus tôt, Gin avait chargé Frankie, pour s'amuser. La réponse ne s'était pas fait attendre : elle l'avait chargé à son tour, de toute sa puissance. Gin, apeuré, avait décampé si vite que ses pattes ne touchaient plus le sol. Heureusement, ce petit chanceux s'en était sorti indemne.

À travers les carreaux de la mince porte en bois, nous l'observions tous.

Je n'en croyais pas mes yeux ! Nous étions alors en juillet 2018 et ce qui était en train de se passer était totalement inédit. Frankie n'avait jamais pénétré dans le jardin, et voilà qu'elle y déambulait en toute confiance, sans montrer le moindre signe d'agressivité ou de stress. Elle faisait le tour du propriétaire, en somme.

Elle continua à avancer dans notre direction, une énorme patte après l'autre, et s'arrêta à cinq ou six mètres de la porte. Un simple coup de trompe aurait suffi à l'abattre.

Frankie et moi avons une relation particulière, pour ne pas dire complexe. Elle est arrivée à Thula il y a vingt ans, avec le tout premier troupeau. Un jour, lors d'une sortie en quad avec mon mari Lawrence, vraisemblablement un peu trop bruyante à son goût, elle a failli nous tuer. Je l'ai vue se ruer sur nous, les oreilles en arrière, les yeux brillants de rage, fendant l'air de son barrissement furieux. Jamais je n'oublierai la terreur ressentie à ce moment-là. J'ai cru ma dernière heure venue.

Nous avons survécu, et Lawrence lui a donné mon diminutif comme prénom : il trouvait que nous avions le même tempérament de feu – typiquement français, selon lui. Mais à cette époque, Frankie était si imprévisible que c'en était dangereux. Cela nous rendait nerveux, surtout lorsque nous sortions en safari avec nos hôtes. Avec l'âge, elle s'est assagie et a gagné en assurance, et bien qu'il faille rester sur ses gardes, une forme de respect mutuel s'est imposée.

Et voilà que nous nous retrouvions tout juste séparées par une bande de pelouse et quelques planches de bois. Les deux Frankie face à face.

L'éléphante posa sur nous un regard hésitant, puis se détourna et poursuivit sa balade dans le jardin, vers la piscine, cette fois.

Derrière elle, j'aperçus alors le reste de la harde, rassemblée le long de la clôture. Aucun des vingt-huit membres ne manquait à l'appel ; de Mandla, notre mâle le plus imposant, au petit Themba, collé aux pattes de sa mère Nandi. Ils semblaient aussi surpris que moi de voir leur matriarche se promener dans cette zone qui leur était formellement interdite. Nana, notre douce et digne aïeule, dont Frankie avait pris la place de matriarche, devait être choquée par ce comportement déplacé.

Le rôle de la matriarche est de guider la harde, de montrer l'exemple aux autres éléphants et de sanctionner ceux qui sortent du rang. Et voilà que Frankie elle-même méprisait ouvertement les règles !

Son fils, Brendan, s'approcha du portail, se disant sûrement : « Si maman a le droit, alors... » Allais-je me retrouver avec deux éléphants dans le jardin ? Voire tout un troupeau, si les autres suivaient ?

Mais au moment où Brendan marcha sur les fils électriques, un crépitement sec retentit, suivi du barrissement furieux de l'éléphanteau. Pas de panne d'électricité, donc : Brendan venait de recevoir une décharge. Il recula.

Frankie poursuivit sa visite pendant près d'une heure, d'un pas nonchalant, l'air curieux. Elle s'arrêta pour observer les prairies en contrebas, près de l'étang. Un peu plus loin, elle fit une halte pour admirer les délicates fleurs roses du kapokier puis finit par s'installer à l'ombre du gigantesque figuier sycomore, levant sa trompe pour humer la brise légère. Elle semblait réfléchir, comme si elle s'apprêtait à acheter : « Hmm, jolie maison, je m'y verrais bien... »

Avait-elle décidé d'élire domicile ici ? Je m'imaginais déjà contrainte de vivre cloîtrée chez moi pour toujours quand Frankie fit demi-tour et se dirigea vers la clôture.

Mes chiens et moi d'un côté, les pachydermes de l'autre : tous les yeux étaient braqués sur Frankie.

Elle avançait d'un pas lent, mais décidé. C'était un

miracle qu'elle ait réussi à entrer sans prendre de décharge électrique, comment allait-elle faire à présent ? Je n'avais qu'une seule crainte : qu'elle reçoive une telle décharge en sortant que je me retrouve avec une éléphante enragée sur le pas de la porte.

Elle leva l'une de ses énormes pattes, qu'elle posa délicatement entre les fils. Le reste du troupeau était dans tous ses états, battant le sol et observant la scène, inquiet. Certains exprimaient leur nervosité en barrissant, d'autres pointaient leur trompe vers le sol comme s'ils essayaient de l'avertir : « Sois prudente, un fil... attention, ici, un autre... regarde bien où tu mets les pattes, Frankie. »

Mais la matriarche garda son calme et continua à progresser, évitant les fils avec une élégance acrobatique des plus étonnantes de la part d'un éléphant de quatre tonnes.

La harde l'accueillit toutes trompes dressées, en signe de triomphe. Quelques grondements s'élevèrent, suivis d'un court barrissement. Nul besoin de parler éléphant pour comprendre qu'ils acclamaient Frankie et se réjouissaient de son retour.

Elle se tourna alors vers moi, recroquevillée derrière la mince porte en bois, mes chiens serrés contre moi. Nos regards se croisèrent et elle fit un petit mouvement de tête, comme pour dire : « Alors, c'est qui la matriarche, maintenant ? »

Le lendemain, je passais la soirée seule à la maison avec mes chiens. Leur agitation était palpable. Eux, d'ordinaire si tranquilles, ne tenaient pas en place et refusaient de s'installer dans le canapé. Quand on vit dans le bush, un tel comportement est souvent le signe que quelque chose ne tourne pas rond : un singe perché dans les arbres, ou plus grave, un serpent sur le pas de la porte, par exemple. Je fis descendre mon petit Gypsy de mes genoux et me levai pour regarder par la fenêtre.

La nuit était tombée et je n'avais pas mes lunettes, mais je ne remarquai rien d'inhabituel. Mon regard se posa sur le tulipier du Gabon dont les magnifiques fleurs rouges m'enchantent au printemps. Sa silhouette massive et sombre se découpait dans le ciel étoilé.

La soirée était calme, sans le moindre vent, mais curieusement l'arbre bougeait, comme secoué par la brise. Une sensation, pareille à un léger picotement, m'envahit : j'avais peur. Je reconnaissais cette masse noire. Ce n'était pas un arbre. C'était un éléphant.

J'envoyai immédiatement un message sur le groupe WhatsApp du personnel de la réserve, rangers inclus :

Alerte ! Frankie est dans le jardin ! Elle est revenue !

Elle se trouvait à seulement quelques mètres de la porte. Entre nous, rien que les deux minuscules marches qui séparent la pelouse de la maison.

J'envoyai un second message :

Quelqu'un sait si les éléphants savent monter les escaliers ?

L'un des rangers, un dénommé Promise, me répondit avec une série d'émojis aux yeux exorbités. Ça ne m'aidait pas ! À vrai dire, personne n'avait de solution. Si j'avais l'habitude de faire déguerpir les antilopes, les babouins ou toute autre créature qui jouait les intrus et semait la pagaille parmi mes chiens, un éléphant, c'était une autre affaire.

Par ailleurs, au-delà de la transgression du périmètre interdit, l'attitude de Frankie était pour le moins étrange. Une matriarche ne quittait jamais les siens en pleine nuit. Or, Frankie était seule. Où étaient donc les autres éléphants ? Je ne les entendais pas et ne les distinguais pas non plus, dans l'obscurité.

Frankie passa la nuit dans le jardin. Manifestement, elle se plaisait chez moi ! Je priai pour qu'elle ne décide pas de s'y installer pour de bon.

– Tu as plus de 4 000 hectares rien qu'à toi, Frankie, marmonnai-je entre mes dents. Pourquoi faut-il que tu viennes dans mon petit jardin ?

Elle s'affairait ici et là, dévorant les gerberas africains que je venais de planter tout en profitant de la fraîcheur nocturne. Elle s'immobilisa quelques instants et je me demandai si elle ne faisait pas une courte sieste, debout, ce qui est assez courant chez les éléphants. Quand l'aube se leva sur le bush, Frankie partit comme elle était arrivée, silencieuse ; elle enjamba délicatement les fils électriques et s'en retourna auprès de son troupeau.

Quelques jours plus tard, j'étais au Royaume-Uni pour le lancement de mon premier livre quand Frankie revint dans mon jardin. Le personnel fut pris de panique et Lynda, la responsable administrative et financière, appela l'un des rangers à l'aide. Andrew décida alors d'avoir une petite discussion avec Frankie. Sous les regards perplexes du reste du personnel, barricadé à l'intérieur de ma maison, il se mit à lui parler d'une voix douce, pour l'inciter à partir :

– Allez, Frankie, il est temps de rentrer maintenant.
Allez...

Derrière le portail, la harde observait la scène avec grand intérêt. Gobisa, le partenaire de Frankie, Mabula, Ilanga et Brendan, ses fils, et Marula, sa fille, étaient absolument fascinés par le spectacle de cette mère récidiviste qui jouait les passe-murailles.

Andrew a un lien particulier avec les éléphants. Ses mots et son ton calme semblent les toucher. Mais ce jour-là, Frankie était de mauvaise humeur et ne voulut rien entendre. Elle se mit à le charger et à le poursuivre en battant des oreilles. Andrew gravit les trois marches du porche d'un bond et se précipita à l'intérieur juste à temps. Après cet épisode, les rangers décidèrent d'un commun accord de laisser Frankie poursuivre son petit tour, et celle-ci finit par partir comme elle était arrivée.

Comme toujours lorsqu'un éléphant adopte un comportement problématique ou mystérieux, je sollicitai l'avis des rangers et de Christiaan, notre responsable de la protection de la faune. Mais nul ne pouvait expliquer l'étrange attitude de Frankie. Les éléphants s'approchent rarement des endroits où nous vivons, et quand bien même, ils ne s'y attardent jamais.

– Ces visites vont devenir un vrai problème, confiai-je à Vusi. On ne peut pas se permettre de laisser Frankie déambuler dans le jardin quand ça lui chante !

Vusi est le responsable de l'entretien de la réserve. C'est à lui que revient tout un tas de tâches difficiles telles que réparer les clôtures, s'assurer de l'approvisionnement en eau et, aujourd'hui, gérer un éléphant qui entre par effraction.

– Oui, c'est dangereux pour tout le monde, admit-il. Pour le personnel comme pour les hôtes.

Ma maison fait partie d'un ensemble que nous appelons *main house*, composé du bâtiment d'origine, une belle ferme de style hollandais typique du Cap, qui abrite la réception et l'administration, et de nombreux cottages et dépendances comprenant ma maison, mon bureau, ainsi que le logement de certains membres du personnel administratif. Si Frankie était capable d'entrer dans mon jardin, elle pouvait aussi bien leur rendre visite.

– Vu sa taille, la clôture ne suffit pas à l'arrêter. Je vais demander à la sécurité d'installer des fils supplémentaires, proposa Vusi. Ça devrait la décourager.

– Merci, Vusi. J'aimerais bien pouvoir aller me coucher sans me demander s'il y a un éléphant dans le jardin !

Vusi tint parole, mais Frankie revint, une toute dernière fois.

Un beau matin, j'entendis une sorte de brouhaha, dehors, non loin de mon bureau. Je sortis et aperçus Portia, l'assistante marketing, qui agitait les bras et les mains et semblait régaler le personnel avec une histoire à dormir debout. Elle me fit signe d'approcher :

– Françoise, vous ne devinerez jamais ce qui vient de se passer !

– Eh bien, raconte !

Portia en rajoute toujours, c'est dans sa nature. Je m'attendais donc à ce qu'elle soit tombée sur un serpent dans le placard ou une grenouille dans sa chaussure. Dans le bush, ce genre de petit incident n'est pas rare.

Elle déroula le fil de son récit, les yeux écarquillés :

17

– J'étais en maillot de bain, et je marchais en direction de la piscine pour ma séance de natation matinale. Arrivée au milieu de la pelouse, quelque chose a attiré mon attention. Une sorte de gros rocher gris. Bien sûr, il n'y a pas de rocher à cet endroit-là d'habitude, mais je ne sais pas pourquoi, sur le moment, ça ne m'a pas étonnée. J'ai continué à avancer et soudain, j'ai entendu Andrew qui poussait des cris étouffés : « Portia, Portia, fais demi-tour... Frankie est dans le jardin ! » J'ai tourné la tête et je me suis rendu compte que le gros rocher gris, c'était le derrière de Frankie !

Tout le monde éclata de rire.

– Ce n'est pas drôle. Elle était là, juste à côté de moi ! J'ai couru frapper à la porte de Swazi.

Swazi prit alors le relais :

– Je vois Portia, drapée dans une serviette de bain, l'air ahuri, qui crie : « Swazi, Swazi, laisse-moi entrer. Frankie est dans le jardin ! » Elle entre, ferme la porte derrière elle et pendant ce temps, je cours de l'autre côté de la pièce, j'ouvre les stores et je tombe nez à nez avec Frankie, juste derrière la fenêtre. On a eu la peur de notre vie !

L'assistance riait, criait et frissonnait tout à la fois.

C'est un épisode dont on parle encore ! Ce qui est amusant, c'est que c'est un souvenir précieux pour Portia :

– Frankie était magnifique, et tellement proche de moi ! C'était une expérience incroyable, je ne l'oublierai jamais.

En rebroussant chemin ce jour-là, Frankie reçut une vive décharge électrique et depuis, nous ne l'avons plus jamais revue dans le jardin. Et voilà, vous avez fait la connaissance de notre Frankie, une éléphante vraiment à part.

Frankie voulait-elle voir la cuisine où Tom, la petite éléphante, avait été recueillie quelques années plus tôt? Essayait-elle de nous dire quelque chose? Aujourd'hui encore, ces visites demeurent un mystère dont nous ne pouvons qu'imaginer la clé.

2

La terre d'avant

Avant que l'Afrique ne soit divisée en pays, en provinces, en villes et en fermes. Avant les voies ferrées, les autoroutes, les clôtures et les postes-frontières. Avant les centres commerciaux, les immeubles de bureaux et les banlieues. Avant, les éléphants se déplaçaient librement sur tout le continent.

Ces animaux sont de grands migrateurs, capables de parcourir des centaines de kilomètres, à la recherche d'eau ou de nourriture, pour échapper au danger ou pour trouver un environnement qui leur convient. Certaines des routes et voies ferrées coloniales ont même été construites en suivant leurs voies migratoires, comme celle qui traverse les montagnes du Drakensberg.

Certains éléphants de notre province du KwaZulu-Natal, dans le nord-est de l'Afrique du Sud, auraient ainsi pu se rendre jusqu'au Mozambique, permettant aux hardes surpeuplées de se disperser sur de nouvelles terres. De nos jours, l'habitat des éléphants est systématiquement détruit ou envahi par les hommes, et ils se retrouvent confinés dans de petites enclaves de nature sauvage.

Plus la population humaine augmente, plus elle

empiète sur l'espace qui appartenait autrefois aux éléphants, rendant les conflits inévitables. Notre troupeau en est un bel exemple, étant venu à nous parce qu'il s'était échappé de sa réserve d'origine pour dévorer les récoltes des fermes alentour. On rencontre ce genre de situations partout dans le monde. En Inde, leur habitat rétrécit inéluctablement, et les fermiers et villageois leur livrent une chasse sans relâche, allant parfois jusqu'à les tuer. Nous semblons oublier que ces merveilleux animaux étaient pourtant ici bien avant nous.

Certes, les éléphants sont des créatures imposantes, qui mangent beaucoup, ce n'est pas un secret. Un seul individu peut avaler jusqu'à deux cents kilos par jour, ce qui représente une belle quantité de végétation. Il leur faut donc une terre riche et vaste, appropriée à leurs besoins, sans quoi, ils peuvent en arriver à détruire littéralement leur habitat.

Quand Lawrence et moi avons acheté Windy Ridge, sa superficie était de 1500 hectares, dont 400 se trouvaient de l'autre côté de la route ; impossible de les inclure dans l'aire réglementaire clôturée que nous destinions à la faune sauvage. Sans compter que les villageois y faisaient paître leur bétail. Il nous restait donc un petit sanctuaire d'à peine plus de 1000 hectares, que nous avons baptisé Thula Thula. En zoulou, *thula* signifie « calme », et on le prononce souvent à voix basse et feutrée. « *Thula thula* », chuchote la mère à l'oreille de son bébé pour l'aider à s'endormir. C'était à l'image de la tranquillité que nous voulions offrir aux animaux et aux hommes, transformant ainsi ce qui avait été un terrain de chasse durant des siècles.

En août 1999, nous avons accueilli nos sept premiers éléphants. Ils avaient la réputation d'être des animaux « à problèmes » et sans nous, ils auraient été abattus. Si nous voulions agrandir notre harde – soit en la laissant se reproduire, soit en sauvant d'autres éléphants –, nous devions acquérir davantage de terres : Lawrence le savait. Au-delà du bon sens, c'était aussi une question de réglementation. En l'occurrence, celle qui concerne la gestion des populations d'éléphants, établie par le ministère des Affaires environnementales, nous oblige à disposer d'un certain nombre d'hectares par individu.

Lawrence était un visionnaire, il avait de grands projets. Son rêve était de créer une immense réserve dédiée à la protection de la faune sauvage au Zululand, en réunissant nos terres, celles des fermes alentour et les terres communautaires. Elles auraient ainsi formé un seul grand parc s'étendant jusqu'à l'extrémité nord de la province.

– Imagine, Frankie, me disait-il, le regard sur l'horizon, le visage rayonnant d'enthousiasme. Imagine tout ce bush, tous ces animaux, dans une seule grande réserve, protégée et entretenue. D'ici, jusqu'à Umfolozi.

L'idée était très belle, mais à l'époque, nous n'avions pas d'argent de côté. Lancer une campagne de dons pour soutenir notre projet d'extension était inenvisageable ; nous démarrions tout juste, et personne ne nous connaissait. Mais Lawrence ne se laissa pas décourager. Il passa des jours et des jours à tenter de rallier toutes les parties à sa cause, enchaînant d'innombrables réunions avec les chefs de communauté. Sa détermination et son engagement pour le bien-être des animaux ne faiblirent jamais.

Il connut quelques succès, notamment en 2008, dix

ans après avoir acheté Thula Thula, quand il obtint 1000 hectares supplémentaires. Cette zone, nommée Fundimvelo, appartenait au Conseil des parcs nationaux, mais avait été allouée à la communauté. Dépourvue de point d'eau, elle ne pouvait pas accueillir de bétail, et le peu d'animaux sauvages qui s'y trouvaient luttaient pour survivre. D'ailleurs, ils franchissaient bien souvent nos clôtures pour profiter de l'eau et des riches prairies de Thula Thula.

Lawrence approcha les *amakhosis*, les chefs traditionnels locaux. Bien qu'ils n'aient que peu de pouvoir politique, ce sont des figures hautement symboliques, qui jouent un rôle important dans la vie des communautés rurales, tantôt négociateurs, conseillers ou médiateurs. Nos relations avec les *amakhosis* sont essentielles et, au fil des années, nous avons instauré une confiance et un respect mutuels.

L'idée de Lawrence était de créer un projet commun de protection animale à Fundimvelo.

Une fois cette parcelle intégrée à Thula Thula, nous pourrions nous en occuper et développer ses infrastructures. Les *amakhosis* n'hésitèrent pas un seul instant et on fit aussitôt tomber la clôture qui séparait nos propriétés respectives.

Lawrence et Vusi, aidés du reste de l'équipe, y aménagèrent un grand étang, qui devint rapidement l'endroit préféré de nos éléphants et de notre famille d'hippopotames. Après le décès de Lawrence en 2012, on le renomma « étang Mkhulu », en sa mémoire. *Mkhulu* signifie « grand-père » en zoulou, et c'était le surnom affectueux que le personnel de la réserve avait donné à

23

Lawrence. C'est dans ce lieu magnifique et empreint de tranquillité que ses cendres furent dispersées.

Au moment de sa disparition, Lawrence était en discussion avec les *amakhosis* à propos d'un autre terrain, en bordure de Fundimvelo, parfaitement adapté aux projets d'extension de Thula Thula. Je décidai de reprendre ces négociations complexes, naviguant entre coutumes zouloues et droit foncier, réglementations gouvernementales et questions de sauvegarde de la faune sauvage – le tout dans un mélange d'anglais et de zoulou. Ça faisait beaucoup pour une Française qui voulait simplement faire de son bout de terre un sanctuaire pour les animaux. La négociation a duré des années et en 2019, sept ans plus tard, elle n'était toujours pas finalisée, mais je n'ai jamais baissé les bras, déterminée à accomplir le rêve de Lawrence.

Je me rends souvent à l'étang Mkhulu le soir, quand le ciel vire au rose et or. Je contemple les hippopotames qui grognent, faisant onduler la surface de l'eau et le coucher de soleil qui s'y reflète. Difficile de croire que lors de la terrible sécheresse de 2013, cet étang, qui abritait tant d'oiseaux, d'insectes et d'animaux, s'est asséché au point de n'être plus que boue dure et craquelée. Cela a duré trois longues années. Nos hippopotames, Roméo et Juliette, ainsi que notre crocodile, Gucci, ont quitté les lieux, poussés par leur incroyable instinct de survie, et se sont installés à l'autre bout de la réserve, où subsistait un petit point d'eau.

Les pluies ont fini par arriver, comme toujours, et la vie a repris son cours. L'étang s'est de nouveau rempli et nos hippopotames, crocodiles et autres animaux sauvages y ont repris leurs quartiers. La réserve tout entière four-millait de vie, les plantes et les animaux prospéraient. Je m'émerveillais de la résilience de la nature, de l'exemple qu'elle nous offrait : si on fait preuve de patience, les pluies finissent toujours par arriver.

L'étang Mkhulu est un incontournable de tout safari. En général, nos hôtes font deux sorties par jour, une tôt le matin et l'autre en fin d'après-midi. Les rangers les guident à travers le bush pour observer les animaux – sur-tout les éléphants, bien sûr. Ils partagent avec eux leurs connaissances et quelques anecdotes passionnantes. À leur retour, les hôtes s'accordent toujours à dire qu'ils ont beaucoup appris.

Ces excursions font partie des temps forts d'un séjour dans le bush. Quand on prend place à bord d'un de ces véhicules ouverts, on ressent une grande liberté, mêlée d'excitation. On ne sait jamais à quoi s'attendre, car il n'y a pas deux safaris identiques, mais chacun y trouve de quoi frémir, vibrer, sursauter ou être touché au cœur. Chaque safari se termine par un pique-nique dans le bush, assorti de café chaud le matin et de cocktails au coucher du soleil. L'étang Mkhulu est l'endroit rêvé pour ce genre de pauses, en particulier lorsque les éléphants sont descen-dus s'abreuver sur les berges ou se rafraîchir dans l'eau. L'idéal est de pouvoir les observer sans les déranger. Victor, l'un des rangers, aime à dire qu'il veut voir les éléphants tels qu'ils sont, voir la manière dont ils se com-portent comme s'il n'était pas là. C'est ce qu'il cherche à faire vivre à nos hôtes. Que seule compte la sensation d'être ici, dans l'instant présent, avec ces éléphants, dans cet endroit merveilleux.

De temps à autre, je me joins aux rangers et termine une semaine bien chargée en regardant le soleil descendre sur la brousse.

Une journée en particulier est restée gravée dans ma mémoire. Cet après-midi-là, les éléphants devaient sentir que c'était veille de week-end : le moment idéal pour se détendre et passer du temps entre amis. Toute la petite famille était descendue flâner au bord de son étang adoré, et nous autres, humains, en avions fait de même – à la seule différence que nous étions en voiture.

C'était une soirée splendide, l'air était doux. Les hippopotames nous surveillaient depuis le plan d'eau, ne laissant que leurs yeux, leurs oreilles et leurs narines émerger à la surface. Une maman francolin caquetait, enjoignant à ses petits de la suivre dans les hautes herbes. Un martin-pêcheur pie, qui survolait l'étang en battant bruyamment des ailes, plongea soudain dans l'eau. Il en ressortit avec un minuscule poisson tilapia encore frétillant.

Les éléphants, particulièrement photogéniques, se montraient sous leur meilleur jour. Marula déambulait lentement au bord de l'eau. Les plus jeunes semblaient de bonne humeur et pataugeaient en s'amusant à soulever de la boue avec leurs pattes.

Notre invitée avait fait le voyage depuis les États-Unis pour réaliser son rêve de toujours : rencontrer les éléphants de Thula Thula, dont elle était tombée amoureuse, de loin. En tant que passionnée de photographie, elle ne pouvait s'empêcher de les mitrailler. Elle devait avoir mal aux doigts, à force d'appuyer sur le déclencheur ! Mais comment ne pas la comprendre ? Les éléphants sont magnifiques.

Nous regardions notre joyeuse harde avec fierté, tout en bavardant comme des parents qui discutent des derniers exploits de leurs enfants. À Thula Thula, les rangers connaissent le nom et l'histoire de chaque éléphant, l'identité de ses parents et de ses frères et sœurs, mais aussi sa personnalité et ses humeurs. Ils sont capables de savoir s'ils sont à l'aise ou, au contraire, s'ils ont besoin d'un peu d'espace, s'ils ont envie de jouer ou font preuve de curiosité.

– Tu as vu comme les petits ont changé ? dis-je à Khaya, notre plus jeune ranger. Je n'arrive pas à croire que notre chère Tom ait grandi si vite.

– Elle ne rentrerait plus dans votre cuisine maintenant, madame ! plaisanta-t-il. Elle ne passerait même pas la porte !

Peu après sa naissance, Tom s'était éloignée de la harde et était passée sous la clôture électrique, s'aventurant jusqu'à ma maison. Elle était ainsi devenue la star de mon premier livre, *Un éléphant dans ma cuisine*. Aujourd'hui, sept ans plus tard, c'est une belle demoiselle énergique, qui adore s'entraîner à battre des oreilles, affichant un air féroce pour tenter de nous intimider. Tom aime aussi beaucoup le son de sa propre voix – un barrissement très particulier –, ce qui fait d'elle une petite éléphante très bruyante.

– Et regarde mon grand garçon, il est beau, n'est-ce pas ? demanda Vusi en désignant fièrement son homonyme, le petit Vusi, de tout juste un an de plus que Tom.

– Oh oui ! répondis-je avec indulgence. C'est un très joli éléphanteau.

– Il doit tenir de l'autre branche de la famille, fit Khaya en riant.

C'est toujours ainsi, avec les rangers : ils s'aiment et se chamaillent comme des frères et sœurs.

– On ne voit presque plus la cicatrice du collet sur sa tête. Il a vraiment bien guéri, commenta Vusi en scrutant l'éléphanteau à travers ses jumelles.

À l'âge d'une semaine, il s'était fait prendre dans un piège posé par des braconniers. Le collet s'était resserré autour de sa tête, l'empêchant d'ouvrir la bouche, et donc de téter. Sa mère, Marula, était allée au-devant de Vusi, qui faisait alors sa ronde dans la réserve, et avait poussé le petit éléphant vers lui. Notre ranger avait compris le message et appelé notre vétérinaire, qui était parvenu à retirer le collet. L'éléphanteau avait eu de la chance. Sans notre aide, il serait mort de faim.

– Bonjour, Bafana, dit Khaya en désignant son préféré. Regardez, quel beau garçon ! Oh, et voilà Kink ! Un peu en retrait, comme toujours. Quel timide !

Kink – le dernier-né de Nandi et petit-fils de Nana – est facile à repérer, car sa queue s'entortille. Nous nous sommes d'ailleurs aperçus que tous les membres de la famille de Nana possédaient ce trait distinctif, sans doute une particularité génétique dont ils ont hérité, tout comme leur nature calme et leurs bonnes manières.

Les descendants de Frankie, eux, sont plus espiègles ; et les plus jeunes s'avèrent parfois de vraies terreurs, mais leurs aînés veillent au grain. À cette caractéristique héritée de la matriarche s'ajoutent aussi leurs belles défenses, longues et droites.

Les défenses permettent aux éléphants de creuser le sol

pour trouver de l'eau, de soulever des troncs ou encore d'enlever l'écorce des arbres pour satisfaire leurs besoins nutritifs. Elles leur servent aussi lors des combats, protégeant à la fois leur trompe et leur tête d'éventuelles blessures. Tout comme nous, les éléphants peuvent être droitiers ou gauchers et on constate souvent que la défense située du côté qu'ils privilégient est plus usée que l'autre, à force d'être utilisée.

Cependant, certains éléphants n'ont pas de défenses, ce qui constitue un désavantage considérable, en particulier chez les mâles, lors des combats. Dès lors, ceux-ci se reproduisent moins bien, et le gène responsable du non-développement des défenses chez les mâles s'est retrouvé naturellement écarté. Hélas, au cours des dernières décennies, par un terrible revirement, les défenses sont devenues un véritable handicap. En effet, les braconniers préfèrent les éléphants aux grandes défenses : ils y trouvent davantage d'ivoire à revendre. Par conséquent, ce sont désormais les gènes des grands mâles en âge de se reproduire et dotés d'imposantes défenses qui sont écartés du patrimoine génétique.

Au Mozambique, la guerre civile a duré quinze ans, durant lesquels les combattants des deux camps ont massacré les éléphants, tant pour leur viande que pour financer leur effort de guerre en revendant l'ivoire. On estime que 90 % des éléphants de l'actuel parc national de Gorongosa ont été tués. La plupart des survivants n'ont pas de défenses – ils n'en ont jamais développé. En ces temps troubles, l'absence de défenses jouait en leur faveur et leur a permis de rester en vie et de se reproduire. Ainsi, en un laps de temps relativement court à l'échelle de l'évolution, le braconnage a-t-il eu un impact significatif sur le patrimoine génétique de cette espèce.

– Comment s'appelle celui qui n'a qu'une seule défense ? voulut savoir la photographe, sans détourner le regard de son viseur.

– Gobisa. C'est le plus vieux mâle du troupeau, répondit Andrew. Avant, il vivait en captivité. Il servait pour des safaris à dos d'éléphant. Quand on le voit aujourd'hui, impossible de s'en douter. Il s'est parfaitement réadapté à la vie sauvage. On l'a amené ici pour qu'il montre l'exemple aux jeunes mâles. Sans modèle masculin fort, ils pourraient vite devenir problématiques.

– Vous vous souvenez de la première fois que Mabula a rencontré Gobisa ? Il était tellement perturbé ! se remémora Victor dans un éclat de rire. Il avait l'air de se demander qui pouvait bien être ce nouveau venu.

– Il n'avait pas l'air ravi, c'est vrai, acquiesçai-je.

– Mais Gobisa, lui, se disait : « OK, mon grand, on peut choisir la facilité, ou la difficulté. » À votre avis, qu'est-ce que Mabula a choisi ? lança Victor à notre invitée.

– Je ne sais pas… Dites-moi ! fit-elle en abaissant son appareil et en se penchant vers nous pour écouter la réponse.

– La difficulté ! lança Victor dans un nouvel éclat de rire.

– C'était le combat du siècle, dis-je en me souvenant de ces deux bêtes qui s'affrontaient, tête contre tête, à grand renfort de barrissements. La terre a tremblé !

– Comment ça s'est terminé ?

– Gobisa a abattu son immense trompe sur Mabula et

l'a fait ployer à terre, expliqua Victor en mimant le geste, son bras en guise de trompe. Saviez-vous que *gobisa* signifie « plier » en zoulou ? Eh bien, il a « plié » Mabula à sa volonté. Gobisa était désormais le chef, le chapitre était clos. Enfin, jusqu'au match suivant.

— Ah oui ? demanda notre invitée, intriguée.

— Oui, fit Andrew, en reprenant le récit. Quelques mois plus tard, Mabula était en musth – une période où les éléphants mâles ont un pic de testostérone, ce qui peut les rendre très agressifs. Mabula avait décidé que l'heure de la revanche avait sonné. Cette fois, c'est lui qui l'a emporté. Gobisa n'était plus le mâle dominant de la harde de Thula Thula.

— Une vraie série télé.

— Eh oui ! admis-je. Il y a des hauts et des bas, de nouvelles relations et des idylles naissantes. Danger, intrigues, chagrins d'amour et *happy end…* tout y est. On ne s'ennuie jamais, avec nos éléphants !

Tandis que le soleil descendait à l'horizon, laissant apparaître l'étoile du Berger dans le ciel nocturne, je regardais notre troupeau s'amuser et me laissais aller à leur joie. Savoir qu'ils étaient à leur place et menaient une vie heureuse m'emplissait d'un profond sentiment de paix. Ces éléphants sont ma source d'espoir et de réconfort. Ce sont eux qui m'incitent à grandir et à me dépasser, eux qui me rappellent tout ce que ce monde a d'heureux. Avec les éléphants, on n'est jamais déçu. Vivre parmi ces créatures magiques est un privilège et une joie extraordinaires, dont je ne me lasse pas. Quoi que l'avenir nous réserve, je suis déterminée à me battre pour eux. C'est là ma seule certitude.

Quand je repense à ma première rencontre avec la faune sauvage, peu de temps après mon installation en Afrique du Sud, il y a maintenant plus de trente ans, je grimace d'embarras. À l'époque, j'étais une vraie citadine et je n'avais jamais rencontré d'animal sauvage en dehors d'un zoo, derrière des barreaux. J'avais même une peur bleue des chiens ! Lorsque je croisais un petit roquet dans la rue, à Paris, je me tenais toujours à distance. Mes amis d'alors n'en croient pas leurs yeux quand ils me voient aujourd'hui, entourée de ma meute. Max, le premier chien que Lawrence et moi avons adopté – un staffordshire bull-terrier –, a réussi à me guérir définitivement de cette peur. Je ne connaissais absolument rien aux animaux. Un jour, mon amie Anne est venue me rendre visite depuis la France, avec son fils de huit ans, Benjamin. Il adorait les animaux et prenait un tel plaisir à regarder les singes jouer dans le jardin que j'ai décidé de les emmener dans une réserve.

– Emportons des bananes, a proposé le garçon. On pourra nourrir les singes.

Je me suis dit : « OK, pourquoi pas ? »

Nous avons pris la voiture, bananes en poche, en direction de la réserve. En arrivant, j'ai jeté un rapide coup d'œil aux documents qu'on me remettait et les ai jetés sur la banquette arrière. Ce n'était qu'une liasse de pages en petits caractères comprenant un formulaire de décharge de responsabilité et un tas d'instructions, le tout en anglais. Nous avons passé une merveilleuse journée à rouler dans la réserve. Benjamin était à l'affût de singes à nourrir. Nous nous sommes arrêtés pour photographier des rhinocéros, en apparence très calmes. Pour moi, c'était la version africaine de nos vaches ; en plus gros, et plus gris.

– Sortez de la voiture, ai-je suggéré à Anne. Je vais faire une jolie photo de vous deux avec les rhinocéros en arrière-plan.

Sans faire grand cas des animaux de quelques tonnes qui broutaient derrière eux, Anne et son fils se sont exécutés, posant volontiers dans l'herbe, tandis que je les mitraillais. Soudain, une voiture s'est arrêtée à notre hauteur. Un homme s'est penché par la vitre, l'air furieux, et nous a dit de remonter dans la voiture.

Quelle grossièreté ! Pour qui se prenait-il ? Nous lui avons dit de se mêler de ses affaires, et il a filé, sans masquer sa colère. Après coup, je me suis rendu compte que c'était sans doute un guide qui avait simplement tenté de nous sauver la vie.

Une ou deux semaines plus tard, lorsque j'ai reçu mes photos développées, je les ai fièrement montrées à Lawrence. À la vue du cliché d'Anne et Benjamin devant les rhinocéros, son visage est passé de livide à rouge vif !

– Qu'est-ce qui t'a pris de les laisser sortir de la voiture ? Ce sont des animaux sauvages extrêmement dangereux ! Vous auriez pu vous faire tuer.

Je me suis bien gardée de lui parler des bananes.

Aujourd'hui, après plus de vingt ans de vie dans le bush, je repense parfois à cette journée avec horreur. Notre trio d'étrangers ignares – deux blondes et un petit garçon – a eu une chance inouïe de ne pas tomber sur des éléphants ou des lions. Nous aurions pu être tués, et ce sont les animaux qui auraient payé le prix de notre bêtise. Aujourd'hui, je crois que les gens sont un peu plus conscients du comportement à adopter avec la faune sauvage, mais je ne suis pas une grande adepte des safaris en autonomie.

À Thula Thula, avant chaque excursion, nos rangers rappellent aux hôtes qu'ils s'apprêtent à voir des animaux sauvages. Ils leur expliquent ce à quoi s'attendre et comment se comporter face aux plus gros d'entre eux : ne jamais faire de gestes brusques ni de bruits trop forts, ne pas tenter de les toucher ou de les caresser s'ils s'approchent. Les rangers, en partageant ainsi leur profonde connaissance du bush et de ses occupants, font de chaque safari une expérience passionnante.

Rencontrer notre famille d'éléphants dans son habitat naturel est généralement un moment riche en émotions. Un soir, en passant à l'Elephant Safari Lodge, j'aperçus une femme, seule, assise sur le canapé. Elle me fit signe d'approcher et se présenta ; elle s'appelait Linda.

– Il faut que je vous raconte ce qui s'est passé cet après-midi ; je n'ai jamais rien vécu d'aussi extraordinaire ni d'aussi bouleversant.

Je la sentais à fleur de peau, et quand elle porta son verre d'eau à ses lèvres, je vis ses mains trembler.

– Volontiers, dis-je en m'asseyant en face d'elle. J'adore que nos hôtes me racontent leurs aventures dans la réserve.

– J'ai peur des éléphants, depuis toujours. Un jour, un éléphant a même fait semblant de me charger ! J'ai failli ne pas accepter l'invitation à venir ici à Thula Thula, mais c'était le cadeau des soixante ans de mon cousin, alors je suis venue malgré tout. Je savais que je rencontrerais des éléphants…

Elle frémit. En vérité, je la comprenais très bien. J'adore les éléphants, mais depuis le jour où Frankie a failli nous tuer, Lawrence et moi, je reste nerveuse quand la harde s'approche, en safari. Ce traumatisme ne m'a jamais quittée.

– Cet après-midi, nous sommes sortis avec Muzi. Il m'a dit de m'asseoir sur le siège avant et m'a promis que tout se passerait bien.

– Muzi est un excellent ranger, et il connaît aussi bien les éléphants que les humains, reconnus-je, un sourire aux lèvres. Vous étiez entre de bonnes mains.

– J'ai pris place à côté de lui, tremblante de peur. Nous n'avions pas beaucoup roulé qu'il avait déjà repéré la harde sur la route, droit devant nous. Il a avancé dans sa direction et a coupé le moteur. Mon cœur battait à tout rompre, mais Muzi m'a dit : « Détendez-vous. Regardez comme ils sont paisibles. » C'était vrai, ils broutaient les feuilles des buissons et semblaient très calmes. Mais soudain, dans le rétroviseur, j'ai aperçu un énorme éléphant – je veux dire, vraiment énorme, le plus gros de tous – marcher vers nous. Il a longé la voiture et s'est arrêté à côté de moi. J'avais envie de pleurer. Muzi m'a dit doucement : « Tout va bien. » Puis il a murmuré : « Bonjour, Gobisa, comment vas-tu ? » L'éléphant était si près que je voyais ses poils, ses ridules, le moindre grain de poussière incrusté. Et alors – mon Dieu ! – il a levé sa trompe et a touché mon bras. J'ai cru que j'allais faire une crise cardiaque ! Mais c'était comme une caresse, très douce, aussi légère qu'une plume. Je sentais son souffle sur ma peau…

(Ses yeux étaient embués de larmes. C'était comme si elle revivait l'expérience, avec autant de force et d'émotion. Elle sourit.) Je n'avais plus peur. Un sentiment de paix m'a envahie, comme si j'étais guérie. Je l'ai regardé dans les yeux, et j'ai eu l'impression que nous nous étions compris l'un l'autre. Je sais que ça a l'air fou, mais je crois qu'il a senti ma peur, cette peur qui me rongeait depuis des années. Il est venu m'aider à la dépasser, me montrer de quoi sont capables les éléphants. Et ma peur s'est envolée.

Son récit terminé, elle rougit et me dit :

– Vous devez me prendre pour une folle…

L'histoire est incroyable, c'est vrai, mais ça n'a rien de fou. Les éléphants de Thula Thula ont confiance en nous et font preuve d'une grande curiosité. Ils s'approchent souvent des véhicules pour voir ce qu'on fait, ou qui participe au safari du soir. Alors il me paraît tout à fait plausible que Gobisa ait senti la détresse de cette femme et qu'il ait tenté d'apaiser sa peur d'une caresse. Et au risque de passer pour une mère poule, je dois admettre que les éléphants de Thula Thula sont vraiment à part. La plupart de nos visiteurs sud-africains – des passionnés qui ont déjà parcouru toutes les réserves du pays – s'accordent à dire qu'ils n'ont jamais vécu de rencontres aussi extraordinaires qu'ici. Notre troupeau respire la joie et la confiance.

Après deux décennies à vivre auprès d'eux, je sais que ce sont des créatures intelligentes, profondément sensibles et dotées d'une intuition incroyable. Leur effet sur les êtres humains est magique, et de nombreuses histoires, comme celle de Linda, attestent des puissantes interactions entre les hommes et les éléphants.

David Sheldrick, le fondateur de la réserve de Tsavo, le plus grand parc national du Kenya, qui a observé et étudié les éléphants durant de nombreuses années, le disait en ces termes : « Pour interpréter le comportement d'un éléphant, il suffit de l'analyser d'un point de vue humain. C'est de cette façon qu'on peut s'approcher de la vérité. Malheureusement, c'est quelque chose que les scientifiques n'ont pas encore compris. »

Sa femme, Daphne Sheldrick, partage cette opinion dans son livre *Une histoire d'amour africaine* : « Les éléphants sont comme nous, et même meilleurs que nous, à bien des égards. » Elle les qualifie de « mammifères terrestres les plus proches émotionnellement des êtres humains », et je crois qu'elle a raison. Les éléphants ressentent nombre de nos émotions, et c'est un peu comme si cela nous reliait les uns aux autres, comme si nous reconnaissions qu'un lien profond existe entre nos deux espèces, humaine et animale.

Les éléphants semblent capables d'empathie. Ils ressentent la douleur et le désarroi de leurs congénères et savent y répondre, essayant même de les aider. Si vous aimez regarder les chaînes YouTube consacrées à la faune sauvage – c'est mon cas, même si je vis dans le bush ! –, vous avez peut-être déjà vu des éléphants aider un petit tombé dans une rivière ou attaqué par un prédateur, qu'il fasse ou non partie du troupeau.

Autre exemple : les jeunes éléphants aiment se bousculer et se bagarrer, c'est ce qui leur permet de tester leur force et de forger leur personnalité, exactement comme les enfants. Quand ces jeux deviennent un peu trop agressifs, les adultes y mettent un terme, le plus souvent en séparant les jeunes. Parfois, ils les mettent même au coin !

Marula, fidèle à sa réputation de mère autoritaire, est souvent la première à intervenir pour séparer les bagarreurs un peu trop hardis. En la voyant, nombre de mamans humaines se reconnaîtraient sans doute dans son message : « Bon, vous tous, là. Ça suffit. Baissez d'un cran avant que l'un de vous ne se fasse mal ! Toi, viens ici et laisse ton frère tranquille. »

Des scientifiques ont d'ailleurs observé un fait des plus intéressants : les adultes n'attendent pas un signe de détresse ou de douleur pour agir, ils interviennent généralement avant que la situation ne s'envenime. Ce qui signifie qu'ils prennent en considération l'état émotionnel de leurs petits et anticipent leur éventuelle détresse. Les éléphants se soucient des sentiments des leurs.

Par ailleurs, dans leurs sociétés matriarcales, les mères ont une très grande influence, qu'elles n'ont pas peur d'utiliser. Il y a peu, Mandla, le plus gros éléphant du troupeau, s'était entiché de la petite Andile. À tout juste dix ans, celle-ci était trop jeune pour lui, mais elle semblait flattée d'avoir attiré son attention. Ces deux-là semblaient presque flirter : ils se promenaient côte à côte, se caressant de la trompe.

Jusqu'au jour où Mandla a essayé de passer à la vitesse supérieure et de monter cette jeune éléphante. Ce n'était pas du tout ce qu'Andile s'était imaginé ! Elle a essayé de se dégager, mais Mandla est devenu un peu trop insistant. C'est à ce moment-là que sa mère est intervenue. Nana s'est dirigée droit sur Mandla pour l'éloigner d'Andile tandis que Nandi et E.T., ses tantes, entouraient la jeune éléphante afin de la protéger.

Malgré sa taille, Mandla est un cœur tendre, au tempérament doux, comme sa mère. Obéissant, il s'en est retourné vers les autres jeunes mâles, partageant peut-être avec eux ses déboires...

Nous avons aussi remarqué que bien souvent, les éléphants sentent quand une personne a peur d'eux, et ils décident alors d'aller droit vers elle. Un jour, une Anglaise dont c'était le premier safari a été si stupéfaite de la taille de Mandla qu'elle a poussé un gémissement de terreur et s'est glissée entre les sièges, par terre. Cela dit, se trouver à quelques mètres de Mandla, un très grand animal, est une expérience inouïe. Ce que notre invitée ignorait, c'est que c'est aussi un vrai gentil. Sa tentative de disparition a eu l'effet inverse, piquant la curiosité de Mandla : « Hmm, je me demande ce qu'elle peut bien faire là-dessous, semblait-il penser. Peut-être devrais-je m'approcher, pour voir de quoi il retourne. » Il a avancé, terrifiant un peu plus la pauvre femme accroupie sur le plancher de la voiture. « Les humains... Quels drôles de numéros, songeait-il en la regardant du haut de sa stature et en la reniflant du bout de sa trompe. Bon, rien de bien intéressant par ici. » Sur ce, il a fait demi-tour et est tranquillement retourné à ses occupations. Notre invitée est rentrée en Angleterre avec une sacrée histoire à raconter.

Les exemples de rencontres insolites avec nos éléphants ne manquent pas. Un soir, lors d'un safari, notre espiègle Mabona s'est approchée pour retirer la jolie couverture à imprimé animal des genoux tremblants d'un invité quelque peu nerveux. Quand les températures sont plus fraîches, nous fournissons à nos hôtes des couvertures pour leur tenir chaud dans la voiture. Cela a fait le bonheur de Mabona, qui s'est amusée à la jeter sur sa tête, à la laisser tomber au sol, puis à la traîner par terre, pour finalement la draper autour de ses fesses. Où était-elle allée chercher ça ? Mystère. Quoi qu'il en soit, elle était prête à tout pour conquérir son public. Mabona – dont le nom est un hommage à la manager de notre Elephant Safari Lodge, Mabona Mthimkhulu, l'une de nos premières employées – a un vrai sens de l'humour ! Elle tient son caractère effronté de sa mère E.T. (diminutif d'Enfant Terrible – ça veut tout dire). C'est une vraie comédienne qui adore être sur le devant de la scène.

Quand j'ai envie de rire un peu, je regarde des photos de Mabona. Ici, elle réalisait un parfait « chien tête en bas » qui ferait l'unanimité de tous les yogis. Là, elle tentait de gravir la berge d'une rivière boueuse, une patte arrière levée tandis que son autre patte et son gros derrière restaient sur le bord, comme si elle attendait qu'un congénère vienne la pousser. Sur cette autre photo, elle est assise dans la boue, comme un chien qui attend une récompense. Elle me fait mourir de rire.

Je crois que ces ressemblances entre les êtres humains et les éléphants sont l'une des raisons pour lesquelles nous les aimons autant et les trouvons si fascinants. Ils ont chacun leur personnalité, leurs petites manies, leurs préférences et leurs habitudes, et nouent entre eux des liens profonds. Charles Darwin a écrit : « Il n'existe aucune différence fondamentale entre l'homme et les animaux pour ce qui est de leurs facultés à ressentir le plaisir et la douleur, le bonheur et la tristesse. » Ceci est particulièrement vrai des éléphants.

3

S.O.S. rhinocéros en détresse

Le fracas des pales de l'hélicoptère brisa la tranquillité du bush. Il descendit en piqué et vola en rase-mottes pour pousser Thabo et Ntombi, nos deux rhinocéros, vers l'espace découvert qu'offrait la prairie. Installée au sommet d'une colline voisine, je les observai, nerveuse, tendue. Endormir et décorner nos rhinocéros est une entreprise colossale, qui peut s'avérer périlleuse tant pour les animaux en question que pour les humains à la manœuvre. Cependant, c'est une opération indispensable pour protéger nos rhinocéros des braconniers, qui n'hésiteraient pas à les tuer pour s'emparer de leurs cornes.

Les rhinocéros tentèrent de s'échapper et de distancer cet immense oiseau de fer, sans succès. Tandis qu'il s'approchait d'eux, le vétérinaire, Trever Viljoen, se pencha par le flanc ouvert de la machine, fusil en main. J'aperçus sa mince silhouette et son visage, parfaitement concentré sur sa cible. Il visa, et tira. Une fois, puis deux.

Je ne vis pas les fléchettes tranquillisantes atteindre leur cible, mais les effets du M99 furent perceptibles en quelques minutes à peine – ce produit est mille fois plus puissant que la morphine. Les deux rhinocéros titubèrent.

L'équipe de Trever, nos rangers et nos bénévoles se précipitèrent vers eux pour ralentir leur chute et éviter qu'ils ne se blessent. L'animal doit toujours être couché sur le poitrail et non sur le flanc, afin qu'il respire correctement et que le vétérinaire puisse retirer sa corne. L'assistant de Trever noua un linge sur les yeux des deux rhinocéros et boucha leurs oreilles.

Les mains tremblantes, le visage blême, un jeune bénévole étendit une bâche sous l'énorme tête de Ntombi, tandis qu'un autre faisait de même pour Thabo. La valeur des cornes peut atteindre 80 000 euros le kilo sur le marché noir, en Extrême-Orient, si bien que le moindre copeau doit être récupéré, évitant ainsi d'attirer les braconniers. Pour cette opération, Larry Erasmus, notre chef de la sécurité, avait prévu plusieurs véhicules renforcés et constitué une équipe de dix hommes armés, accompagnés de chiens dressés pour la lutte anti-braconnage.

Trever, concentré, se mit au travail sur-le-champ : à l'aide d'une tronçonneuse, il coupa la corne de Thabo puis celle de Ntombi. Dans ce genre de situation stressante, sa présence m'apaise toujours. Trever est méticuleusement préparé, il accorde une grande attention à nos animaux, et répond à mes questions avec patience et humour.

Bien que le décornage soit indolore pour les rhinocéros, c'est une opération brutale, particulièrement bruyante, et difficile à regarder. Cette fois, le réalisateur français Morgan Dias Simao nous accompagnait. Il se positionna juste derrière notre vétérinaire, à sa droite, et braqua ses caméras sur nos deux géants endormis et la nuée d'assistants qui s'affairaient autour d'eux. C'était la première fois qu'il assistait à ce type d'intervention, et derrière ses lunettes de soleil, je devinai des larmes perlant à ses yeux. Je comprenais très bien son émotion – la première fois que j'avais vu le vétérinaire sortir sa tronçonneuse et s'attaquer à la corne de Thabo, j'avais pleuré. Dire que nous sommes contraints de faire ça pour protéger nos animaux... Aujourd'hui, je m'y suis habituée : nous décornons les rhinocéros de Thula Thula tous les quatorze mois. Leurs cornes sont simplement composées de kératine – la même substance que dans nos cheveux ou nos ongles. Tout comme eux, elle croît, et même pour quelques centimètres de repousse à peine, les braconniers n'hésiteraient pas à tuer.

Contrairement à ce qu'on pourrait penser, le décornage ne dure que quelques minutes. Une fois retirée, chaque corne est pesée, puis le nom du rhinocéros ainsi que la position de la corne – avant ou arrière – sont inscrits à sa base, au marqueur indélébile. On y perce ensuite un petit trou dans lequel on insère une puce électronique, puis on referme avec de la colle à bois. Le vétérinaire appose sa signature sur le document qui accompagne la corne, qui sera stockée dans une chambre forte, en dehors de la réserve. La puce électronique est inscrite auprès des autorités de protection de la faune sauvage qui tiennent un registre de toutes les cornes présentes légalement sur le territoire. Cela leur permet de savoir à quel animal appartient chaque corne retirée. Un échantillon ADN est prélevé, qui vient alimenter la base de données ADN nationale spécifique aux rhinocéros. Lorsque des braconniers sont arrêtés en possession d'une corne, la police peut donc identifier de quel animal et de quelle réserve elle provient grâce à un simple prélèvement ADN. Cela leur sert ensuite à monter un dossier solide, dans le but d'obtenir une condamnation.

Faire sortir les cornes de Thula Thula ressemblait à une vraie opération militaire. Les gardes armés étaient rapides et efficaces, leurs yeux scrutaient le bush et le ciel tandis qu'ils chargeaient les cornes à bord des véhicules pour les transporter en lieu sûr. Nous avions parfaitement conscience que certains individus dangereux ne reculeraient devant rien pour mettre la main sur cette précieuse cargaison. Nombreuses sont les personnes, en particulier en Asie, convaincues que la poudre de corne de rhinocéros leur apportera santé, force et bonheur ; et elles sont prêtes à dépenser une fortune pour en obtenir. Pour satisfaire cette demande, 10 000 rhinocéros sont morts au cours de la dernière décennie. Pourtant, ces cornes sont parfaitement inutiles pour quiconque hormis... les rhinocéros eux-mêmes, qui s'en servent pour creuser, chercher de la nourriture, casser des branchages et se défendre.

Tandis que l'équipe de sécurité s'affairait, les assistants du vétérinaire stérilisèrent la base des cornes pour prévenir toute infection et les graissèrent pour éviter qu'elles ne se fendillent. Trever injecta alors un produit destiné à contrer les effets de l'anesthésie et, par mesure de sécurité, tout le monde se mit à bonne distance. Les rhinocéros commencèrent à s'agiter. Ntombi se leva et s'éloigna aussitôt. C'était un vrai soulagement. Thabo, lui, semblait complètement sonné, comme s'il venait de se réveiller avec la gueule de bois après une soirée trop arrosée, mais il finit tout de même par s'enfoncer lentement dans le bush.

Durant les quarante-huit heures qui suivent l'intervention, l'anesthésique, très puissant, peut désorienter les rhinocéros. C'est pourquoi les rangers les surveillent de près, au cas où ils rencontreraient un problème. Ce jour-là, un peu plus tard, Victor et quelques bénévoles partirent s'assurer que les animaux allaient bien. Si Thabo avança tout de suite vers la voiture, Ntombi était invisible – étrange, ces deux-là ne se séparaient pourtant jamais. Thabo, encore un peu chancelant, s'appuya alors contre le véhicule, l'immobilisant. Après coup, Victor me confia avoir eu le sentiment que Thabo essayait de leur dire quelque chose, comme s'il ne voulait pas les laisser partir.

Quand ils trouvèrent Ntombi, ils comprirent pourquoi. Elle avait besoin d'aide. Affaiblie par l'opération, elle avait titubé et atterri dans un fossé de drainage qui permettait d'évacuer les eaux de ruissellement de la plaine. Elle l'avait suivi, la boue épaisse ralentissant chacun de ses pas. Mais le fossé rétrécissait, et Ntombi ne pouvait plus avancer ni faire marche arrière. Elle était bloquée. Le soleil était déjà bas à l'horizon et la nuit approchait à grands pas. Fatiguée par l'anesthésie, épuisée d'avoir lutté dans la boue, elle était à bout de forces.

Les rangers se rassemblèrent autour d'elle, anxieux.

– Comment va-t-on faire ? Le fossé est trop étroit pour qu'elle fasse demi-tour.

– Et impossible de la soulever.

– On ne peut pas la laisser ici. S'il pleut, le fossé va se remplir, elle risquerait de se noyer.

– Si on élargit le canal devant elle et qu'on crée une

sorte de rampe d'accès, elle devrait pouvoir sortir. Il faut qu'on creuse, dit Vusi. Où est le TLB ?

Il faisait référence à l'excavateur, un engin qu'on utilise lors des travaux d'entretien de la réserve, notamment pour creuser des tranchées et déblayer le terrain.

– Il est à l'autre bout de la réserve, dit Muzi. Ils s'en servent à la carrière. Ça va leur prendre au moins une heure et demie pour l'amener ici.

– Dis-leur quand même de venir, mais on va devoir commencer sans eux. Ntombi pourrait se blesser. On va déjà dégager le passage pour le TLB, ordonna Vusi, prenant les opérations en main. Contacte Siya, dis-lui ce qui s'est passé et demande-lui de rassembler tout le monde. On a besoin d'aide. Appelle aussi la brigade anti-braconnage. Il nous faut le plus de bras possible.

Les bénévoles s'empressèrent de ramasser tous les outils qu'ils trouvèrent dans les véhicules – bêches, pioches et autres. Ntombi respirait lourdement, mais heureusement, elle restait calme et immobile. Elle savait qu'elle était mal en point, et qu'ils allaient l'aider.

– Où est Thabo ? demanda Khaya à Richard, le garde responsable de la surveillance des rhinocéros, formulant ainsi tout haut la question que tous se posaient.

Si Thabo voyait une douzaine d'humains s'agiter autour de sa compagne en détresse, son instinct serait de la protéger, et dans ce cas, la situation pouvait mal tourner.

– Il est parti de l'autre côté, derrière les voitures. Je ne le vois pas pour l'instant, mais je guette, répondit Richard.

– OK. Reste vigilant. On va se mettre au travail.

Tout le monde était sur le pont, se servant du moindre

outil pour débroussailler les abords du fossé et commencer à creuser. Nina, une jeune bénévole autrichienne, fille de mon ami Heli Dungler, le fondateur de Four Paws, participait à l'effort elle aussi. C'était un petit brin de femme, toujours enjouée. Comme elle était végétarienne, les rangers la taquinaient et l'avaient affublée du surnom de Miss Pois Chiche, tandis qu'elle leur offrait son steak à l'heure du dîner, le répartissant équitablement entre eux. Ce soir-là, elle tenait vaillamment une torche pour permettre à ceux qui creusaient de mieux voir.

La brigade anti-braconnage arriva armée, au cas où un incident surviendrait. Morgan était monté avec eux et en partant, dans la précipitation, il n'avait rien emporté d'autre que son téléphone et un appareil photo. Il observa tout ce monde s'activer puis lança :

– Pourquoi on ne ferait pas venir un hélicoptère pour la sortir de là ?

Victor s'arrêta de creuser et lui adressa un petit sourire en coin.

– Un hélicoptère ? Qui viendrait d'où ? Il mettrait au moins deux heures à arriver, et ça coûterait des dizaines de milliers de rands. En plus, il ne pourrait jamais atterrir ici en pleine nuit, c'est trop risqué. On va devoir se débrouiller tout seuls, lâcha-t-il en se remettant au travail.

Morgan s'installa un peu en retrait du groupe pour prendre des photos. L'un des types de la brigade, en nage à force de creuser, lui tendit son fusil :

– Tu peux tenir ça, le temps que j'enlève ma veste ?

Morgan le saisit avec précaution. Lui qui n'avait jamais touché d'arme se retrouvait en plein bush africain, un fusil entre les mains, tandis que des hommes creusaient la terre pour extraire un rhinocéros bloqué dans la boue. Il songeait à l'étrangeté de la situation quand il entendit un bruit. Il se retourna et aperçut alors Thabo, à dix mètres, qui fonçait droit sur lui.

– Attention, il charge ! cria Morgan.

Ce fut le branle-bas général.

Les livres et les rangers sont unanimes : il ne faut jamais fuir devant un animal sauvage, sauf si c'est la seule et unique issue. Eh bien, c'était le cas.

D'instinct, tout le monde se mit à courir, sans savoir où aller. Thabo arrivait de derrière les véhicules, s'y abriter était impossible. Ils se trouvaient donc dans un espace découvert, au milieu des broussailles, et les seuls arbres en vue étaient de petits acacias pleins d'épines. Rien qu'on puisse escalader pour s'y cacher.

Victor jeta la scie dont il était en train de se servir et prit ses jambes à son cou, mais dans le chaos, il tomba à terre, à côté de Nina, qui tenait toujours sa torche. Morgan courait en zigzaguant, l'arme dans une main, son iPhone dans l'autre, qui éclairait faiblement son chemin. Plus tard, il nous confia avoir eu une peur bleue :

– Quand je me suis retourné, Thabo n'était plus qu'à deux mètres. Devant moi, j'ai vu une lueur – la torche de Nina. J'ai compris que c'était là qu'on avait commencé à creuser, alors j'ai couru dans cette direction. Je me suis souvenu que les rhinocéros ne pouvaient pas sauter, alors j'ai sauté par-dessus Ntombi.

Victor et Nina étaient à genoux dans la boue. Morgan les rejoignit. Thabo était à quelques mètres seulement, et Ntombi se tenait entre eux, toujours dans le fossé. Ils n'avaient aucune issue.

Nina murmurait d'une voix douce :

– Thabo. Reste là, Thabo.

Victor, qui avait connu l'animal bébé, lui manifestait tout son amour pour tenter de l'apaiser. Mais Thabo était en colère. La charge était imminente. Les rhinocéros ont l'ouïe fine, et leurs oreilles pivotent indépendamment l'une de l'autre, captant ainsi les sons qui les entourent. Quand un rhinocéros est en danger ou aperçoit un ennemi, ses oreilles pointent droit vers la source de son inquiétude. Les oreilles de Thabo étaient tendues vers Victor, Morgan et Nina. Sa queue était dressée, enroulée comme celle d'un cochon, préparant son attaque, et il émit un souffle rauque, ultime signal avant de s'élancer. Un sifflement retentit alors derrière lui, suivi de la douce voix de Muzi :

– *Woza*, Thabo. (Viens, Thabo.)

C'étaient les mots que les rangers avaient employés quand il était encore petit ; c'était ainsi qu'ils l'appelaient pour dîner ou pour jouer avec eux dans le jardin.

– Thabo, *woza*.

Les oreilles de Thabo tressaillirent puis pivotèrent pour mieux entendre cette voix familière. Il se tourna vers Muzi, perché dans son véhicule, et fit quelques pas dans sa direction, poussé par la curiosité. Muzi recula lentement, tout en continuant de siffler et de l'appeler, l'écartant ainsi de Nina, Morgan et Victor, immobiles comme des statues. Thabo continua à suivre les sons de Muzi et ils poussèrent un soupir de soulagement en le voyant s'éloigner.

– Que fait-on maintenant? demanda Morgan, encore tremblant de peur.

– On continue à creuser, répondit Victor. On n'a pas le choix. Ntombi se refroidit, la pression sur son diaphragme augmente, ça se voit. Si on ne la sort pas d'ici, elle risque de mourir. Morgan, éclaire Thabo avec ta torche. S'il s'approche, jette-lui de la boue et crie pour qu'il reste à distance.

Morgan semblait aussi sceptique que terrifié. De la boue? Contre un rhinocéros? C'était quoi, cette stratégie? Il suivit cependant les consignes de Victor. Thabo continuait à marcher en décrivant des cercles autour de la zone et en gardant un œil sur les travaux, à distance.

Tout le monde se remit à la tâche, les mains encore tremblantes et le cœur battant. Enfin, ils parvinrent à aménager une ouverture suffisamment grande pour que Ntombi puisse se tourner et sortir.

– Allez, Ntombi, tu peux y arriver!

Elle leva alors ses pattes avant, fait rare pour un rhinocéros, et réussit à remonter la berge.

– Oui! On a réussi! Elle est sortie!

Tout le monde criait de joie, oubliant momentanément la fatigue. Mais ce n'était pas fini. Ntombi parcourut la dizaine de mètres qui la séparaient de Thabo, s'arrêta et se retourna. Les deux rhinocéros fixaient l'assemblée. Les cris de joie s'étaient tus et le silence régnait, seulement troublé par les respirations saccadées et les stridulations des insectes nocturnes.

À voix basse, Victor, inquiet, transmit ses consignes :

– S'ils viennent vers nous, on est mal. Dans ce cas,

sautez dans le fossé. Ntombi ne retournera jamais là où elle s'est fait piéger.

Les deux rhinocéros nous fixèrent pendant un long moment, puis tournèrent les talons et s'enfuirent dans le bush. Le son familier du TLB se fit alors entendre. Il arrivait enfin, trop tard.

Voilà un épisode que personne n'est près d'oublier. Ce soir-là, tout le monde se rassembla au lodge pour prendre un thé, ou quelque chose d'un peu plus fort.

— Vous l'avez échappé belle. Comment vous sentez-vous, Victor ? demandai-je.

— C'est la vie, dit-il, l'air philosophe. Un instant, on vit, et l'instant d'après... on n'en est plus si sûr !

Des années plus tard, Morgan me confia que c'était l'une des expériences les plus incroyables et les plus folles de sa vie :

— Je crois que c'est ce jour-là que j'ai compris à quel point il est difficile de protéger les animaux sauvages avec des moyens limités. Sans le dévouement des rangers, Ntombi n'aurait pas survécu. Ils ont passé des heures entières debout, en pleine nuit, sans rien d'autre que quelques pelles et pioches, de l'huile de coude et leur passion, à quelques mètres d'un animal qui aurait pu nous tuer. Pour moi, ce sont des héros de l'ombre, et si les moyens sont limités, le courage, lui, est immense ! En réalité, c'est ça le plus important, pour sauver les rhinocéros.

4

Un adolescent bagarreur...
de deux tonnes et demie

À mon retour de France en juillet 2019, après le lancement de mon livre *Un éléphant dans ma cuisine*, je me suis retrouvée face à un problème comme on n'en rencontre qu'en Afrique : un Land Cruiser littéralement broyé, victime d'un rhinocéros bagarreur.

— On dirait qu'il est tombé du haut d'un camion, fit remarquer Christiaan en secouant la tête, les mains sur les hanches.

— C'est Thabo qui a fait ça ? demandai-je, stupéfaite.

Le véhicule, pourtant solide, était dans un piètre état : les rétroviseurs pendaient dans le vide, les pneus étaient crevés. Difficile d'imaginer qu'un animal, même un rhinocéros, ait pu causer autant de dégâts.

— Oui. Il est tombé en panne hier. Comme il était tard, on l'a laissé ici pour la nuit, expliqua Muzi. On est revenus le chercher ce matin, mais Thabo nous avait devancés.

— Pourquoi aurait-il fait ça ? On dirait qu'il l'a fait rebondir dans tout le bush comme un ballon de basket !

— Ah, ça, c'est Thabo ! Vous savez comment il est quand il réussit à déplacer quelque chose, il a l'impression d'avoir gagné, et ça le rend fou de joie, dit Muzi en haussant les épaules, un petit sourire en coin. Un jour, il a fait la même chose avec ma casquette, que j'avais laissée tomber; il s'est mis à la pousser avec son museau et à la retourner. Ça l'amusait beaucoup.

À l'écouter, on aurait dit qu'il parlait d'un adolescent espiègle et blagueur, parfaitement inoffensif. Je le trouvais bien trop indulgent.

– Ce n'est pas du tout comparable! rétorquai-je. Cette fois, c'est une voiture, pas une casquette! On ne peut pas laisser Thabo détruire nos véhicules.

Thabo n'en était pas à sa première destruction. Lorsque l'envie lui en prenait, il se transformait en véritable vandale; les bosses et éraflures sur les carrosseries de nos quatre-quatre en étaient la preuve. S'il s'était habitué à nos véhicules de safari couleur vert olive, il n'aimait pas que d'autres voitures pénètrent dans son domaine. Il le faisait savoir en leur donnant une petite secousse, histoire de leur montrer qui était le patron. Sachant qu'un rhinocéros adulte pèse deux tonnes et demie et peut courir à une vitesse de 55 km/h, vous imaginez bien qu'il en fallait peu pour causer de sacrés dégâts.

Les quatre-quatre de notre brigade anti-braconnage étaient tellement cabossés et endommagés par les facéties de Thabo que les gardes avaient fini par concevoir une version renforcée qui puisse tenir le coup. L'engin, baptisé Mad Max, était impressionnant : rehaussé, les ailes consolidées à l'aide de lourdes plaques d'acier, avec un imposant pare-buffle noir à l'avant pour le protéger tant de la végétation que des rhinocéros turbulents. Ainsi préparée, notre brigade partait faire le tour de la réserve pour vérifier l'état des clôtures, surveiller les rhinocéros et repérer tout signe d'une quelconque activité de braconnage. Et Thabo de se dire, en apercevant le véhicule flambant neuf : « C'est tout ce qu'ils ont trouvé ? Ils pensent vraiment que ça peut résister au Grand Thabo ? » De quelques coups de tête enthousiastes, il infligeait une série de bosses au soi-disant indestructible Mad Max.

– Ah, Thabo…, soupiraient les rangers avec un sourire et, je crois, un soupçon de fierté.

Je comprenais leur indulgence. Quand Thabo était arrivé à Thula Thula, c'était encore un joli bébé. Dès lors, nous avions tous appris à le connaître et à l'aimer. De manière générale, tous les bébés animaux sont mignons, mais les bébés rhinocéros sont particulièrement adorables avec leur tête lisse et sans cornes : charmants, joueurs et un peu grassouillets, ils bondissent comme des chiots sur leurs pattes courtes et trapues.

Thabo avait été retrouvé nouveau-né, seul dans le bush, sans aucune trace de sa famille alentour. Il était venu vivre avec nous et avait grandi parmi les hommes, allant jusqu'à partager une chambre avec Elaine, tout à la fois soigneuse, camarade de jeu et mère de substitution. Parfois, la nuit, il grimpait sur le matelas et se blottissait contre elle. Lorsqu'il était anxieux, elle frottait son museau et caressait sa tête pour l'apaiser. Dans ces moments-là, une tranquillité béate s'emparait de lui ; c'était un spectacle incroyablement touchant. Un espace extérieur clos, appelé *boma*, lui tenait lieu de cour.

Les rangers le câlinaient et jouaient avec lui comme des gamins au parc avec leur labrador, lui jetant le ballon de rugby et se lançant dans des courses-poursuites. Lorsque

Siya, notre chef ranger, l'appelait en sifflant, les petites oreilles de Thabo pivotaient telles des antennes et il se précipitait vers lui.

Quelques mois après l'arrivée de Thabo, Ntombi avait fait son entrée à Thula Thula. À seulement cinq mois, la pauvre créature avait vu sa mère tuée par des braconniers, sous ses yeux. Des mois de soins continus l'aidèrent à surmonter ce traumatisme, à nous faire confiance et à se sentir de nouveau en sécurité. Les deux jeunes rhinocéros étaient devenus les meilleurs amis du monde et mon esprit romantique typiquement français se prenait à espérer qu'ils tombent amoureux. Je me réjouissais déjà de voir naître mes petits-enfants rhinocéros !

À l'époque, nous n'avions pas de centre de soins à proprement parler, si bien que Thabo et Ntombi ont grandi avec nous, comme s'ils faisaient partie de la famille. Et ils ont continué à grandir, encore et encore.

Imaginez un gamin exubérant de deux cents kilos, dépourvu de savoir-vivre et tout à fait inconscient de sa taille et de sa force. C'était le portrait de Thabo quelques mois seulement après son arrivée à Thula Thula. Il débordait d'énergie et ses frasques devenaient de plus en plus destructrices. Il semait le chaos derrière lui, faisant voler les meubles en éclats tandis qu'il chahutait et bondissait de toute part.

— Il est temps de leur faire découvrir le bush, annonça Siya quand ils eurent dix-huit mois. Si on veut qu'ils apprennent à vivre comme des animaux sauvages, ils doivent découvrir le monde au-delà du *boma*.

— Je suis tellement inquiète à l'idée que notre bébé Thabo soit confronté aux dangers de la nature, dis-je. Il a été élevé par des humains, il ne sait pas comment se protéger. J'espère que ça va aller.

– C'est un grand garçon maintenant, regardez-le ! fit Elaine en souriant avec indulgence à la vue de l'animal, à présent de la taille d'un gigantesque congélateur. On commencera par de longues promenades dans la réserve, pour qu'ils s'habituent tous les deux aux paysages et aux odeurs du bush.

Elaine et les autres rangers se relayèrent donc pour emmener le jeune couple en balade, leur montrant la réserve, ses points d'eau, ses prairies et ses pistes. Au fil du temps, les rhinocéros restèrent de plus en plus seuls, dehors, à explorer l'étendue de leur nouvel univers, avant de retourner au *boma* la nuit.

Le jour où on ne les vit pas rentrer fut à la fois heureux et terriblement éprouvant. Ils devenaient sauvages. C'était ce dont Lawrence et moi avions toujours rêvé.

Cependant, même après une ou deux années de vie en liberté, Thabo appréciait encore notre compagnie et avait une tendresse particulière pour celles et ceux avec qui il avait grandi. Il nous rendait régulièrement visite à la maison ou au lodge. Parfois, lors des safaris, il posait son énorme tête sur le capot de la voiture, comme il le faisait quand il était petit pour qu'on embrasse son museau. Il laissait même Richard lui retirer ses tiques, et il venait parfois jusque chez moi se coucher de l'autre côté de la clôture. Clément, mon compagnon, et moi allions le retrouver pour discuter avec lui. Je crois sincèrement que Thabo pensait être l'un des nôtres, ou alors que nous étions des rhinocéros un peu étranges. C'était avec nous qu'il voulait vivre.

Mais Thabo était trop habitué aux humains ; cela pouvait s'avérer dangereux pour lui. Je craignais qu'il ne fasse une proie facile pour les braconniers. Au fil du temps, Thabo se mit à apprécier des jeux aux conséquences de plus en plus dévastatrices. Force était de constater que Thabo était devenu un rhinocéros adulte, et territorial. Après tout, rien de plus normal. Sauf que c'était aussi une masse de deux tonnes et demie de muscles – un vrai char d'assaut. Nous devions désormais le traiter comme un véritable animal sauvage, et non plus comme le petit orphelin que nous avions élevé.

– On va devoir garder nos distances avec Thabo, annonça Siya aux rangers.

– Mais le pauvre…

– C'est autant pour son bien que pour notre sécurité. On ne doit plus le caresser ni lui parler ou jouer avec lui. Évitez aussi de croiser son regard. Il doit se déshabituer.

Bien qu'abattus par ces nouvelles consignes, tous acquiescèrent, sachant au fond que c'était nécessaire.

Désormais, quand nous le croisions, nous passions notre chemin au lieu de nous arrêter pour lui dire bonjour. Nous ignorions ses approches. Ainsi, du jour au lendemain, il s'était retrouvé exclu de la « famille ».

Ce rejet fut difficile à vivre pour Thabo. Il ne comprenait pas pourquoi ses compagnons de jeu lui tournaient le dos. Son désarroi était visible et cela m'attristait. Lors des safaris, il baissait la tête et regardait les hôtes et les rangers d'un air triste. Chacun faisait de son mieux pour suivre les nouvelles règles, moi y compris. J'aurais pourtant voulu le serrer dans mes bras, mais je savais qu'il ne le fallait pas.

5

Un épineux problème de corne

– Thabo a un problème, m'annonça Siya de retour de safari. Il s'est blessé à la base de sa corne.

Ces derniers temps, les gardes avaient remarqué qu'il était de méchante humeur ; il poursuivait les voitures et se montrait particulièrement casse-pieds. Et puis il y avait eu l'épisode du Land Cruiser. Si Thabo avait mal, cela expliquait peut-être de tels comportements.

– Il faut que le vétérinaire vienne immédiatement, dis-je. On ne peut pas se permettre d'attendre. Souvenez-vous de ce qui est arrivé à Numzane.

Douze ans plus tôt, notre grand éléphant mâle avait fait preuve d'une agressivité aussi soudaine qu'inhabituelle. Numzane était l'éléphant préféré de Lawrence et cet attachement était réciproque, mais un jour, dans un accès de fureur, il avait chargé la voiture de Lawrence. Numzane était devenu de plus en plus destructeur et avait fini par représenter un danger pour nous, et pour la réserve. Au bout de six mois, Lawrence dut prendre la décision la plus difficile de sa vie : le faire piquer.

Après l'avoir euthanasié, on découvrit un énorme abcès à la base de l'une de ses défenses. Ses accès de « mauvaise

59

humeur» étaient en fait dus à la douleur. Lawrence avait été dévasté, rongé par la culpabilité de ne pas avoir su déceler cette affection, qu'on aurait pu soigner.

Je ne voulais pas que l'histoire se répète. J'appelai Trever, qui s'organisa pour arriver dès le lendemain, en voiture, devançant l'hélicoptère, afin de préparer tous les instruments et médicaments nécessaires à l'intervention. Quand l'engin apparut sur la piste d'atterrissage, tout était fin prêt. Il décolla, Trever à son bord, à la recherche des rhinocéros que les rangers, sur le terrain, avaient localisés. Trever anesthésia Thabo et Ntombi. Il soigna la blessure de Thabo et en profita pour prélever un échantillon de sang de chaque animal, afin de les faire analyser et d'obtenir un bilan de santé. Cela nous permettrait aussi de savoir si Ntombi était pleine – nous avions bon espoir!

Selon Trever, Thabo avait heurté quelque chose de dur (le Mad Max, ou peut-être le Land Cruiser?), sa corne s'était fendue et la plaie s'était infectée. Il lui fit une injection d'antibiotiques, qui devait lui permettre de guérir.

– Vous pensez que la douleur causée par l'infection pourrait expliquer le comportement de Thabo? demandai-je à Trever.

– C'est possible, répondit-il sans grande conviction. Attendons de voir si son comportement change une fois que les antibiotiques auront commencé à agir.

– Bon, j'espère vraiment que ses frasques vont s'arrêter là! lançai-je, optimiste, comme toujours. Et croisons les doigts pour que Ntombi attende un heureux événement!

Finalement, Ntombi n'était pas pleine, et même s'il ne souffrait plus, Thabo a continué à faire des siennes.

Un épineux problème de corne

Les anecdotes à propos de Thabo sont devenues légendaires et quand nous nous retrouvons autour d'un feu dans le *boma*, nous finissons par nous les remémorer.

– Vous vous souvenez de la fois où il a refusé de laisser passer Shaka ? lança Victor un soir. Il n'a vraiment aucun savoir-vivre, notre Thabo... Et l'éléphant qui continuait à avancer vers lui...!

Les rencontres entre Thabo et Shaka, notre éléphant mâle au caractère fougueux, sont toujours hautes en couleur. Au début, j'étais terrifiée, craignant qu'ils ne se battent et n'essaient de s'entre-tuer. Mais Thabo ne s'en était pris à lui qu'une seule fois. Par chance, Victor avait réussi à filmer la rencontre. Les deux animaux s'étaient retrouvés face à face sur la route et leur dialogue avait donné à peu près ceci :

« Hum. Je suis Shaka, et en tant qu'éléphant, je suis presque sûr d'avoir la priorité, ici.

– Ah oui, tu crois ?

– Oui.

– Mais moi, je suis Thabo le rhino.

– Eh bien, comme tu peux le constater, je suis assez imposant, donc... »

Thabo n'est certes pas un poids plume, mais ce n'était rien à côté d'un énorme éléphant mâle, et en cas de combat, je n'aurais pas parié sur lui.

Voyant Shaka se dresser devant lui et avancer d'un pas déterminé, Thabo reconsidéra son approche un peu trop audacieuse. Il se ravisa, fit demi-tour et s'en alla en trottinant.

Depuis, lorsque Thabo croise des éléphants, il garde la tête baissée et continue à brouter paisiblement. Il les traite exactement comme un troupeau d'antilopes ! Dans d'autres réserves, les éléphants – en particulier les jeunes mâles – vont parfois jusqu'à tuer les rhinocéros qu'ils rencontrent. Ici, à Thula Thula, il n'en est rien : ils se croisent, se saluent et passent leur chemin.

Tels des parents aux prises avec un adolescent tumultueux, nous avons continué d'aimer Thabo, même lorsqu'il se comportait comme un voyou. Cependant, nous avions conscience qu'il devait grandir et apprendre à se comporter correctement. Mais comment faire ? Malheureusement, dans ce genre de cas, Google ne sert à rien, et il n'existe pas non plus d'expert auquel on pourrait passer un coup de fil pour obtenir quelques conseils.

C'était dans ces moments-là que la sagesse de Lawrence me manquait le plus. Il avait de telles connaissances et une telle expérience des animaux et du bush ! J'étais persuadée qu'il aurait su s'y prendre avec Thabo, avec compassion, gentillesse et fermeté. Je l'imaginais me parler, de sa voix calme : « Réfléchissons, Frankie… »

Rien, dans ma vie, ne m'avait préparée à la difficulté des décisions que je dois prendre au quotidien dans le bush. J'ai grandi à Paris. Je connaissais les différents arrondissements comme ma poche et savais où trouver le meilleur pain au chocolat de la ville. Jamais je n'ai suivi de formation officielle en matière de protection de la faune sauvage. Tout ce que je sais, je l'ai appris sur le tas, auprès de Lawrence et des gens qui m'entourent. Nous avons créé Thula Thula en partant de zéro. Au début, l'argent manquait continuellement, si bien que nous avons dû mettre la main à la pâte et effectuer une grande partie des tâches nous-mêmes.

Un épineux problème de corne

Je me suis chargée de l'aspect hôtelier de notre projet, travaillant avec les maîtres d'œuvre pour concevoir l'Elephant Safari Lodge, un ensemble de sept bungalows luxueux, puis, quelques années plus tard, le Luxury Tented Camp, un campement de tentes haut de gamme. J'ai meublé et décoré chaque chambre et chaque tente moi-même, en improvisant, avec un budget minuscule, mais avec amour, style et tout un tas de tissus à motifs animaliers. Cela m'a prouvé que lorsqu'on se jette à l'eau, on peut faire des choses dont on ne se serait jamais cru capable.

J'ai également dû recruter des personnes issues des communautés locales et les former dans les domaines de l'hôtellerie, de la restauration, de l'administration et du marketing. En tant que responsable du personnel, je m'occupais du versement des salaires. À l'époque, la plupart ne possédaient pas de compte bancaire et les virements n'existaient pas. Je devais donc me rendre à la banque à Empangeni chaque mois, afin de retirer les salaires en espèces. À la fin du premier mois de travail, alors que je m'apprêtais à y aller, Lawrence me conseilla de prendre mon petit pistolet, au cas où on essaierait de me voler.

– Je ne peux pas entrer dans une banque avec une arme ! répliquai-je. Je vais me faire arrêter.

– Arrêter ? répondit-il, incrédule. Non, ne t'en fais pas. Tout ira bien, mais prends le pistolet.

Son insistance me convainquit de l'écouter – après tout, que connaissais-je des banques sud-africaines ? En arrivant à Empangeni, quelle ne fut pas ma surprise de voir que tout le monde, même les fermiers les plus costauds, entrait dans la banque pistolet bien en vue à la ceinture ! La petite arme à feu que j'avais glissée au fond de mon sac faisait figure de jouet, en comparaison.

Alors, entre choisir les tissus des rideaux, apprendre aux cuisiniers à faire une bonne béchamel et traverser tout le Zululand avec des liasses de billets dans mon sac et un pistolet, j'avais beaucoup à faire. Ça ne me laissait guère le temps de m'impliquer dans les questions de sauvegarde de la faune.

Après le décès de Lawrence, je dus soudain prendre des décisions essentielles concernant le fonctionnement et l'entretien de la réserve, la gestion et la protection des animaux.

J'ai énormément appris au cours de ces années passées à Thula Thula, et je fais aussi confiance à mon intuition. Pour autant, je ne prends jamais de décision seule. Je m'entoure de celles et ceux qui ont à la fois les connaissances et l'expérience du bush et de ses animaux, qui partagent la même passion et la même vision que moi : rangers, vétérinaires et experts. Chacun est libre de donner son avis. J'écoute, j'apprends. Une fois que tout le monde s'est exprimé et que nous avons pu discuter de tous les points de vue, je tranche.

Je décidai donc de réunir tous les rangers ainsi que Christiaan, notre responsable de la protection de la faune, pour évoquer le cas de Thabo.

— L'infection à la base de sa corne est guérie désormais, et il est en bonne santé. Je ne pense pas que le problème soit là, dit Siya.

— Peut-être qu'il veut seulement attirer notre attention, suggéra Christiaan.

– Il ne comprend sans doute pas pourquoi plus personne ne veut jouer avec lui, fit Muzi. Pauvre Thabo.

– Le problème, c'est qu'il n'a jamais appris à se comporter correctement, ajouta Victor. Il n'a pas eu de père pour lui montrer l'exemple et lui imposer une discipline.

– Peut-être qu'on devrait lui trouver un autre rhinocéros mâle, un adulte, pour le cadrer un peu, proposa Khaya.

– Ils ne risqueraient pas de se battre ? m'inquiétai-je.

Nul ne le savait. Nous faisions face à une situation inédite et devions nous débrouiller seuls pour trouver la meilleure solution possible.

– Peut-être que ce n'est pas un mâle qu'il lui faut, mais une femelle, avançai-je.

– Il a Ntombi, répliqua Khaya.

– Ils ne passent pas beaucoup de temps ensemble, fit remarquer Siya. Le plus souvent, il est seul. Leur relation est plus fraternelle qu'autre chose, je les imagine mal s'accoupler et fonder une famille.

– Vous pensez que son attitude pourrait changer s'il avait une partenaire et se reproduisait ? demandai-je. Peut-être qu'il se calmerait un peu, qu'il deviendrait un adulte responsable.

– En tout cas, j'aime beaucoup cette solution ! s'enthousiasma Christiaan.

L'idée, qui déclencha de petits rires entendus et de nombreux coups de coude, semblait toutefois bonne.

Nous ne pouvions pas attendre plus longtemps, nous devions nous mettre en quête d'une compagne pour Thabo.

6

Une compagne pour Thabo

Trouver le grand amour n'est pas chose facile, alors trouver une adorable femelle rhinocéros pour un grand mâle turbulent et mal élevé, n'en parlons même pas.

Il n'existait malheureusement aucun site de rencontres dédié aux rhinocéros, mais si cela avait été le cas, j'aurais sans doute passé une annonce du type : « Rhino mâle solitaire cherche femelle mûre, expérimentée, ayant grandi dans la nature. Pour une amitié, une histoire d'amour, et plus si affinités ! »

À onze ans, Thabo avait l'âge idéal pour se reproduire. Les rangers l'avaient vu disperser ses excréments et uriner pour marquer son territoire. Ce marquage olfactif était le signe qu'il était prêt à trouver une partenaire. Si notre plan fonctionnait, nous aurions à la fois un Thabo plus heureux et plus calme, et nous serions en mesure d'accroître la population de cette espèce décimée par le braconnage. Une double victoire, en somme.

En l'absence d'un quelconque Tinder pour animaux, j'appelai Simon Naylor, le responsable de la réserve de Phinda, à trois heures de route de chez nous. Je savais qu'il avait un grand nombre de rhinocéros et j'espérais qu'il accepterait de se séparer de l'un d'eux. Je lui exposai la situation.

– Je cherche une femelle âgée d'un ou deux ans de plus que lui, avec de l'expérience, qui serait à la fois l'amie et la partenaire dont il a besoin pour le mettre sur le droit chemin, apprendre à se comporter correctement, et avec un peu de chance… faire des bébés !

Le défi était de taille, mais Simon identifia tout de suite la candidate idéale, une femelle adulte qui avait grandi dans le bush. Il la savait capable de se reproduire, car elle avait déjà une petite, âgée de vingt mois. Elle était donc prête à s'accoupler de nouveau. Seule contrainte : la mère et son bébé devraient rester ensemble.

C'était absolument parfait ! Il n'y avait plus qu'à régler les aspects logistiques… et financiers. J'étudiai la situation avec l'aide de Lynda. Transporter deux animaux de cette taille sur près de deux cents kilomètres n'était pas une mince affaire. La liste de nos besoins ne cessait de s'allonger. Les deux rhinocéros devraient être anesthésiés ; cela nécessitait donc le recours à un hélicoptère et la présence du vétérinaire. Celui-ci devrait voyager avec eux pour s'assurer que leur état était stable. À cela s'ajoutaient les caisses renforcées, et le camion qui les amènerait à Thula Thula. Sans parler du dispositif de sécurité, crucial, qui engendrerait des frais considérables. Cela revenait un peu à organiser un transport de fonds. Les braconniers n'hésiteraient pas à tendre une embuscade à notre convoi et à tuer les personnes présentes s'ils pouvaient s'emparer des rhinocéros et subtiliser leurs cornes. Nous aurions donc besoin de forces armées, d'une équipe complète de gardes et de plusieurs véhicules.

– Il nous faut 400 000 rands, annonça Lynda en laissant tomber son stylo sur le bureau. On ne les a pas.

– Eh bien, on va les trouver ! répondis-je.

Une fois de plus, c'est en nos amis et amoureux de la faune sauvage que nous devions placer notre confiance. Nous avons lancé une collecte de dons intitulée « Une compagne pour Thabo ». Le message était simple : faites le bonheur de notre rhinocéros et permettez-lui de devenir papa en nous aidant à lui offrir une partenaire !

Mike, notre responsable marketing international, basé en Allemagne, avait rencontré Thabo lors d'un de ses voyages à Thula Thula. Dès qu'on le mit au courant de notre initiative, il nous assura qu'il ferait tout pour recueillir les fonds nécessaires. Il contribua à l'organisation de la campagne de dons et à sa promotion sur les réseaux sociaux.

Les gens, touchés par notre rhinocéros solitaire en quête d'amour, furent extrêmement généreux. En quelques mois, nous avions rassemblé la somme requise. Nos deux nouvelles recrues seraient bientôt à Thula Thula. Il ne restait plus qu'à leur donner un prénom, et chez nous, c'était une affaire de la plus haute importance, car chacun recèle une histoire.

Par exemple, l'éléphante Tom porte le prénom du chef cuisinier du lodge qui l'a trouvée lorsqu'elle était petite. Susanne et Jurgen, eux, ont été baptisés en l'honneur de nos amis danois, les Simonsen, qui ont tant soutenu Thula Thula. Fait amusant chez nos géants, déterminer le sexe d'un nouveau-né est presque impossible, et le hasard a fait que Suzanna était un garçon et Jurgen une fille !

Les discussions allaient bon train quand l'une des bénévoles, Maria, proposa Mona et Lisa, d'après le tableau de *La Joconde*. Cette idée me plaisait. Cette peinture, très ancienne, est l'une des plus belles et des plus précieuses au monde. Cela correspondait parfaitement à nos merveilleux animaux préhistoriques qui, à leur manière, sont eux aussi d'inestimables œuvres d'art! La mère s'appellerait donc Mona et sa petite, Lisa.

Le grand jour arriva. Le 10 mai 2019, je me rendis à Phinda en compagnie de Siya, Lynda et Vusi. Mike se joignit également à nous, ainsi qu'une équipe de tournage qui réalisait alors un documentaire sur la réserve.

Dans la voiture, malgré une pointe de nervosité, l'excitation était palpable. C'était la première fois que Siya, Vusi et Mike assistaient à un tel transfert. Même si nous avions fait appel à une société spécialisée, *Tracy & du Plessis Game Capture*, nous savions que c'était une opération de grande envergure. Anesthésier les animaux, les transporter, les protéger, les décharger. Cela faisait beaucoup d'étapes, et chacune devait se dérouler au mieux.

À cela s'ajoutaient d'autres interrogations : Mona et Lisa se sentiraient-elles chez elles à Thula Thula ? Prendraient-elles aisément leurs quartiers ? Comment Thabo réagirait-il ? J'espérais de tout cœur que sa nouvelle compagne lui plairait.

Le rendez-vous était donné aux portes de Phinda à six heures du matin. Nous avions décidé de passer la nuit dans un joli hôtel de Hluhluwe, la ville la plus proche de la réserve. C'était agréable de se retrouver dans la peau des hôtes, pour une fois, et la perspective du lendemain nous mettait d'excellente humeur. Autour d'un bon dîner, au bord de la piscine, nous discutions de nos deux nouvelles protégées. Rien ne nous intéressait plus que la façon dont Thabo allait réagir et chacun y allait de son petit scénario.

Le lendemain, de bon matin, tout le monde était présent sur la piste d'atterrissage de Phinda. Un hélicoptère et un véhicule d'observation partirent à la recherche de Mona et Lisa. Nous étions en contact radio permanent.

Ce fut l'hélicoptère qui les repéra en premier :

– Elles sont à découvert. On a une bonne visibilité. Aucun danger à signaler au sol. On est prêts à les anesthésier.

D'un bond, tout le monde grimpa à bord du Land Cruiser pour aller à leur rencontre.

– C'est parti ! lança Siya, enthousiaste. Allons voir nos rhinocéros !

Le vétérinaire se pencha par la porte de l'hélicoptère et tira deux fléchettes, touchant d'abord la mère, puis la petite. La dose administrée suffisait à tranquilliser nos deux mastodontes, mais pas à les endormir complètement, sans quoi il aurait été impossible de les déplacer ! Elles devaient se tenir debout sur leurs quatre pattes, pour que nous puissions les guider jusqu'aux caisses de transport.

L'équipe au sol passa ensuite à l'action. Simon Naylor me proposa de bander moi-même les yeux de Mona. Ravie à l'idée d'officier, je bondis hors du Land Cruiser avec enthousiasme. Je n'avais jamais fait ça et même si elle était couchée, le fait qu'elle soit éveillée et bouge encore me surprit. Je me sentais à la fois émue et terrifiée de m'approcher de cette incroyable créature. La nervosité me faisait trembler, et un jeune homme de l'équipe vint m'aider à placer correctement le tissu sur ses yeux.

Tandis que les rangers conduisaient la mère et sa fille dans leurs caisses, je regardais autour de moi, surveillant les autres rhinocéros du coin de l'œil. Vivre avec Thabo m'avait appris à me méfier !

Un mâle en particulier attira mon attention.

– Pourquoi nous fixe-t-il ? demandai-je à Simon.

– Ça doit être son compagnon, répondit-il. Le père de la petite.

– Oh non ! m'exclamai-je, pleine de remords. Le pauvre, il va se retrouver tout seul.

– Ne vous inquiétez pas, Françoise, dit Simon en riant. C'est la vie, il aura vite une autre partenaire.

– Simon, quel manque de romantisme !

Nous plaisantions, mais au fond de moi, je songeai aux décisions que nous prenions à la place des animaux – les déplacer, les décorner, les mettre sous contraception –, sans leur consentement. Bien sûr, nous agissions ainsi pour préserver des espèces menacées ; et ces adorables femelles rhinocéros seraient bien accueillies à Thula Thula. Mais l'irréductible idéaliste qui sommeillait en moi n'était pas à son aise. Dans le monde dont je rêvais, sans braconniers ni chasseurs de trophées, nous ne serions pas contraints de transférer ces animaux d'un endroit à un autre ni de les enfermer dans des réserves et de les sur-veiller 24 h/24 pour assurer leur sécurité. Ils pourraient se promener en toute liberté, choisir eux-mêmes leurs parte-naires, et aucune famille ne serait séparée.

Mona et Lisa, chancelantes, entrèrent dans leurs caisses respectives, qui furent chargées dans le camion à l'aide d'un treuil. Grâce à toutes les personnes mobilisées, l'opération se déroula sans incident.

Le convoi se mit en route. Un véhicule blindé ouvrait la voie avec à son bord des tireurs d'élite prêts à intervenir et équipés d'armes à feu de tous calibres. Venaient ensuite le camion contenant la précieuse cargaison, avec ses propres gardes, puis la voiture de Mike et de l'équipe de tournage, suivie de près par un autre fourgon de sécurité. Lynda, Vusi, Siya et moi fermions la marche. Un vrai convoi présidentiel !

Nous approchions d'Empangeni quand les véhicules qui nous précédaient ralentirent.

– Que se passe-t-il ? s'inquiéta Lynda.

Je pensai d'abord que nous étions attaqués par des braconniers, ou que les animaux n'allaient pas bien.

– Ça n'augure rien de bon, dis-je.

Le convoi s'arrêta sur le bas-côté, feux de détresse allumés. Un message de Mike m'avertit que le camion était en panne. Siya et Vusi sortirent immédiatement de la voiture. La santé des rhinocéros était leur première préoccupation.

– Cela fait deux heures qu'ils sont dans leurs caisses. Ils doivent être parfaitement réveillés maintenant, fit remarquer Siya. Plus l'attente sera longue, plus le risque de stress augmentera.

Vusi monta sur le toit du camion et plaqua son oreille et ses mains contre les parois.

– Je les entends bouger, confirma-t-il. Au moins, ils vont bien.

Pendant ce temps, Grant Tracy, le directeur de *Tracy & du Plessis Game Capture*, appelait toutes les personnes du Zululand susceptibles de nous aider. L'un de ses contacts, patron d'une entreprise de location de grues située à Richards Bay, répondit présent. Quand il apprit que nous transférions des rhinocéros, il accepta de venir toutes affaires cessantes, pour notre plus grand soulagement.

Vingt minutes plus tard, un énorme camion-plateau arriva. On chargea les caisses de transport, et Mona et Lisa reprirent la route. Le convoi atteignit les portes de Thula Thula sans incident, mais un nouveau problème se profilait :

– Comment vont-ils faire pour aller jusqu'au *boma* ? s'enquit Vusi.

Bonne question. Ce véhicule était bien plus grand que celui que nous avions loué initialement. Les pistes de la réserve, étroites, n'étaient pas faites pour un tel gabarit.

C'était compter sans les talents du conducteur, Lesly Ndawonde. Aujourd'hui encore, je n'arrive pas à croire qu'il ait réussi à se frayer un chemin et à manœuvrer de manière à se placer pile devant l'enclos. Si un prix récompensait l'héroïsme des conducteurs de camion, il faudrait le lui décerner sur-le-champ. C'était tout simplement miraculeux.

On déposa les caisses à terre et on ouvrit les portes. L'un des rangers grimpa sur les toits afin d'encourager les rhinocéros à sortir.

Mona et Lisa avancèrent droit au centre du *boma*. Tout le monde se retira, et resta à les observer à bonne distance de la clôture pour ne pas les stresser.

– Regarde Mona, comme elle est belle…, soufflai-je à Vusi. Et la jolie petite Lisa. Notre Thabo est un sacré veinard !

– Je me demande où il est, dit Mike. J'ai hâte de voir sa réaction !

Nous n'apercevions ni Thabo ni Ntombi.

– Il a déjà dû la sentir, affirma Siya.

Le *boma* permettrait à nos nouvelles arrivantes de se familiariser avec les odeurs et les bruits. Il était idéalement situé : non loin de la route qui mène à Tented Camp, afin qu'elles s'habituent aux véhicules de safari et au son de nos voix, et suffisamment près du lodge pour que nous puissions les surveiller, les admirer, leur donner de l'eau et de la luzerne. La clôture électrique les empêchait de sortir et les protégeait aussi des léopards et des hyènes, pour qui la petite rhinocéros aurait fait une proie facile. Mona et Lisa resteraient deux semaines, le temps de s'acclimater, puis seraient remises en liberté.

Pour l'heure, elles semblaient très calmes, presque abattues. Je me demandais si c'était un effet de l'anesthésie ou seulement la fatigue liée au voyage. Un transfert est toujours stressant. De plus, c'était la première fois que les deux femelles avaient été séparées. Et voilà qu'elles se retrouvaient dans cet étrange environnement où tout était différent.

Soudain, un ranger nous avertit : nous avions de la visite. Siya avait vu juste : Thabo et Ntombi, qui avaient sans doute senti les deux nouvelles, venaient mener leur petite enquête. J'étais nerveuse. La première rencontre entre des animaux sauvages est toujours imprévisible. Alors, connaissant Thabo…

Dès que nos deux rhinocéros résidents furent en vue, Mona et Lisa se rapprochèrent l'une de l'autre, comme pour se protéger face à un potentiel danger. Quant à Thabo et Ntombi, eh bien… c'était la première fois qu'ils croisaient des individus de leur espèce ! Les deux camps gardaient leurs distances, tout en se scrutant et en reniflant l'air.

Ils venaient de mondes presque opposés. Mona et Lisa étaient nées dans le bush et n'avaient eu aucun contact prolongé avec des êtres humains, tandis que nos deux petits orphelins étaient habitués et même attachés à ceux qui les avaient choyés et nourris. Nous supposions donc que ces quatre rhinocéros-là auraient besoin de temps avant de faire connaissance, et l'avenir nous donna raison.

– Regarde la belle petite amie que nous t'avons trouvée, Thabo, dis-je. J'espère que tu prendras bien soin d'elle.

Il fit demi-tour, s'enfonçant dans la végétation, Ntombi à sa suite. Deux semaines plus tard, quand on ouvrit le *boma*, ils n'avaient toujours pas reparu. Cependant, les rangers, qui surveillaient la zone de près, aperçurent bientôt Thabo. En le voyant approcher, Mona poussa un grognement d'avertissement. Thabo semblait très curieux, et tout excité, mais il accepta de leur laisser de l'espace. Bien qu'il dépassât Mona en taille, il était plus jeune qu'elle, et moins expérimenté dans ses relations avec les autres rhinocéros. Il émit alors un son aigu, en signe de soumission, puis tourna les talons et s'enfuit.

– Il a peur d'elle ! s'exclama Siya.

Eh oui, notre vaillant et audacieux Thabo, celui-là même qui avait tenté d'attaquer un hélicoptère trop bruyant et s'en était pris au Mad Max gonflé à bloc de la brigade anti-braconnage, agissait à présent comme un adolescent timide !

J'avais de la peine pour lui. Personne ne lui avait appris comment se comporter dans de telles situations. Il n'avait eu ni père ni aucun autre mâle sur lesquels prendre exemple. Il avait grandi parmi nous et malgré tout l'amour que nous lui avions porté, nous n'avions pas pu nous substituer à une réelle famille. Cela s'annonçait difficile. Il devrait s'armer de courage et de patience.

Quelques mois après leur arrivée à Thula Thula, on organisa le décornage de Mona et de Lisa. Comme cela faisait près d'un an que nous n'avions pas retiré les cornes de Thabo et Ntombi – depuis ce terrible jour où nous avions dû faire sortir Ntombi du fossé de drainage –, on décida de les inclure dans cette opération.

Comme d'habitude, Trever les endormit depuis l'hélicoptère. Lisa s'effondra en premier. Mona suivit alors son instinct maternel protecteur et s'approcha immédiatement de sa petite. Mais les tranquillisants commençaient à faire effet sur elle aussi, et elle se mouvait avec lenteur, en chancelant. Elle leva une patte et resta ainsi quelques instants, titubant, avant de tomber à genoux. Deux des assistants du vétérinaire lui bandèrent les yeux, mais dans un dernier élan de courage, elle se releva et avança un peu plus vers Lisa. Elle voulait à tout prix la protéger. Soudain, elle vacilla. Les deux hommes tentèrent de la repousser, mais leurs forces ne suffisaient pas face à une telle masse. Mona commençait à s'affaisser. Nous regardions la scène, horrifiés.

– Arrêtez-la ! hurla Christiaan. Elle va tuer Lisa.

Les rangers se précipitèrent pour prêter main-forte. Ils mirent tout leur poids pour essayer de maintenir Mona debout et l'écarter de Lisa. Une vraie mêlée de rugby. Voyant qu'ils peinaient, tout le monde se joignit à eux – même l'équipe de tournage, qui laissa ses caméras en plan. Grâce à cet incroyable effort collectif, Mona put être couchée dans l'herbe, à environ un mètre de Lisa.

Hormis ce léger contretemps, le décornage se passa comme prévu. Cependant, en rentrant au lodge ce jour-là, j'avais le cœur lourd. Je savais que ces interventions étaient nécessaires, mais elles comportaient de tels risques et généraient tant de stress… Et encore, en complément de cette mesure de protection, nos rangers surveilleraient Thabo, Ntombi, Mona et Lisa 24 h/24 et me communiqueraient leur position toutes les trente minutes. Nous avions déjà eu vent de braconniers qui s'en prenaient à des bêtes décornées. Le moindre bout de corne restant suffisait à les attirer. Telle est la triste réalité dans le monde de la sauvegarde animale. Nous sommes constamment confrontés à l'avidité et la cruauté des hommes. Pourtant, c'est une bataille que nous ne pouvons pas nous permettre de perdre : nous devons sauver ces espèces menacées pour que les générations futures habitent une planète où les rhinocéros vivent encore à l'état sauvage.

Nous avions désormais quatre individus en pleine santé, dont trois en âge de s'accoupler. Comment leurs relations évolueraient-elles ? Thabo nous rendrait-il fiers en contribuant à la survie de son espèce ? Quelle pression !

Il n'était pas rare de voir Thabo paître non loin des femelles, mais il ne s'attardait jamais, ce qui est assez naturel chez les rhinocéros. Contrairement aux femelles et aux jeunes, qui vivent souvent ensemble, les mâles parcourent sans cesse leur territoire, pour marquer leurs frontières. Quand une femelle est en chaleur, le mâle, informé grâce à l'odeur de son urine, lui rend une visite, disons... assez brève – ce n'est pas le genre à rester pour le petit déjeuner! Après l'accouplement, il reprend ses patrouilles habituelles.

Nous attendions impatiemment de voir si Thabo s'acquitterait de ce rôle, mais un autre changement intéressant s'opéra d'abord chez lui. Étant orphelin, ses micro-organismes internes n'étaient pas très efficaces. Dans la nature, les jeunes rhinocéros se nourrissent en effet des déjections de leur mère, ce qui leur permet d'ingérer de bonnes bactéries, dites « utiles ». Privé de cet apport, Thabo avait toujours eu des excréments liquides. Mais il se mit alors à manger les déjections de Mona, ce qui eut pour effet de solidifier les siennes, et de lui assurer une meilleure santé. Les instincts des animaux ne sont-ils pas remarquables?

7

Secourir, soigner, relâcher

Si je n'avais qu'un souhait, ce serait que tous les animaux sauvages puissent vivre libres et en sécurité dans leur habitat naturel.

Ce n'est malheureusement pas le cas, et nombreux sont ceux qui ont besoin de soins. La plupart du temps, les humains sont responsables de leurs souffrances : ils dressent des éléphants pour le cirque, prennent un galago comme animal de compagnie, posent un piège qui brisera la patte d'un guib harnaché. Les programmes de sauvegarde leur offrent une seconde chance.

En 2014, avec le soutien de Four Paws, une organisation internationale qui œuvre pour la protection de la faune, nous avons créé un orphelinat destiné à accueillir et soigner les bébés rhinocéros à Thula Thula. En raison de la hausse constante des actions de braconnage, nombre d'entre eux se retrouvaient abandonnés, trop jeunes pour survivre seuls dans le bush, et souvent traumatisés.

Grâce à cette structure, nous avons pu recueillir des bébés rhinocéros, éléphants et hippopotames, tout en gardant l'objectif final de les relâcher dans la nature, pour qu'ils puissent y grandir et se reproduire.

En février 2017, cinq braconniers lourdement armés attaquèrent l'orphelinat et tuèrent deux rhinocéros d'à peine dix-huit mois pour s'emparer de leurs cornes.

Je ressentis alors une douleur, un chagrin et une colère indescriptibles. Les animaux que nous avions élevés, aimés et juré de protéger avaient été massacrés au sein même de leur refuge. Cette violence ébranla ma foi en la nature humaine. J'avais le sentiment d'avoir été trahie. Cette tragédie avait entaché l'institution que nous avions fondée avec les meilleures intentions du monde. L'organisme qui s'occupait de sa gestion décida de cesser son activité et c'est ainsi que l'orphelinat fut contraint de fermer ses portes.

Dans les semaines qui suivirent, après une longue traversée du désert, je réalisai que l'unique façon de nous sortir de cette horreur était d'aller de l'avant et de créer quelque chose de positif.

– Si les gens comme nous renoncent à chaque revers qu'ils essuient, un jour, il n'y aura plus de rhinocéros ni d'éléphants, dis-je au personnel. Nous reconstruirons ce qui a été détruit, et nous poursuivrons notre rêve en fondant une nouvelle structure.

Le centre de sauvegarde de Thula Thula ouvrit ses portes en mai 2017, trois mois seulement après la tragédie.

Son principal objectif était d'apporter des soins aux animaux sauvages blessés, orphelins ou arrachés à leur habitat naturel, puis de les remettre en liberté. Cette fois, l'équipe de Thula Thula serait aux manettes. On déposa une demande de permis plus large pour pouvoir accueillir toutes les espèces, et non plus uniquement des rhinocéros.

La structure avait été construite sur les terres communautaires, avec le soutien et la bénédiction des *amakhosis*. Que les chefs locaux soient aussi investis est une chance ; ils prennent très au sérieux leur mission de protection du bush et de sa faune, qu'ils considèrent comme un héritage à léguer aux générations futures. Four Paws participa de nouveau au projet.

Le but étant de relâcher les animaux dans leur milieu naturel, nous ne devons surtout pas les toucher ou les caresser, même si la tentation est grande. Il est essentiel qu'ils ne s'habituent pas aux êtres humains et ne leur fassent pas trop confiance.

C'est un travail physiquement exigeant, mais aussi stressant d'un point de vue émotionnel – nos soigneurs se retrouvent souvent face à des bêtes malades, souffrantes, et nous ne parvenons pas toujours à les sauver. Heureusement, nous vivons de jolis succès, comme avec notre toute première rescapée, Lucy, un bébé duiker. C'était une charmante antilope couleur fauve, toute petite – sa taille adulte ne dépasserait pas le genou –, timide, et à l'expression très douce. Elle avait été faite prisonnière et aurait sans doute été vendue en tant qu'animal de compagnie ou pour sa viande, mais des policiers l'avaient trouvée et nous l'avaient amenée. Une fois installée dans notre *boma* néonatal couvert, l'équipe du centre prit grand soin d'elle et la nourrit au biberon jusqu'à ce qu'elle puisse brouter.

Quelques mois plus tard, nous la relâchions sur la pelouse du Safari Lodge. « Duiker » vient de l'afrikaans *duik* qui signifie « plonger » : en cela, Lucy portait bien son nom. En sortant de son abri, elle fila directement vers le bush et plongea pour se mettre à couvert dans les broussailles. Nous étions ravis de voir que ses instincts se manifestaient spontanément : Lucy était prête à vivre en liberté. Nous l'apercevons encore de temps à autre, et cela me fait toujours chaud au cœur.

La nouvelle de l'ouverture du centre se répandit vite, et de nombreux habitants vinrent nous confier les animaux sauvages qu'ils trouvaient. Les plus fréquents étaient les tortues, repérées en train d'errer dans les rues d'Empangeni, où elles risquaient de se faire renverser par une voiture, ou mordre par un chien. Comme elles demandent en général peu de temps de réadaptation, nous les relâchons aussitôt dans la réserve. Elles prennent alors le chemin du bush, lentement, mais sûrement.

Parmi les nouveaux venus, on accueillit un galago, qui avait été attaqué par deux chiens de Rhodésie. Sa patte arrière était blessée. Il était trop vieux pour pouvoir retourner à la vie sauvage, mais il finit ses jours heureux, à l'abri de notre grand *boma*.

Trois genettes firent également leur arrivée. Tout juste nées, elles avaient été découvertes dans une boîte, dans le port de Richards Bay. Ces petits félins sauvages s'adaptent bien aux villes, où ils se nourrissent autant de cafards que de restes qu'ils trouvent dans les gamelles des animaux de compagnie, posées dehors. Cette fois cependant, il n'y avait nulle trace de leur mère. Elles étaient si jeunes qu'on dut les alimenter à l'aide d'une seringue. Les auxiliaires vétérinaires les soignèrent jour et nuit pendant douze semaines, en limitant au maximum tout contact humain. En grandissant, ces beaux chats tachetés à longue queue passèrent de plus en plus de temps à l'extérieur, dans le *boma*, puis on commença à laisser les portes ouvertes pour qu'elles puissent entrer et sortir à leur gré. Elles se mirent à aller de plus en plus loin, de plus en plus longtemps, jusqu'au jour où elles ne revinrent pas. Ce sont désormais des genettes parfaitement sauvages.

Toutes les réadaptations ne sont malheureusement pas couronnées de succès. Ce fut le cas d'un varan que nous avions recueilli, le dos brisé, et qu'on dut euthanasier.

Les arbres qui entourent le camp de bénévoles abritent une colonie de tisserins. Ce sont de petits oiseaux très actifs, au joyeux plumage jaune vif. Comme leur nom l'indique, les mâles construisent leur nid en tressant des herbes et des roseaux. Suspendus aux branches, ils ressemblent à des lanternes ou des boules de Noël. Les femelles les garnissent ensuite de plumes et de jeunes feuilles et viennent y couver leurs œufs, puis nourrir leurs oisillons. Le coucou didric, lui, tire profit des compétences de ces fabuleux artisans : il pond à l'abri, dans la douceur des nids bâtis par le tisserin, agissant ainsi en véritable parasite.

Un après-midi, à l'été 2018, en pleine période d'éclosion des œufs, un violent orage éclata sur Thula Thula. Il régnait une atmosphère de fin du monde. Les éclairs striaient le ciel, la pluie battait le sol et le vent hurlait, faisant ployer les arbres. Lorsque la tempête cessa, le constat fut sans appel : tout était dévasté. Les branches, les feuillages et les nids jonchaient le sol. Nous étions horrifiés à la vue de ces dizaines d'oisillons morts, au duvet mouillé, plaqué contre leur corps frêle.

– Regardez, il y en a un qui bouge ! s'exclama soudain l'un des bénévoles. Il est vivant !

On trouva quinze rescapés.

– Il faut les réchauffer, déclara un dénommé Jack en les soulevant délicatement pour les déposer dans un carton. Les oiseaux sont très fragiles, surtout les petits. Leurs chances de survie sont minces, mais on peut au moins essayer.

Jack et les autres bénévoles travaillèrent d'arrache-pied pour les nourrir et les choyer, mais tous moururent durant la nuit, à l'exception d'un seul, un coucou, qui réussit à passer le cap des premiers jours. On le prénomma Chuck. Il grandit, élut domicile dans les arbres du camp, puis finit par s'envoler – nous ne pouvions souhaiter mieux. Désormais, lorsque nous entendons le cri caractéristique du coucou didric, un joyeux «diid-diid-diid-diid-er-ick», nous nous demandons toujours s'il s'agit de Chuck, l'unique survivant de la tempête dévastatrice.

8

Sauver des vies

En octobre 2018, Lynda reçut un appel en provenance de Durban.

– On a un suricate, dit la personne au bout du fil, après s'être présentée sous le nom de Jane. J'ai entendu parler de votre centre. Est-ce que vous pourriez l'accueillir ?

– Un suricate à Durban ? Comment est-ce possible ? Il n'y en a pas à l'état sauvage dans tout le KwaZulu-Natal.

– C'était un animal de compagnie. Elle a besoin d'un nouveau foyer.

Voilà le genre de choses qui nous mettait hors de nous ! Que les gens jettent leur dévolu sur un chat ou un chien, mais pas sur un suricate, ni un singe, ni – croyez-moi, ça arrive – un tigre ! La nature est le seul habitat qui convient à ces espèces sauvages.

Malheureusement, avec leur petite taille et leur jolie frimousse, les suricates sont si adorables que de nombreuses personnes, séduites, l'oublient. Or, les contraindre à vivre dans une maison, en compagnie humaine, est injuste, et peut s'avérer dangereux : ils font parfois preuve d'agressivité, et une vilaine morsure est vite arrivée.

Il suffit de les observer dans la nature ou même de

regarder la série télévisée *Le Clan des suricates* pour savoir que ce sont des animaux éminemment sociaux. Ils vivent en groupes familiaux au sein d'une colonie, bien qu'à les voir perchés sur une dune, ils me fassent plutôt penser à une bande d'adolescents prêts à en découdre !

Chez les mammifères, les éléphants et les suricates se situent à l'opposé en termes de taille, mais cela ne les empêche pas d'avoir de nombreux points communs. D'une part, tous deux évoluent dans des sociétés matriarcales, c'est-à-dire organisées autour d'une femelle dominante. D'autre part, l'intérêt collectif est au cœur de leur mode de fonctionnement : ils s'entraident, coopèrent et assument souvent différents rôles au sein du groupe.

Lorsque les bébés naissent, les adultes se relaient, jouant tour à tour au baby-sitter, afin que la mère puisse partir chercher de la nourriture. Par ailleurs, les suricates désignent toujours une sentinelle. Celle-ci, dressée sur ses pattes arrière, scrute le ciel et l'horizon, à l'affût d'un danger – aigles, serpents, chacals, etc. Pendant ce temps, le reste de la colonie peut se mettre en quête d'insectes, qui constituent la base de son alimentation.

Lorsque la sentinelle repère un prédateur, elle sonne l'alarme. Le système de communication des suricates est très élaboré et comporte environ vingt-cinq cris différents. Quand le cri « Alerte, danger ! » retentit, ils choisissent d'appliquer l'une de leurs deux stratégies favorites : se regrouper pour faire face à l'ennemi, ou se précipiter dans leurs terriers, à l'abri.

Imaginez alors un animal aussi social, fait pour vivre en communauté avec vingt à trente autres de ses semblables, se retrouver dans une maison, seul, en compagnie d'êtres humains. Quelle tristesse !

Je pris la route avec Lynda et Christiaan pour aller chercher Daisy à Durban. Je n'avais encore jamais vu de suricate. Elle était adorable, avec son petit museau pointu et ses yeux cerclés de noir. L'air vif, intelligent, elle faisait pivoter sa tête de droite à gauche, semblant essayer de saisir ce qui était en train de se passer.

– Allez, Daisy ! la héla Lynda à notre arrivée à Thula Thula. On t'emmène dans ta nouvelle maison.

Nous lui avions préparé un vaste enclos au sein d'un des plus grands *bomas*, pour reproduire au mieux les conditions de son habitat naturel. Notre objectif était bien sûr de la relâcher, mais pas immédiatement. Avant cela, Daisy devait acquérir toutes les compétences qui lui manquaient pour pouvoir survivre dans le bush.

Ce fut une bonne première étape. L'équipe du centre de sauvegarde était très stricte : les contacts devaient être limités au minimum, afin de l'aider à se déshabituer des êtres humains et à gagner en autonomie. D'abord nourrie avec des insectes vivants – comme dans la nature –, elle se mit ensuite à les attraper elle-même et à enrichir son alimentation de fruits, d'œufs et de plantes.

La réadaptation de Daisy se passait bien, mais nous ne pouvions la relâcher ni à Thula Thula ni ailleurs dans le KwaZulu-Natal : elle devait rejoindre une colonie.

Lynda n'aime rien tant que relever un défi, qui plus est quand le bien-être d'un animal est en jeu. Elle s'empara du problème, et m'annonça bientôt la bonne nouvelle :

– Le centre de sauvegarde et de réhabilitation des suricates Solidearth a accepté de prendre Daisy.

– Merveilleux ! Où sont-ils ?
– Au Kalahari.
C'était à l'autre bout du pays ! Cette région désertique, près de la frontière avec le Botswana, était la plus septentrionale d'Afrique du Sud.
Lynda insista :
– Une fois là-bas, elle sera vraiment chez elle.
Elle avait raison. Dire que quelqu'un l'en avait arrachée pour la faire vivre en captivité sous le climat tropical de Durban... Quelle folie !
Daisy fut transférée au Kalahari. Elma et toute l'équipe de Solidearth l'aidèrent à se réadapter progressivement à la vie sauvage en la mettant au contact d'autres suricates. Au bout d'un mois, elle fut prête et put rejoindre une colonie.
Un jour, quelque temps après, j'aperçus Lynda traverser la pelouse qui séparait nos bureaux pour venir me voir. Comme toujours, elle était suivie de près par Miley, un gros labrador, et Shiny et Alex, les deux caniches blancs, princesses de la meute. Elle les avait emmenées avec elle en quittant Pretoria pour s'installer ici. À son sourire, je devinai qu'elle avait une bonne nouvelle :
– Françoise ! Je viens de parler à Elma, annonça-t-elle. Daisy a eu quatre petits !
Après cela, Lynda n'eut plus d'autres nouvelles de Daisy : notre petite suricate s'était si bien réadaptée à la vie sauvage qu'Elma ne parvenait pas à la différencier de ses semblables. Tout est bien qui finit bien !

Pour moi, il n'y a rien de plus triste que de trouver un animal pris dans un collet. C'est cruel, douloureux, et cela mène bien souvent à sa mort. Un jour, nos équipes repérèrent un vieux buffle pris au piège, encore en vie... C'était sa chance.

La réserve compte environ quatre-vingts buffles, une des espèces faisant partie des *big five* : bien qu'il ne possède ni les crocs redoutables du lion ni la masse impressionnante de l'éléphant, le buffle est considéré comme l'espèce la plus dangereuse de toutes. Ces animaux chargent souvent sans prévenir – surtout les vieux mâles, connus pour leur mauvais caractère. En effet, chez cette espèce, les femelles vivent en troupeau avec un ou deux mâles adultes, tandis que les autres restent ensemble, entre célibataires. Mais les plus âgés, eux, sont mis à l'écart. Dès lors, ils se transforment en vieux grincheux et passent leurs journées vautrés dans la boue, prêts à s'emporter à la moindre provocation.

Les buffles des réserves de chasse sont d'autant plus dangereux qu'ils se méfient des humains ; ils doivent donc être traités avec une extrême prudence. Cependant, ceux de Thula Thula sont plutôt détendus. Au cours des dernières années, ils ont donné naissance à de nombreux petits – signe que le troupeau se porte bien, parvient à se nourrir et mène une vie heureuse. Ils se sont même adoucis au fil des ans, si bien qu'on les aperçoit parfois tout près du lodge. Mais en 2010, à l'arrivée du premier troupeau, nous avons évité l'accident de justesse.

Les seize nouveaux venus avaient été transportés dans un grand camion. Nous les observions à distance, depuis nos quatre-quatre. Quand on abaissa la rampe d'accès, ils sortirent en trombe et s'enfoncèrent dans le bush. Le vétérinaire s'approcha alors du véhicule, mais au moment où il jeta un coup d'œil à l'intérieur, un énorme buffle à moitié endormi en surgit. Le troupeau était passé devant nous à une telle vitesse que nous n'avions pas eu le temps de les compter. Nous ne soupçonnions pas qu'il y avait un retardataire !

Ils se toisèrent l'espace d'un instant, sous nos regards stupéfaits. Soudain, le vétérinaire poussa un cri et prit ses jambes à son cou. Le buffle bondit hors du véhicule et se lança à sa poursuite. Ils tournaient autour du camion, sans s'arrêter. Le vétérinaire, pas des plus athlétiques, avait le visage rouge ; il fournissait un effort surhumain tandis que la bête furieuse était sur ses talons. La scène, digne d'un dessin animé, aurait pu être hilarante si cela n'avait pas été aussi dangereux. Car les cornes du buffle, incurvées vers le haut et acérées, ont la particularité de fusionner à la base, formant ainsi une bosse frontale osseuse au sommet de son crâne – une arme redoutable. Le vétérinaire parvint enfin à grimper sur l'un de nos pick-up, grâce aux rangers qui le hissèrent à bord, et l'animal fila rejoindre les siens.

Qui sait, peut-être que le vieux mâle que nous avions secouru, pris dans un collet, était précisément celui qui avait failli piétiner notre homme des années plus tôt ! C'était l'un des individus les plus imposants et les plus âgés du troupeau. Ses yeux, rouges et chassieux, lui donnaient une allure diabolique, si bien que les rangers l'avaient surnommé Lucifer. Siya disait qu'il le croyait même capable de nous anéantir par la pensée.

Si la plupart du temps, nous réussissons à soigner les

animaux et à les relâcher dans leur habitat naturel, il y a aussi eu des coups durs. En février 2019, nous avions déposé une demande d'autorisation pour la remise en liberté d'un caracal et de deux genettes. À notre grande surprise, les autorités nous la refusèrent. Par ailleurs, nous attendions toujours le permis pour le centre de sauvegarde. Nous avions pourtant rempli tous les documents requis, et notre structure avait même fait l'objet d'une inspection. Nous avions l'impression d'être entravés, sans comprendre pourquoi.

En mai, on nous demanda de ne plus recueillir d'animaux tant que le permis ne nous avait pas été délivré. Le centre dut fermer. Bien sûr, les réglementations sont importantes, mais quel gâchis de voir notre centre tout neuf et parfaitement équipé soudain désert ! Et comme aucune autre structure similaire n'existait dans la région, les animaux blessés devaient être conduits dans l'établissement le plus proche, à trois cents kilomètres de là. Outre le coût considérable, c'était aussi une grande source de stress pour l'animal.

Il s'avéra que notre première demande n'avait pas été remplie correctement. En avril 2019, un second dossier fut déposé, cette fois par notre avocate. Quant à moi, dans l'attente, j'étais hantée à l'idée de savoir que des animaux mouraient alors que nous aurions pu les soigner et leur offrir une vie heureuse dans le bush.

9

Cloches et senteurs de Noël

On dit souvent qu'on a deux familles : celle de naissance et celle de cœur, qu'on se construit au fil de la vie. Que ce soient les animaux, le personnel ou les quelques amis précieux rencontrés parmi nos hôtes, j'ai de la chance de pouvoir compter sur ma famille de Thula Thula. Soutien, entraide et coopération sont les maîtres mots ici et nous agissons toujours dans l'intérêt commun.

Dans cette famille de cœur, Jo Malone, son mari Gary et son fils Josh sont des membres d'honneur. Jo m'a contactée en 2019, après avoir lu mon premier livre. Je la connaissais déjà de nom : elle avait créé une gamme de parfums merveilleux sous la marque Jo Malone et remporté un succès international immédiat. Elle n'était jamais venue en Afrique, n'avait jamais vu de réserve de sa vie, mais voulait à tout prix découvrir Thula Thula et contribuer à la sauvegarde de la faune sauvage du pays.

Quelques mois après notre première discussion, Jo et sa famille sont arrivés et tombés sous le charme de notre petit bout de paradis. Ils se trouvaient à des millions de kilomètres de leurs habitudes londoniennes et pourtant, sans pouvoir se l'expliquer, ils se sentaient ici chez eux. Jo et moi nous sommes immédiatement liées d'amitié. J'ai toujours adoré ce genre de personnalité, positive et volontaire.

Pendant leur séjour, nous avons longuement parlé de la sauvegarde de la faune. Assister au spectaculaire décornage de Mona, Lisa, Thabo et Ntombi leur a aussi permis de comprendre les enjeux et les risques inhérents au travail de préservation d'une espèce. Après deux semaines à nos côtés à Thula Thula, Jo et sa famille ont décidé de défendre cette cause, avec passion. Depuis, ils font de leur mieux pour sensibiliser la communauté internationale aux actions menées pour sauver les rhinocéros en Afrique du Sud.

En décembre 2019, alors que je parlais des préparatifs de Noël dans mon bureau avec Lynda, j'entendis un brouhaha en provenance d'un des bâtiments plus loin. Soudain, je vis débarquer Aphi, Portia et Swazi, les trois filles de l'administration, tenant chacune une énorme boîte.

– On a reçu des cadeaux de Noël ! s'écria Portia, ravie.

Elles les posèrent par terre et revinrent avec trois autres boîtes.

– Ça vient du Royaume-Uni, constata Aphi en faisant tourner le carton pour déchiffrer l'étiquette. Qu'est-ce que ça peut bien être ?

Comme l'assistant de Jo m'avait demandé de lui donner notre adresse exacte quelques jours auparavant, j'avais rapidement deviné l'identité de l'expéditeur. Mais six énormes colis ? Waouh !

– On peut les ouvrir ? dit Swazi.

– Bien sûr ! m'exclamai-je.

Hors de question d'attendre. Nous ressemblions à des enfants le matin de Noël.

Chaque paquet contenait des piles de petites boîtes d'un blanc immaculé autour desquelles était noué un ruban de soie rouge, si belles qu'elles auraient pu constituer le cadeau à elles seules! C'était une sélection des fameuses bougies parfumées *Jo Loves*, et toutes sortes de coffrets pour le bain, de crèmes pour le corps et de gels douche aux merveilleuses fragrances. J'étais certaine que Jo pouvait entendre nos cris depuis Londres, mais nous avons tout de même lancé un appel vidéo pour qu'elle puisse voir à quel point ses présents nous avaient rendues folles de joie. Mon bureau était sens dessus dessous, nous avions du papier et des cartons jusqu'aux genoux, mais quel bonheur!

Il y avait soixante produits au total, un pour chaque employé. Je décidai d'organiser une fête de Noël, durant laquelle chacun put choisir son cadeau. À Thula Thula, personne n'avait jamais rien vu d'aussi luxueux et on passa la soirée à tout sentir et tout tester. Je souriais à la vue de nos rangers durs à cuire discuter crèmes, lotions et bougies anglaises.

– Orange verte et coriandre, lut Muzi, en tenant le flacon délicat dans sa large main. Ça sonne bien!

– Orange verte? Qu'est-ce que c'est que ça? Une orange, c'est orange, dit Khaya en fronçant les sourcils.

– Tu t'y connais en gel douche, peut-être? répliqua Muzi, sur la défensive.

– Rose blanche et feuilles de citronnier, déchiffra Siya, qui venait de saisir un tube de crème pour le corps.

– Je vais prendre ça! lança Victor.

94

– Trop tard ! Tu n'as plus qu'à en choisir un autre, rétorqua Siya, en refusant de revenir sur sa décision.

Grâce à Jo, ce Noël fut joyeux. J'avais lu son livre *Jo Malone : My Story*, et j'avais donc une idée de ce qu'elle avait traversé – les problèmes familiaux, sa dyslexie, ses terribles problèmes de santé. Elle avait surmonté tant de difficultés pour atteindre les sommets sur lesquels elle évoluait désormais ! Son courage, sa détermination et sa résilience m'inspiraient, mais ce qui me touchait par-dessus tout, c'était sa gentillesse et sa générosité à l'égard de sa famille de cœur, à Thula Thula. Grâce à elle, nous fêtions Noël au milieu du bush, en plein cœur du Zululand, l'air empli d'une improbable senteur de mangue et de citron vert.

Si Noël 2019 fut heureux et parfumé, l'année 2020 commença mal. Le 6 janvier, je reçus un appel de Vusi à sept heures du matin, le ton grave.

– Françoise, les hyènes ont attaqué Lisa. On les a chassées, mais Lisa ne va pas bien. Elle est couchée dans l'herbe.

– Elle est blessée ?

– On n'a pas pu vérifier. Mona est juste à côté d'elle, elle la protège. On ne peut pas s'approcher.

Je raccrochai et passai immédiatement un coup de fil à Trever, qui arriva quelques heures plus tard. Lisa était toujours allongée et poussait de petits cris aigus, presque humains – cela nous déchirait le cœur. Mona campait près d'elle, impuissante. Son instinct maternel l'exhortait à protéger son bébé, mais elle ne pouvait rien pour apaiser sa douleur.

– Je ne peux pas examiner Lisa tant que Mona est là. On va devoir l'anesthésier, trancha Trever.

– Alors allons-y, dis-je.

Heureusement, nous nous trouvions dans une prairie très ouverte, ce qui facilitait l'opération. Cependant, Mona tenta de résister au produit, comme si elle refusait de s'endormir et de laisser sa petite Lisa sans défense. Au lieu de se coucher tranquillement, elle se mit à piétiner le sol et à trébucher. Elle finit par céder, et l'assistant du vétérinaire, aidé de Vusi, accompagna sa chute.

Trever ausculta Lisa et ne trouva aucune blessure apparente. Il préleva un échantillon de sang à faire analyser, lui administra des antibiotiques ainsi que ses rappels – c'est la procédure quand on ne connaît pas la cause exacte de la souffrance d'un animal.

– Je ne vois pas d'entailles ni de traces de sang. Lisa n'a pas été attaquée par les hyènes, affirma Trever. Elles sont arrivées après, quand elle était couchée. Quoi qu'il en soit, on ne peut pas la laisser ici dans cet état. Elle serait bien trop vulnérable aux prédateurs.

– Emmenons-la au centre, suggérai-je. Elle sera en sécurité dans le *boma* et nos rangers pourront la surveiller.

C'était la bonne solution, à un détail près : comment faire ? Le centre n'était qu'à un kilomètre, sur la colline, mais Lisa pesait déjà une tonne et demie. J'appelai Grant Tracy. Quand il apprit qu'un rhinocéros était en danger, il accepta de venir sur-le-champ.

Quelques heures plus tard, son équipe chargeait Lisa dans le camion. La pauvre pleurait encore. Nous étions désolés et complètement impuissants. Le vétérinaire injecta ensuite un produit à Mona pour la réveiller. Je me sentais si mal de l'abandonner ici, seule, sans son bébé ; je savais très bien le stress et la tristesse qu'elle ressentirait. Mais nous n'avions pas le choix, Lisa requérait de l'attention et des soins permanents. Une fois qu'elle irait mieux, mère et fille seraient réunies.

Lisa était encore inconsciente quand elle arriva au *boma*. Les rangers de la brigade anti-braconnage s'organisèrent pour la veiller.

— Laissons-la dormir et récupérer des effets de l'anesthésiant, conseilla Trever. Elle devrait se réveiller bientôt.

— Prévenez-moi dès que c'est le cas, priai-je les rangers. Envoyez-moi aussi un rapport toutes les demi-heures.

Lisa ne se réveilla pas.

Je reçus le terrible appel de Vusi à quatorze heures ce jour-là.

— Françoise, je suis désolé. Lisa est morte.

Je n'ai pas les mots pour décrire ma détresse, notre détresse. Notre petite Lisa adorée venait de disparaître à tout juste deux ans, seulement six mois après son arrivée à Thula Thula. Les résultats des analyses sanguines révélèrent qu'un virus avait provoqué son décès.

— C'est tellement injuste, tellement incompréhensible, sanglotai-je. On redouble d'efforts pour protéger nos rhinocéros des braconniers, et un stupide virus nous l'enlève en à peine vingt-quatre heures.

— C'est la nature. Tout ne s'explique pas…, répondit Vusi en secouant la tête.

Vivre dans le bush africain est une chance incroyable, je le sais, et cela m'offre tant de beauté, de joie, de chaleur et de paix! Mais chaque perte, chaque disparition me touche profondément, d'autant plus quand elle concerne une espèce menacée. Je me dis parfois que je ne me ferai jamais aux lois de la nature et de la vie sauvage – elles me paraissent trop cruelles. Pourtant, qu'un animal s'attaque à un autre pour se nourrir ou qu'un virus emporte un rhinocéros n'a rien de cruel. En revanche, lorsque les hommes tuent un animal pour sa corne, ou simplement pour le plaisir, là, on peut parler de cruauté.

Je pensais à Mona. Si moi j'étais bouleversée, je n'osais pas imaginer son état. Elle s'était réveillée sans savoir où se trouvait sa fille ni ce qui lui était arrivé. Elle errait désormais telle une âme esseulée, au nord de la réserve, là où elle et Lisa avaient établi leur territoire. De fait, c'était tout près du centre de sauvegarde, et je me demandais si elle parvenait à sentir que Lisa s'était éteinte ou si elle continuait à la chercher désespérément. L'incroyable se produisit alors.

Ntombi se trouvait non loin de l'endroit où Lisa s'était effondrée, et avait observé la scène à distance : l'anesthésie, le transfert de Lisa, le réveil solitaire de Mona. Jusqu'à ce jour, Ntombi passait le plus clair de ses journées avec Thabo, mais elle le délaissa soudain au profit de Mona, resta à ses côtés pour lui tenir compagnie et la réconforter. Elle l'emmena même faire le tour de la réserve, la guidant à travers les vastes terres de Thula Thula – désormais les siennes. Mona, qui ne s'était jamais aventurée au-delà de son territoire, semblait prendre goût à ce voyage découverte. Un jour, elles passèrent devant la maison, lentement, épaule contre épaule.

– Je me demande de quoi parlent les rhinocéros dans leurs virées entre filles, dis-je à Lynda en plaisantant, tandis que nous regardions les deux imposantes dames descendre le chemin.

– Oh, j'imagine que Ntombi lui montre les endroits dignes d'intérêt, comme ici : ça, c'est là où vit la boss.

– J'espère qu'elle lui dit du bien de moi ! m'exclamai-je en riant.

Bien sûr, on ne sait jamais comment communiquent les animaux ni ce qu'ils se racontent, mais j'aimais à croire que Ntombi rassurait Mona et tentait de lui remonter le moral. La compassion et la solidarité féminine dont elle faisait preuve me réchauffaient le cœur.

La suite s'avéra encore plus extraordinaire.

Deux mois après la mort de Lisa, à l'aube, Muzi envoya un message sur le groupe WhatsApp consacré aux rhinocéros : c'était une photographie de Mona avec un minuscule nouveau-né à ses côtés. La légende le confirmait : « Un bébé est arrivé ! »

Nous n'en revenions pas. Aucun de nous ne s'était douté que Mona était pleine. La période de gestation d'un rhinocéros dure seize mois, et vu la taille de ces créatures, déceler un ventre rond relève presque de l'impossible. Comme chez les éléphants, le premier signe que nous percevons est généralement… la naissance ! Dire que nous étions ravis serait un euphémisme. Après la terrible épreuve de la mort de Lisa, qui nous serrait encore le cœur, c'était comme si l'univers avait décidé de nous offrir cet incroyable cadeau. La nature a ses mystères…

Nous trépignions à l'idée de rencontrer ce merveilleux bébé, mais Mona, dont l'instinct maternel protecteur n'était plus à démontrer, ne nous laissa pas approcher. Heureusement, quelques semaines plus tard, on obtint de jolis clichés de ce cher nouveau-né, que nous regardions avec joie et admiration.

On décida de l'appeler Sissi, un diminutif de *busisiwe*, qui signifie «bénédiction» en zoulou. Cela faisait aussi référence au surnom d'Élisabeth, impératrice d'Autriche et reine de Hongrie – une manière pour nous d'honorer nos fabuleux hôtes et amis autrichiens, Gudrun et Philipp Schneider, et de les remercier pour leur soutien.

Sissi était la créature la plus adorable qui soit et elle nous conquit immédiatement. Cela dit, nous ne savions pas comment cette naissance était survenue. Thabo était-il enfin passé à l'acte? Lynda ressortit le calendrier et un rapide calcul nous donna la réponse : Mona était parmi nous depuis mai 2019, nous étions en mars 2020. Mona devait donc être pleine depuis peu quand elle était arrivée à Thula Thula, ce qui signifiait que le «compagnon» que j'avais aperçu à Phinda était sans doute le père. J'étais déçue que ça ne soit pas notre grand Thabo, mais qui sait, peut-être la prochaine fois?

10

La famille s'agrandit

Voir naître de nouveaux bébés animaux est l'une des grandes joies de la vie dans le bush. Au début de l'été, les impalas mettent bas ; leurs petits faons tiennent sur leurs pattes au bout de quelques minutes et suivent leur mère d'un pas chancelant. Les bébés zèbres arrivent peu après : de vraies répliques miniatures des adultes, tout duveteux ! Puis viennent les éléphants. Je ne connais rien de plus délicieux et charmant qu'un éléphanteau d'à peine un mètre de haut, avec sa couronne de poils noirs au sommet du crâne.

Mais nos pachydermes se reproduisaient rapidement, et pour nous, c'était bien souvent source de soucis.

Au moment de la disparition de Lawrence, en 2012, nous avions vingt et un éléphants, ce qui correspondait tout juste au permis que nous détenions. Les autorités de protection de la faune sauvage nous avaient incités à prendre des mesures pour réguler leur population. En septembre de la même année, nous avions mis en place un programme de contraception destiné aux mâles. Ceux-ci devaient être anesthésiés tous les six mois afin de recevoir une injection d'hormones ayant pour effet de tempérer leurs ardeurs – les rendant aussi plus calmes et plus détendus. Cela me semblait le moyen idéal pour maîtriser la croissance du troupeau. L'opération était réversible ; si nous arrêtions les injections, ils seraient en mesure de se reproduire à nouveau.

Cependant, ce n'était pas une solution rapide, car les hormones mettaient un certain temps à agir. De plus, certaines femelles étaient déjà pleines au moment où nous avions démarré le programme – sachant que la période de gestation d'un éléphant dure vingt-deux mois et qu'on le repère assez tard, si ce n'est jamais. Par conséquent, entre 2012 et 2016, notre harde s'était agrandie et comptait désormais vingt-neuf individus. Huit naissances surprises en quatre ans seulement : ça n'allait pas du tout !

Nous avions augmenté la superficie de la réserve en 2008, en fusionnant avec Fundimvelo, puis en 2010, grâce à un partenariat avec nos voisins, les Robart, propriétaires de la ferme de Lavoni, au sud. Ils disposaient de 1350 hectares, dont 1000 de bush, qui avaient été intégrés à Thula Thula. Les terres restantes étaient en partie constituées de champs de canne à sucre, dont l'exploitation avait été confiée à un producteur, au moins jusqu'en 2020.

En tout, nous possédions trois fois plus de superficie que lorsque nous avions acheté Thula Thula et accueilli nos sept premiers éléphants. Mais malgré cela, nous avions atteint notre capacité maximale. Or, au-delà du bien-être de notre harde, notre objectif à long terme visait à permettre aux éléphants de se reproduire naturellement. En effet, la présence de bébés au sein du troupeau est importante pour son fonctionnement. Les femelles s'en chargent tour à tour, cela fait partie de leur apprentissage. Christiaan dit toujours qu'il n'existe pas d'animal plus heureux qu'un éléphanteau. Il a raison. Il suffit d'en observer un pour en être convaincu : chaque petit est chéri, nourri, protégé, élevé par toute sa famille, et fait l'objet d'une attention permanente. Voilà pourquoi s'occuper d'orphelins est si difficile : nous ne pouvons pas leur donner autant.

De plus, nous devons veiller au bien-être de la harde et en la matière, tout n'est pas qu'une question de chiffres. Un troupeau équilibré est composé d'une certaine proportion de mâles et de femelles, de tout-petits qui viennent grossir les rangs et de quelques adolescents qui font leur apprentissage auprès des jeunes adultes. Or, les jeunes et adolescents de notre harde grandissaient vite, et le programme de contraception fonctionnait désormais si bien que nous n'avions pas eu d'arrivées surprises. Le temps d'une nouvelle naissance était venu. Accroître notre superficie était donc la seule solution.

Par ailleurs, les autorités étaient de plus en plus pressantes et exigeaient que nous établissions un plan de gestion du troupeau sur dix ans, afin de respecter les dernières réglementations en vigueur. Ce n'était pas négociable : chaque réserve devait disposer d'un nombre d'hectares précis par individu, quelle que soit la nature du terrain. Les réglementations sont essentielles, sinon certains animaux sauvages se retrouveraient à manquer de nourriture ou d'espace et finiraient par détruire leur habitat. Mais certaines terres peuvent accueillir plus de faune que d'autres.

– Regardez notre potentiel, par rapport au Free State ou même au Kruger ! répétait Christiaan, exaspéré.

Il avait raison. Notre réserve se situait tout près de la ceinture littorale, et sous ce climat, le bush était luxuriant – chez nous, l'herbe était verte toute l'année. De plus, le relief était varié, mêlant plaines, collines et vallées arborées qui regorgeaient de nourriture... Hélas, cela ne changeait rien. Les autorités ne prenaient pas en compte la topographie des propriétés. Si nous voulions plus d'éléphants, nous devions acquérir plus de terrain. C'était la seule chose à faire.

En décembre 2019, une bonne nouvelle arriva enfin. Après trois mois de discussions, les *amakhosis* nous donnèrent leur accord de principe pour que 2000 hectares de terres communautaires additionnelles soient intégrés à Thula Thula. Le soulagement fut immense. Cela nous permettrait d'être en conformité avec la réglementation. Nous approchions encore un peu plus du rêve de Lawrence, celui d'une vaste réserve, paradis pour nos éléphants et toute une faune sauvage.

Cette extension comprenait d'autres avantages. Plus la superficie est grande, plus la topographie et la nature de l'habitat varient, et plus l'écosystème est dynamique. Si on dispose d'un important espace avec peu de clôtures, la faune peut se déplacer librement, ce qui permet d'accueillir une population animale plus dense, sans nuire à l'écosystème. Malheureusement, trouver des hectares ne suffisait pas, il fallait aussi trouver de l'argent : qui disait nouvelles terres disait nouvelles clôtures électriques, pistes d'accès, nouveaux agents de sécurité et rangers antibraconnage. Sans compter les travaux d'entretien de la végétation – arrachage des espèces invasives et création de zones coupe-feu. La liste était interminable, et tout avait un coût. Mais à force, j'avais appris à m'attaquer à un problème à la fois. La priorité, c'était le terrain ; et nous l'avions ! Une fois la paperasse finalisée, la troisième phase d'extension de Thula Thula pourrait débuter. Tous les voyants étaient au vert. D'abord, nous poserions les clôtures. Les travaux étaient prévus pour mars 2020.

Or, tout le monde sait ce qui est arrivé en mars 2020 : la pandémie, le confinement. L'incertitude et le manque de revenus nous obligèrent à reporter tous nos projets. L'essentiel était de survivre.

11

Le Covid s'invite à Thula Thula

Je commençai l'année 2020 par une retraite dans un centre ayurvédique au Kerala, en Inde. Après une année de travail intense, j'avais besoin de faire une pause. Là, toutes les conditions étaient réunies : mer, soleil, yoga, et pas un souci à l'horizon. J'étais bien loin de ma vie trépidante dans le bush.

J'essaie d'aller en Inde tous les ans et la région du Kerala me plaît tout particulièrement, tant pour son magnifique littoral tropical que pour sa culture, sa nourriture et ses superbes temples. Cependant, la manière dont y sont traités les éléphants m'attriste toujours. Ils font partie de la culture et de l'histoire de l'Inde depuis les temps anciens ; d'ailleurs le dieu hindou Ganesh, dont on dit qu'il aide à vaincre ou à faire tomber les obstacles, est représenté avec une tête d'éléphant. Malgré cela, le pays compte des centaines d'éléphants domestiqués, utilisés pour des festivals, des parades ou pire, pour l'industrie touristique. Outre le fait qu'ils vivent en captivité, enchaînés, leur dressage est souvent d'une extrême cruauté. Voir ces magnifiques créatures habillées de vêtements richement décorés, parées de bijoux de crâne, couvertes de clochettes, de colliers et chevauchées par des humains me peine. Lorsque je les aperçois marcher ainsi d'un pas lourd sur le goudron brûlant, je ne peux m'empêcher de penser à la différence entre leur quotidien et celui de notre joyeux troupeau, libre de brouter, de jouer ou de se promener comme bon lui semble.

Je me trouvais encore en Inde quand j'entendis parler pour la première fois d'un mystérieux virus qui sévissait en Chine. Je n'étais pas particulièrement inquiète ; je me disais que les médias se plaisaient une fois de plus à semer la panique, comme ils l'avaient fait avec la grippe aviaire, Ebola, ou la vache folle. Au moment où je m'envolai pour l'Afrique du Sud début février, quelques cas du fameux virus avaient fait leur apparition au Kerala. Mais je me réjouissais de rentrer et je n'avais aucune envie de me laisser abattre. J'étais décidée à commencer l'année du bon pied. Après tout, notre petit paradis se situait à des milliers de kilomètres de la Chine et de ce vilain virus.

Bien que je ne sois pas du genre à rester collée à la télévision, je ne pouvais pas m'empêcher de regarder les informations de temps à autre, pour savoir comment évoluait la situation. C'est en voyant le nombre de décès en Lombardie que je commençai à m'inquiéter. On parlait d'écoles fermées, d'événements annulés. En quelques semaines, le mot « confinement » se répandit dans tous les journaux. D'abord la Chine, puis l'Italie, et finalement toute l'Europe. Heureusement, cachés au fin fond de notre merveilleux Zululand, nos seuls soucis se résumaient à un jeune rhinocéros désobéissant, à la lenteur des autorités à délivrer notre permis et à ces vilains petits vervets qui adoraient embêter mes chiens.

– Le monde est devenu fou juste à cause d'un minuscule virus, confiai-je à Lynda et Christiaan un matin, au petit déjeuner. Fermer les commerces, même pour quelques semaines, cela aura un impact terrible sur l'économie. Imaginez un instant que ça touche l'Afrique du Sud !

Les premiers cas furent confirmés en mars, chez des voyageurs qui revenaient d'Europe. Malgré tout, mon optimisme naturel me portait à croire que ces cas étaient isolés, et que nous serions épargnés.

– J'ai regardé les informations, m'alerta un jour Christiaan, qui suivait l'actualité de plus près que moi. Le virus se propage bien plus vite qu'on ne le pensait. Avec tous les gens qui circulent partout dans le monde, qui sait...

– Ça serait une catastrophe pour l'économie sud-africaine, dit Lynda. Notre gouvernement n'a pas les moyens financiers de soutenir la population en cas de confinement.

– Ça n'arrivera pas, coupai-je, éternelle optimiste. Le pays ne sera jamais confiné.

Même si la vie dans le bush n'est pas toujours facile, nous avions résisté à l'épreuve du temps et, après vingt ans de gestion de la réserve, février 2020 fut le meilleur mois que nous avions jamais connu. On venait du monde entier pour rencontrer nos animaux, notamment notre célèbre famille d'éléphants. Nos projets d'extension allaient enfin se concrétiser. Bref, les perspectives de l'année à venir ne pouvaient me rendre plus heureuse.

Le soir du 23 mars, j'étais sur le canapé et je papotais gaiement avec mes chiens, leur offrant de petites récompenses, quand le président Cyril Ramaphosa prit la parole à la télévision. Il annonçait un confinement de tout le pays, pour trois semaines, afin d'enrayer la propagation du virus. Les écoles, les entreprises et les commerces seraient fermés, les voyages restreints, et seuls les habitants qui exerçaient des professions essentielles seraient autorisés à se déplacer. C'était un coup terrible pour l'industrie touristique locale.

Au moment de l'annonce, le lodge et le campement étaient pleins. Un vent de panique souffla sur nos hôtes, notamment ceux qui venaient d'autres continents. Ils se voyaient soudain contraints d'écourter leurs vacances pour tenter d'attraper un des derniers vols encore programmés. Les informations dont nous disposions étaient rares et contradictoires. Personne ne savait à partir de quand les avions seraient cloués au sol, si les voyageurs seraient autorisés à rentrer directement chez eux ou s'ils devraient respecter une période de quarantaine. Tout le monde fit ses bagages, à la hâte. Le désespoir était palpable. On se serait presque cru en temps de guerre – une guerre sans armes, sans armée ni généraux. Sans manifestation extérieure. L'ennemi était un virus invisible, et cela rendait la situation quasiment surréaliste. J'avais parfois l'impression que nous avions été piégés à l'intérieur d'un mauvais film de science-fiction.

Le 26 mars, Thula Thula ferma ses portes. Avec les restrictions de voyage imposées partout dans le monde, le tourisme international s'arrêta. Nos revenus disparurent du jour au lendemain. C'était un désastre. Mais au fond, j'étais persuadée que nous pouvions survivre.

– Allez, courage, ce n'est que pour trois semaines ! dis-je pour rassurer les troupes. Ne vous laissez pas abattre !

Dépeuplé, le lodge était lugubre. Les larges portes vitrées qui menaient à la véranda et aux pelouses demeuraient fermées, les feuilles flottaient à la surface de la piscine. Les tables, d'ordinaire drapées de nappes blanches, prêtes à accueillir les corbeilles de pain du chef Tom, étaient désespérément nues. Le bar, auquel s'accoudaient les hôtes pour partager leurs expériences de safari, une Castle Lager bien fraîche à la main, était désert.

Les antilopes profitèrent pleinement de la pandémie et allèrent même jusqu'à élire domicile dans le lodge ! La clôture électrique qui le protégeait se trouvait en effet à une certaine hauteur, évitant que les plus gros animaux ne puissent entrer, mais laissant les plus petits libres d'aller et venir. Il était d'ailleurs assez fréquent de voir nyalas et impalas déambuler sur la pelouse, mais cette fois, la tranquillité ambiante dut les convaincre de s'y installer définitivement. Ainsi, elles pouvaient paître dans le jardin et s'abreuver dans la piscine, à l'abri des prédateurs. Un troupeau de gnous les rejoignit bientôt. Il prit l'habitude de s'enfoncer dans le bush le jour et de revenir dormir en sécurité au lodge la nuit.

Les éléphants, eux, se réjouissaient bien moins du calme soudain qui régnait sur Thula Thula. Ils semblaient déroutés. Où sont-ils tous passés ? Où sont donc les rangers, et les hôtes avec leurs appareils photo, et les voitures de safari ? Ils menèrent leur enquête : peu de temps après le début du confinement, ils se rendirent au Safari Lodge, pour voir ce qu'il se passait. Pas grand-chose. Ils se dirigèrent ensuite vers Tented Camp – peut-être y trouveraient-ils un peu de compagnie humaine ? Raté. Ils firent un tour au camp de bénévoles, sans doute persuadés qu'ils tomberaient sur un groupe de jeunes gens admiratifs. Désert. Ils poussèrent alors jusqu'à la maison principale et s'arrêtèrent devant la clôture, nous cherchant du regard. Gagné ! D'un seul élan, tout le monde sortit saluer notre merveilleux troupeau. Nous étions aussi ravis de les voir qu'ils l'étaient de nous avoir trouvés !

Ils restèrent là un moment, les adultes déambulant ou mastiquant bruyamment le feuillage qui passait par-dessus la clôture tandis que les petits nous charmaient avec leurs pitreries.

– Je crois qu'on leur a manqué ! dit Clément, mon compagnon, qui était venu s'installer à Thula Thula quand le confinement avait été annoncé.

C'est en tout cas l'impression qu'ils donnaient. Les éléphants sont des créatures très sociables et ceux de Thula Thula sont particulièrement à l'aise avec les humains. Ils ont l'habitude de voir les véhicules de safari circuler matin et soir avec à leur bord les rangers qu'ils connaissent bien et quelques autres têtes, voix, odeurs, personnalités, soit un tas de nouveaux éléments à décrypter. Si nous aimons les observer et interagir avec eux, les éléphants sont eux aussi très curieux ; et quand ce n'est pas le cas, ils savent se faire discrets. Leur ouïe leur permet d'entendre une voiture arriver à des kilomètres et, malgré leur taille, ils peuvent se fondre complètement dans le bush. Ils sont alors si calmes que même si on passait à quelques mètres d'eux, on ne les apercevrait pas.

Ce jour-là, c'étaient eux qui étaient venus nous voir.

– Ne vous inquiétez pas, ce n'est que pour trois semaines, leur expliquai-je, confiante. Ça ne sera pas long. Vos amis humains seront bientôt de retour.

Malheureusement, je me trompais. Le confinement fut prolongé, amenant son lot de nouveaux défis.

12

Un plan d'action

En tant que matriarche de Thula Thula, je me dois de rester positive et de remonter le moral du personnel quand les temps sont durs. Une cinquantaine d'employés travaillent au sein de la réserve, auxquels s'ajoutent nos agents de sécurité et la brigade anti-braconnage. Nos revenus proviennent entièrement des séjours de nos hôtes, dont la plupart sont étrangers. Avec le Covid, impossible de compter sur cette ressource. Naturellement, tous les regards étaient tournés vers moi, en quête de directives et de réponses à l'ultime question : qu'allions-nous devenir ? Je décidai de tenir une réunion d'urgence avec l'équipe rapprochée : Mabona, Christiaan, Siya, Lynda, Vusi et Aphi, la responsable administrative. La nervosité était palpable. Je savais qu'ils avaient peur pour leurs emplois, pour leurs équipes et pour leurs familles.

J'allai droit au but :

– L'avenir s'annonce difficile. On va devoir faire face et prendre les décisions qui nous permettront à tous, humains comme animaux, de survivre. Cesser de verser les salaires est inenvisageable, donc ne vous faites pas de souci pour ça, vous serez en mesure de subvenir aux besoins de vos proches.

– C'est un tel soulagement ! s'exclama Siya. Tous les lodges et tous les hôtels ferment et licencient leur personnel. Tout le monde s'inquiétait.

– Ici, ce n'est pas une réserve comme les autres. On est une famille. On ne peut pas abandonner nos employés et leur entourage, affirmai-je.

– Merci, Françoise, dit Mabona, un large sourire éclairant son joli visage.

Lynda, elle, se concentra sur l'aspect pratique :

– Il faut faire toutes les demandes d'aides possibles. Je m'y mets immédiatement. On devrait aussi recevoir de l'argent de la part de la caisse d'assurance chômage pour payer une partie des salaires. Ce n'est pas énorme, mais…

– C'est un début, acquiesçai-je. Et puis, on avait mis de l'argent de côté en cas de coup dur, ou pour financer un projet spécifique.

C'était une décision difficile à prendre. Puiser dans nos économies signifiait que cet argent ne pourrait pas servir pour un futur plan de sauvegarde de la faune, par exemple. Mais nos employés passaient avant tout. La plupart d'entre eux venaient de villages aux alentours de la réserve ou d'un peu plus loin, dans la campagne du Zululand. Le taux de chômage était extrêmement élevé dans les zones rurales et certains salariés étaient les seuls de leur famille à gagner leur vie, si bien qu'ils subvenaient parfois aux besoins d'une douzaine de personnes. En les licenciant, des centaines de personnes seraient privées de nourriture. Nous n'avions pas le choix.

– De toute façon, ça ne va pas durer, dis-je, résolument

optimiste. Ces trois semaines de confinement seront vite passées, et le virus aura bientôt disparu.

À ces mots, Christiaan fronça les sourcils. Il s'était montré particulièrement grave et silencieux depuis le début de la réunion. Je savais qu'il regardait les chaînes d'information à la télévision tous les soirs et qu'il était bien plus pessimiste que moi.

Je poursuivis, confiante malgré tout :

– La grippe espagnole a duré deux ans, et c'était il y a cent ans. La médecine a fait d'immenses progrès depuis ! Croyez-moi, d'ici mai ou juin, tout sera rentré dans l'ordre. Ne vous inquiétez pas, ça va aller.

Aïe… pourquoi fallait-il toujours que je me trompe ? Je devais apprendre à faire face à la réalité. Le silence de Christiaan était sa manière à lui de me dire qu'il était temps de me réveiller.

– Mais que va-t-on faire ? demanda Aphi.

– Ce qui est sûr, c'est qu'on ne va pas rester assis, les bras croisés à regarder la télévision toute la journée, répliquai-je. Concentrons-nous sur le positif et réfléchissons aux moyens de survivre et d'aider les autres autant que possible.

L'espace d'un instant, je me laissai envahir par la tristesse, puis je me ressaisis et établis un plan d'action. Nous avions réparti les employés en trois groupes, qui travailleraient en alternance. Après un examen minutieux à la clinique, les membres du groupe concerné resteraient à Thula Thula pour six semaines, durant lesquelles ils séjourneraient sur place. À la fin de cette période, ils rentreraient chez eux, auprès de leurs familles, et le second groupe prendrait la suite. Ainsi, tout le monde mettrait la main à la pâte et recevrait l'intégralité de son salaire.

J'estimais qu'entretenir son environnement était essentiel pour garder le moral. En cela, le travail ne manquait jamais à la réserve, que ce soit à l'extérieur – réparation des clôtures, recherche de collets, arrachage de la végétation envahissante, débroussaillage, etc. – ou à l'intérieur, avec le lodge. Or, entretenir un bâtiment occupé est problématique. C'était donc le moment idéal ! Christiaan et Clément apprirent aux employées du Safari Lodge à poncer les meubles et les planchers, puis elles les polirent et les vernirent. On reçut également l'aide précieuse du petit ami de Portia, qui était maçon, et qui s'installa avec nous pendant le confinement.

Heureusement, malgré les restrictions, les commerces considérés comme «essentiels» étaient ouverts. Cela incluait les magasins de bricolage et d'outillage. Nous pouvions donc nous fournir en peinture, pinceaux, vernis, mais, pour des raisons qui nous échappaient, impossible d'acheter des clous. Chaque jour amenait son lot de mesures anti-Covid, ridicules et incompréhensibles. Dans le grand magasin du coin, on pouvait se procurer des chaussures d'hiver, mais pas les sandales situées dans le rayon d'à côté. Cela me paraissait inconcevable, mais nous devions nous plier aux règles comme de bons petits soldats. L'un des problèmes les plus immédiats auxquels faisaient face nombre de Sud-Africains (dont certains d'entre nous – je ne citerai pas de noms !) était l'interdiction de la vente d'alcool, mise en place dans le but de soulager les hôpitaux. Les cigarettes avaient elles aussi été prohibées, mais nul ne comprenait pourquoi. Une ministre tenta bien d'expliquer que lorsque les gens *zol* (fument un joint), ils le partagent, y déposent de la salive et propagent ainsi le virus. En l'espace de quelques minutes, des dizaines de mèmes à son effigie envahirent Internet. Tous ceux qui voulaient fumer et boire un coup étaient désormais des criminels contraints de se fournir auprès de contrebandiers, et ils entretenaient un tout nouveau marché noir, des plus florissants.

Par un après-midi ensoleillé, je contemplais la terrasse. Les chaises étaient rangées pieds vers le haut ; le personnel du lodge s'affairait à poncer, et le doux bruit de leurs rires et bavardages rivalisait avec les cris des ibis hagedash, perchés dans les arbres.

– Tout le monde a l'air content, dis-je à Clément. Je crois que les gens ont besoin de s'occuper et de se rendre utiles.

– Tu as raison, chérie, acquiesça-t-il, et regarde comme tout prend forme !

Il désigna les quelques chaises déjà vernies qui séchaient dehors et brillaient au soleil, comme neuves.

Sne, l'hôtesse du lodge, sortit de la cuisine et lança :

– Le déjeuner est prêt !

Les filles posèrent leur papier de verre et leurs pinceaux, et les rangers apparurent comme par magie, attirés par la bonne odeur du repas.

– Je ne savais même pas que Sne cuisinait ! dis-je. Tu vois, nous aurons tous appris quelque chose pendant cette période difficile.

Tout le monde se mit à manger sous le regard de Sne, souriante et heureuse de les voir se lécher les babines et faire l'éloge de ses plats. Je crois qu'exprimer sa reconnaissance est à la fois ce qu'il y a de plus simple et de plus puissant. On se sent alors remarqué et fier ; cela décuple notre confiance en nous, et donne envie de se dépasser.

Ainsi, étrangement, la vie était douce à Thula Thula. Nous étions au milieu du bush, en petit nombre, et ne manquions jamais d'air frais. Le danger nous paraissait loin. L'avenir était encore incertain, mais nous gardions espoir et nous avions de quoi nous occuper.

Quand le confinement fut prolongé, mon optimisme en prit un coup. Chaque jour, chaque semaine qui passait, la pression se faisait un peu plus intense. Au bout de quatre mois, j'entrai dans une phase de profond découragement. Le nombre de contaminations s'envolait et l'inquiétude montait quant à la capacité des hôpitaux à faire face. À chaque prolongement, à chaque mauvaise nouvelle, mes craintes pour l'avenir croissaient. Nous étions bientôt à court d'argent et ne savions pas quand nous pourrions rouvrir les réservations. Force était de constater que le « petit virus venu de Chine » faisait bien plus de dégâts que j'aurais jamais pu l'imaginer. Pour la première fois, je me demandai si tous ces commentateurs, tous ces experts que je qualifiais de pessimistes n'avaient pas raison. Peut-être cette pandémie durerait-elle deux ans.

Je me sentais écrasée par le poids de mes responsabilités. Combien de temps encore parviendrais-je à payer notre brigade anti-braconnage, notre équipe de sécurité et les rangers chargés de la surveillance des rhinocéros ? Que deviendraient ce havre de paix et la merveilleuse faune qu'il abritait si nous n'arrivions pas à nous en occuper ?

Malgré tous nos efforts, nous trouvions régulièrement nos clôtures électriques entaillées. Nous devions constamment les réparer, puis chercher et retirer les pièges : la plupart du temps, il s'agissait de collets — des sortes de nœuds coulants en fil de fer, presque invisibles, qui peuvent se refermer sur n'importe quel animal. Un braconnier qui pose une dizaine de collets peut très bien n'attraper qu'une seule antilope, mais lorsqu'il viendra relever ses pièges, il laissera les neuf autres sur place. Des animaux finiront par s'y prendre, ainsi condamnés à une mort atroce. Relâcher notre vigilance était donc inenvisageable. Je m'étais engagée à protéger ces bêtes. Et que dire du personnel ? Je leur avais aussi fait une promesse. Je ne pouvais pas les abandonner. Il fallait que je trouve une solution, une idée. Mais quoi ? Je me creusais la tête, en vain. Je me sentais impuissante, éreintée, et je sombrais lentement dans un profond désespoir.

La vague de messages pleins d'amour que je reçus de la part de nos amis du monde entier m'aida à tenir. Tous savaient que le secteur de l'hôtellerie et du tourisme était durement touché, et ils s'inquiétaient pour Thula Thula, pour nos animaux comme pour nous.

Au bout de quelques mois de confinement, Jo Malone m'appela :

– Comme ça se passe là-bas ? Comment vas-tu ?

– Ce n'est pas facile, mais on survit, répondis-je.

Je savais que Jo et sa famille devaient se battre, eux aussi : le Royaume-Uni était à l'arrêt, les magasins fermés, le moral des citoyens au plus bas. Je trouvais cela extraordinaire qu'en ces temps difficiles, cette femme merveilleuse me tende ainsi la main. Ce fut d'ailleurs pendant le confinement que la nature nous offrit l'occasion de lui faire honneur : un jour, Muzi revint de l'étang Mkhulu, les yeux pétillants d'excitation.

– Vous ne devinerez jamais ce que je viens de voir! s'exclama-t-il. Nous avons un bébé hippopotame!

Vu la taille de ces animaux, et étant donné qu'ils passent le plus clair de la journée dans l'eau, sortant presque uniquement la nuit, ce n'était pas surprenant que nous n'ayons rien remarqué. Le bien-nommé Romeo était l'heureux papa.

À la naissance, après une période de gestation de huit mois, les petits pèsent entre vingt-cinq et cinquante kilos. Déterminer le sexe du bébé n'est donc pas aisé, mais peu importait, nous avions pris notre décision. L'adorable nouveau-né serait baptisé en l'honneur de notre amie Jo Malone – et ça tombait bien, Jo est un prénom épicène!

Une naissance est toujours un cadeau, et c'était d'autant plus vrai dans cette période sombre. De plus, les hippopotames sont considérés comme une espèce «vulnérable». En Afrique, leur population décline, en raison des nombreux conflits avec les humains et de la chasse non régulée, que ce soit pour leur viande, leur peau ou leurs dents. Romeo et Juliet avaient déjà bien contribué à la préservation de leur espèce en mettant au monde trois bébés : Chomp, Chocolat et maintenant Jo. D'ailleurs, Victor suggéra que Romeo pourrait peut-être donner quelques tuyaux à Thabo dans ce domaine!

Dès le lendemain, je passai un coup de fil à Jo Malone.

– Félicitations! lançai-je.

– À quel propos? demanda-t-elle, étonnée.

– Tu es la marraine d'un magnifique hippopotame,

tout potelé ! Nous l'avons appelé Jo, en ton honneur – il faudra que tu viennes le voir bientôt.

Je lui envoyai des centaines de photos et de vidéos de son filleul (eh oui, Jo s'avéra être un garçon !), et terminai chacun de mes messages par un émoji en forme de cœur rouge, clin d'œil à sa marque Jo Loves. Ce bébé était en quelque sorte sa petite mascotte africaine, ou son porte-bonheur. Je savourais ce moment, pleine de gratitude et de joie : ce nouvel être vivant me rappellerait toujours l'amour et la générosité d'une amie chère à mon cœur.

13

Les chiens de ma vie

Je crois sincèrement que l'adversité est source de nouvelles opportunités. Bien qu'inquiète de la manière dont je paierais mes factures, je regardais déjà au-delà, anticipant la réouverture et m'assurant que les hôtes se bousculeraient à Thula Thula dès le premier jour. Mais pour cela, nous devions à tout prix poursuivre notre campagne marketing.

Kim avait quitté Thula Thula quelque temps plus tôt pour voyager et faire des photos. Au moment du confinement, elle se trouvait dans le Limpopo. C'était la femme de la situation, j'en étais persuadée! Je l'appelai et lui proposai de venir s'installer avec nous.

– Avec le confinement, le bush est désert, tu pourrais prendre des photos et des vidéos uniques! Tu pourrais nous aider à alimenter nos réseaux sociaux et à promouvoir la réserve et nos animaux adorés. Ainsi, dès le retour à la normale, on croulera sous les réservations.

Kim sauta dans sa voiture et roula jusqu'à Thula Thula.

Le camp de bénévoles, où vivait Kim, avait été conçu comme un lieu de formation à la sauvegarde de la faune sauvage. Il avait ouvert en juin 2018 et le succès avait été immédiat. Il hébergeait des hommes et femmes du monde entier, de tous âges, qui venaient le temps d'un week-end, pour une ou deux semaines ou pour le programme complet, qui durait vingt et un jours. Leurs journées se divisaient entre travail dans la réserve le matin et formation l'après-midi. Leurs modestes frais de participation étaient reversés à notre fonds consacré aux projets de protection animale.

Nous y accueillions aussi des classes, et organisions des événements de sensibilisation dans les communautés alentour. Je voudrais tant que les gens tombent amoureux de cette nature sauvage, qu'elle les fasse rêver, et qu'ils aient envie de la préserver ! Mais pour s'intéresser aux questions de sauvegarde de la faune et en saisir les enjeux, on doit faire l'expérience du bush, de sa beauté et de son adversité. Quand on a aidé les rangers à entretenir la végétation et les pistes, vu une petite antilope à l'agonie se débattre dans un collet de braconnier et quand on s'est retrouvé si proche d'un éléphant qu'on a pu le regarder dans les yeux, alors on comprend mieux ce que signifie gérer une réserve. Nos bénévoles ne se destinent pas tous à une carrière dédiée à la protection animale, mais ils seront peut-être l'un politicien, l'autre dirigeant d'entreprise ou, tout simplement, celui ou celle qui fera la différence.

Le camp, situé au sommet de la colline, est assez rustique, mais offre une vue sublime sur nos terres et sur l'étang Mkhulu. On peut y observer le lever et le coucher du soleil, et entre-temps, regarder les éléphants, les rhinocéros et les girafes traverser la plaine, de l'étang à la forêt, jusqu'aux prairies. Il y a également une maison ancienne agrémentée d'une cuisine extérieure aménagée, que surplombe un flamboyant géant. Les nombreux acacias qui parsèment le camp procurent une ombre bienvenue. En hiver, les aloès produisent de magnifiques fleurs aux tons rouge, orange et jaune vif, riches en nectar. Elles font ainsi le plus grand bonheur des abeilles, des papillons et d'un incroyable éventail d'oiseaux qui gazouillent et jacassent sans discontinuer. C'est un endroit idyllique. Cela dit, il se situe assez loin de la maison principale où je vis, avec ma meute de chiens, et en l'absence de bénévoles, Kim se retrouvait un peu trop isolée à son goût.

– J'aimerais bien avoir un chien pour me tenir compagnie. Je pourrais peut-être en prendre un des tiens ? demanda-t-elle en désignant ceux qui étaient installés çà et là dans le salon. Lucy, par exemple !

Lucy était une adorable petite bâtarde marron, apparue aux portes de la réserve quelques mois plus tôt. Les gardes avaient appelé pour prévenir de la présence d'un chiot. Andrew était revenu en la tenant dans ses bras ; elle était maigre, affamée, tremblante et pleine de puces. Lynda l'avait lavée, nourrie, et s'en occupait depuis. C'était notre nouveau bébé, et nous l'aimions du fond du cœur.

Alors en voyant Kim envisager de la choisir comme animal de compagnie, je réagis immédiatement :

– Hors de question ! Tu n'auras aucun de mes chiens. Tu n'as qu'à t'en trouver un à toi !

Kim me prit au mot et revint trente minutes plus tard avec une créature tremblante dans les bras. Elle avait aperçu des enfants du village d'à côté jouer avec trois chiots qui avaient la peau sur les os et leur avait demandé si elle pouvait en emmener un. Ils avaient accepté et elle avait choisi une femelle marron au museau noir et au regard très expressif.

– Voilà, annonça Kim en posant la petite chose sur mes genoux. Je te présente Zara. Je savais que si je tardais trop, tu changerais d'avis, donc je me suis dépêchée !

– Bienvenue au paradis, Zara, dis-je. Ce qui est sûr, c'est que je vais te remplumer !

Faire grossir les chiens est l'un de mes talents : je suis incapable de résister à leurs grands yeux implorants et généralement, au bout de quelques mois parmi nous, ils deviennent, disons... un peu enrobés.

Kim la souleva et alla fièrement montrer Zara au reste de l'équipe. Les filles de l'administration en firent des tonnes, tandis qu'Andrew, de sa voix bourrue, ne fit qu'une remarque :

– Ne la laisse pas toute seule dans le jardin, un aigle risquerait de l'attraper.

À ces mots, Kim glissa la chienne dans sa veste, tout contre elle. Ce fut d'ailleurs là qu'elle passa le plus clair de son temps durant ses premières semaines à la réserve.

Zara était si faible et si maigre que nous craignions qu'elle ne survive pas. Nous l'avions fait vacciner et examiner par le vétérinaire, et nous nous efforcions d'accroître ses forces et de lui donner confiance en elle. La pauvre avait peur de son ombre, et elle refusait même de franchir une porte seule.

– Allez, Zara, tu peux y arriver ! criait Kim, depuis l'extérieur.

La chienne demeurait immobile et la fixait, implorante. Kim agitait alors un biscuit :

– J'ai des récompenses, viens !

Il n'y avait rien à faire. Kim finissait par abandonner et la soulevait dans ses bras.

Aujourd'hui, c'est de l'histoire ancienne. Même si elle reste près de Kim, Zara ne fait plus grand cas des portes ; elle mène une vie heureuse et a gagné en confiance. Elle aime particulièrement les endroits chauds : si vous vous installez sur le canapé, elle se glissera derrière vous, vous poussant progressivement jusqu'à occuper le coussin sur lequel vous étiez assis. Vous vous retrouvez alors perché sur l'accoudoir glacial.

J'adore ces bêtes, et je suis une fervente partisane de la devise « N'achetez pas, adoptez ! ». Tous les chiens que nous avons ici ont été récupérés, car abandonnés ou malades. C'est terrible de penser que ces animaux si loyaux et aimants puissent être maltraités ou négligés, mais cela me rend heureuse de savoir que malgré les difficultés qu'ils ont connues, ils ont trouvé leur paradis à Thula Thula.

À présent, laissez-moi vous présenter Tina, notre princesse mauricienne. Une jolie blonde.

En 2019, nous venions d'arriver à Tamarin, dans le sud-est de l'île Maurice, pour trois semaines de vacances, quand cette petite créature maigrichonne et galeuse apparut devant la maison de famille de Clément, où nous étions installés. Je la nourris – elle dévora une large gamelle de poulet et de riz basmati. Ce fut donc sans surprise qu'elle élut domicile chez nous, s'improvisant chienne de garde : postée devant la véranda, elle aboyait après chaque passant. Avec nous, elle était adorable, gentille, affectueuse. Nos congés touchaient à leur fin et je savais que je ne pourrais pas partir pour l'aéroport en la laissant derrière nous.

Lors de notre dernier week-end sur l'île, je dis à Clément :

— Chéri, je l'aime tellement. Il faut qu'on l'emmène avec nous.

Clément me connaissait suffisamment pour ne pas tenter de me dissuader, et il accepta d'emblée. Mais comment faire ?

Notre vol retour était prévu le mercredi, nous n'avions donc que deux jours pour nous charger des vaccins, acheter la cage et organiser sa quarantaine. Le lundi matin, à la première heure, je m'occupai de la procédure d'immigration de Tina, en commençant par appeler le docteur Bester, un vétérinaire du coin qu'on m'avait recommandé. Je me présentai et me mis à lui raconter l'histoire de ma petite chienne.

— Françoise Malby-Anthony ? m'interrompit-il. C'est vous qui avez écrit le livre sur les éléphants ? Je viens tout juste de le terminer. Je vous attends !

Je me rendis immédiatement à son cabinet avec ma belle petite Tina.

— Vous avez déjà vu une créature aussi mignonne ? lui demandai-je, non sans fierté. Comment appelle-t-on ces chiens, ici ?

Il jeta un regard sur Tina et répondit, un peu dédaigneux :

— Des maurichiens.

Loin d'être un compliment, cela signifiait que ce n'était pas une chienne de race, mais une de celles qu'on trouve dans les rues de l'île. Peu m'importait : en sortant du cabinet, tous ses vaccins étaient à jour, les analyses de sang avaient été effectuées et je lui avais en prime déniché un très joli collier et une laisse assortie. Je contactai une entreprise spécialisée dans le transport international d'animaux de compagnie pour finaliser les derniers détails. La pauvre Tina avait l'air perdue, derrière les barreaux de sa cage – même si j'avais bien sûr choisi le modèle le plus luxueux possible. Je déposai mon sarong près d'elle, en espérant que mon odeur la réconforterait et je partis, le cœur serré.

Deux mois plus tard, Tina arriva à Durban. Elle me reconnut aussitôt et courut vers moi en agitant la queue. Nous étions si heureuses d'être réunies ! En pensant à toutes les difficultés que nous avions dû surmonter pour la faire venir en Afrique du Sud, je dis à Clément :

– Tu imagines si les humains aussi devaient faire tous ces tests avant de voyager ?

Si j'avais su qu'un an plus tard, un virus nous les imposerait !

Depuis qu'elle est arrivée à Thula Thula, Tina est fidèle à elle-même : c'est une chienne joyeuse, affectueuse et facile à vivre, qui semble consciente d'avoir eu beaucoup de chance.

Comme moi, Lynda adore les chiens – c'est une grande sensible. Elle s'était installée à Thula Thula depuis peu quand le refuge pour animaux avait appelé : ils venaient de trouver une femelle labrador et ses sept chiots, certains blonds, d'autres noirs. La curiosité nous poussa à y aller. La mère paraissait mal en point ; nous nous demandions comment elle parviendrait à nourrir ses petits. Je proposai alors à Lynda d'en prendre un chacune. Nous ne pouvions pas tous les recueillir, mais on pouvait essayer d'en sauver deux.

Lynda, intelligente et habituée à la vie rurale, choisit le chiot le plus grand et le plus fort, tout blond, qu'elle nomma Miley. Pour ma part, j'optai pour un petit labrador noir : Chéri. Malheureusement, nos deux chiots tombèrent rapidement malades ; ils étaient atteints de parvovirose. Miley en réchappa, mais Chéri succomba au bout d'une semaine. Plus tard, on apprit que la mère et le reste de la portée, malades eux aussi, avaient dû être piqués. Notre Miley est donc la seule survivante. Elle est très grande, adorable, et son comportement est typique du labrador. Elle peut être endormie à l'autre bout du jardin, si j'ouvre le réfrigérateur, elle arrive dans la seconde et me lance de longs regards suppliants, feignant l'inanition, dans l'espoir d'obtenir une friandise. Mais si vous la voyiez, vous vous apercevriez très vite qu'elle est loin de mourir de faim !

Bien que Thula Thula soit connue pour ses éléphants, ce sont les chiens qui régissent ma vie. Chacun d'eux a son propre coussin, ou lit, et malgré cela, chez moi, les canapés sont recouverts de plaids pour qu'ils puissent s'y asseoir, grimper ou s'y balader à leur guise. Je leur prépare des soupes et leur concocte de bons repas à base de poulet élevé en plein air – hors de question que quiconque ici mange des poulets de batterie. Je garde aussi une grande jarre en verre pleine de friandises sur mon bureau, au cas où l'un d'eux ait un petit creux. Je passe mon temps à les faire entrer ou sortir, à cuisiner pour eux, à les nourrir, à les caresser ou à leur parler.

Le soir, il y a parfois jusqu'à huit chiens dans ma chambre. Cela n'augure pas la nuit la plus paisible : ils essaient de monter sur le lit à tour de rôle et dès l'aube, si une antilope se montre, ils se mettent systématiquement à aboyer. Une vraie cacophonie ! Mais c'est la vie que j'ai choisie en adoptant ces petites créatures innocentes. Nous faisons tous partie de la même meute désormais, pour le meilleur et pour le pire, et même après une nuit sans sommeil, je ne le regrette jamais.

Chaque fois que je sors de la maison pour me rendre au lodge ou au campement, mes chiens affichent un air triste, comme s'ils craignaient que je ne les abandonne. Quand je reviens, une demi-heure plus tard, ils m'accueillent comme si j'étais partie depuis des jours. Cet amour inconditionnel me touche, et je leur murmure d'une voix douce :

– Non, mes petits anges. Vous savez bien que je ne vous laisserai jamais.

La vie en communauté, inhérente à la réserve, leur convient bien. Ils vont de maison en maison, rendent visite aux filles du bureau, et si je dois m'absenter, ils emménagent avec Lynda ou Kim. Il y a toujours quelqu'un pour s'occuper d'eux.

Au fond, ce que je souhaite, c'est que les refuges pour animaux soient vides et que chaque chien soit aussi heureux, gâté et aimé que les nôtres.

14

Thabo contre l'excavateur

Outre poncer, racler, peindre et polir, il fallait profiter de ces mois de confinement pour effectuer une mission d'ampleur : entretenir nos pistes. Leur état empirait d'année en année. Nids-de-poule, rigoles, stries et cailloux s'accumulaient et après de fortes pluies, certaines portions devenaient si glissantes qu'elles demeuraient impraticables des heures durant, voire des jours entiers. C'était trop dangereux. Privées de safaris et d'hôtes, nos routes étaient désormais désertes – le moment était idéal. Mais le coût, autant que l'espoir de pouvoir rouvrir les réservations, me faisait hésiter.

L'été touchait à sa fin et rien ne laissait présager un éventuel allègement des restrictions de voyage. Je décidai donc de prendre le taureau par les cornes et de puiser dans nos économies pour profiter de l'occasion que nous offrait le Covid. Nous étions en mai 2020 ; les mois secs de l'hiver s'étendaient devant nous. Il était temps de s'atteler à cette tâche colossale. L'excavateur – le fameux TLB – nous servit à creuser des carrières pour trouver les pierres et les graviers dont nous avions besoin.

Thabo a toujours détesté cet engin. Les rhinocéros ont l'air de gros durs, mais au fond, ce sont des êtres sensibles. Ils possèdent l'une des ouïes les plus fines du règne animal, qui leur permet d'entendre des sons et des fréquences inaudibles pour nous. Ils perçoivent également les vibrations du sol. Le fracas et les grondements de la machine rendaient Thabo fou. Imaginez vos voisins faire la fête toute une semaine, nuit et jour, avec les basses au maximum, tout en utilisant un souffleur à feuilles dans le jardin : c'était à peu près ce que Thabo vivait.

Au milieu des travaux, Vusi vint me trouver :

– Il faut qu'on fasse quelque chose pour Thabo. Regardez.

Il me montra une vidéo sur laquelle on voyait le TLB, au sommet d'un monticule de sable et Thabo, dressé sur ses pattes arrière, qui passait son énorme tête dans la cabine. Il semblait avoir une discussion houleuse avec le conducteur. Je l'imaginais d'ici :

« Qui êtes-vous pour faire tout ce vacarme un dimanche matin ? »

Le conducteur, agitant les bras, pris de panique : « *Eish !* C'est quoi cette histoire ? Écarte-toi de mon engin !

– C'est plutôt à VOUS de vous éloigner, à moins que vous ne vouliez que je vous fasse basculer ? Ici, c'est mon territoire, petit homme. Alors maintenant, vous arrêtez, compris ? »

Le conducteur s'aperçut qu'il avait affaire à un rhinocéros très déterminé et coupa le moteur.

« Voilà, c'est mieux. Et ne m'obligez pas à revenir ! »

Sur ce, Thabo tourna les talons et s'en alla en trottinant, laissant derrière lui le pauvre homme secoué, mais sain et sauf.

Thabo s'en prend à toutes les machines – pelleteuses, tracteurs, rouleaux compresseurs, camions –, mais il nourrit une haine toute particulière pour les tronçonneuses. Comment lui en vouloir ? Parmi les tâches figurant dans notre grand plan d'entretien spécial confinement, une équipe était dédiée au nettoyage du *sickle bush*, un arbuste qui prolifère si vite qu'il envahit les prairies. Nous avions choisi une zone que nous souhaitions débarrasser complètement de cette espèce afin de créer un terrain qui s'apparentait davantage à la savane. D'où la tronçonneuse.

Le vacarme incessant attira l'attention de Thabo qui, fort de son expérience réussie avec le TLB, se mit en quête de la source du bruit. Mais cette fois, nous avions anticipé son arrivée. Nous ne pouvions pas courir le risque que nos employés reçoivent la visite de notre grand gaillard. Nous avions donc placé quelqu'un en vigie, au sommet d'un arbre, à proximité de la zone. Dès qu'il repérait l'animal – ce qui était récurrent –, il sifflait et les hommes se réfugiaient dans un véhicule prévu à cet effet. Thabo dut penser qu'il détenait des pouvoirs magiques : sitôt arrivé, pouf, le bruit s'arrêtait en un clin d'œil. Bien joué, Thabo !

Un jour, notre sentinelle ne descendit pas à temps pour se mettre à l'abri dans un des quatre-quatre, avec le reste de l'équipe. Thabo fit lentement le tour de l'arbre puis leva les yeux pour observer cet étrange humain arboricole. Décidant alors de profiter du calme revenu, Thabo se dit que c'était le moment idéal pour piquer un somme. Le pauvre homme dut rester accroché au sommet de l'arbre pendant l'heure qui suivit, jusqu'à ce que Thabo se réveille et parte en trottinant, frais et dispos, à la recherche d'autres machines assourdissantes auxquelles s'attaquer.

– Les ouvriers ont peur, me confia un jour Vusi.

Honnêtement, je les comprenais : qui ne serait pas effrayé à la vue d'un énorme rhinocéros juste devant la vitre de sa voiture ?

– Si on ne trouve pas de solution, ils vont démissionner. Et de toute façon, Thabo va finir par devenir fou à cause du bruit !

Nous devions absolument tenir notre rhinocéros à distance des ouvriers, pour le bien de tous. Mais comment faire ?

– On va le mettre au coin, décidai-je. Il va nous falloir des pommes !

Une stratégie fut établie : il s'agissait d'attirer Thabo dans le *boma* et de l'y enfermer le temps que les travaux d'entretien des routes soient terminés. Il gagnerait ainsi le calme et la tranquillité, tandis que les hommes pourraient finir leur tâche sans être dérangés. J'achetai un gros sac de pommes ; c'était sa friandise préférée lorsqu'il était bébé. Promise devait conduire le véhicule et Khaya jeter les fruits. Thabo suivrait la piste des pommes jusqu'à l'enclos, exactement comme Hansel et Gretel avec les petits cailloux qu'ils avaient semés dans la forêt. Kim, quant à elle, documenterait l'opération en photos et vidéos. Le plan parfait.

Ils partirent à l'aube, tandis que je restais à la maison, dans l'attente de leurs nouvelles. Kim me tenait informée de leurs progrès par WhatsApp :

Thabo contre l'excavateur

Nous avons trouvé Thabo !
C'est bon, il mange une pomme.
On a ralenti. Il n'en veut plus.
Je crois qu'il se doute de quelque chose.

Cela dura des heures. Thabo finit par se désintéresser totalement des fruits et Khaya dut faire semblant de déposer quelque chose par terre derrière la voiture. Bien que suspicieux, il ne pouvait résister à l'envie d'avancer, juste pour voir – c'était un sacré curieux. Mètre après mètre, ils traversèrent toute la réserve et arrivèrent aux abords du *boma*.

Je reçus alors un nouveau message de Kim :

Thabo nous a bloqués dans l'enclos, on ne peut plus sortir !

Je ne savais pas si je devais rire ou céder à la panique et me précipiter là-bas avec des renforts. Plus tard, je compris ce qui s'était passé : une fois devant le *boma*, Promise avait reculé lentement à l'intérieur de l'enclos. Khaya avait fait de son mieux pour inciter Thabo à les suivre, dans l'idée de pouvoir ensuite le contourner, sortir, et fermer derrière eux.

Mais Thabo n'avait pas du tout approuvé ce plan et il avait sa propre vision des choses. Il se coucha de tout son long en travers des portes ouvertes, et décida de faire une sieste. Promise, Khaya et Kim restèrent assis dans le véhicule ouvert, sous un soleil de plomb, pendant une heure, tandis que Thabo se reposait des événements de la journée. Kim n'a jamais pris autant de photos de rhinocéros assoupi. Deux heures plus tard, je les vis rentrer, épuisés et affamés, mais leur mission était accomplie.

Ce soir-là, Khaya raconta comment ils avaient fait pour s'en sortir. Une fois Thabo réveillé de sa sieste, ils avaient démarré et s'étaient mis à reculer tout en faisant ronfler le moteur, pour l'agacer et qu'il ait envie de les suivre. C'était risqué, car de manière générale, mieux valait ne pas embêter un animal sauvage de cette taille-là. Heureusement, ça avait fonctionné. Thabo était entré dans le *boma*, et ils avaient réussi à sortir. Khaya avait bondi hors du véhicule, claqué puis verrouillé les portes. Et voilà le travail !

— Thabo est un rhinocéros sacrément intelligent, admit Kim avec une certaine admiration. Avec lui, on ne s'ennuie jamais !

15

Nous dépendons tous les uns des autres

Thula Thula est située au nord de la province du KwaZulu-Natal, dans une région rurale du Zululand parsemée de villages. C'est un endroit merveilleux, au relief vallonné, où s'égrènent les petites maisons peintes de couleurs vives et les huttes zouloues traditionnelles, rondes, aux toits de chaume, appelées « ruchers ». Cependant, c'est un territoire très pauvre, avec peu d'emplois et très peu de services publics. Au fur et à mesure que le confinement se poursuivait, les populations des communautés alentour souffraient terriblement.

La crise humanitaire que nous traversions avait aussi un impact sur la protection animale. Un jour, Larry vint me voir, inquiet de ce que lui avaient confié les agents de sécurité et les gardes anti-braconnage.

– Notre patrouille à pied constate un regain d'activité, dit-il. Nous trouvons régulièrement des brèches dans les clôtures et ramassons de plus en plus de collets… Les gens braconnent pour se nourrir ou gagner un peu d'argent en revendant la viande.

– Quand tout va bien, ils s'en sortent déjà tout juste, fis-je. Mais sans touristes et avec les licenciements liés au

Covid, ils sont littéralement en train de mourir de faim. On doit agir.

L'aide vint de très loin : de l'autre bout du monde. Nous avons une chance inouïe de pouvoir compter sur la loyauté et le soutien sans faille de nos hôtes, ou plutôt devrais-je dire de nos amis. Ils portent Thula Thula dans leur cœur et entretiennent une profonde relation avec ce lieu. Certains viennent même séjourner chez nous depuis plusieurs générations. C'est le cas des Simonsen, originaires du Danemark. Ils s'entendent très bien avec notre personnel et soutiennent toujours généreusement nos projets. Je ne fus pas surprise quand j'appris que Susanne Simonsen avait pris des nouvelles de Mabona et Promise pour savoir comment leurs communautés s'en sortaient en ces temps difficiles.

– Je lui ai dit que chez moi, à Buchanana, personne n'avait de travail et que les familles essayaient de survivre avec les aides modiques du gouvernement. Ça fait à peine une centaine de rands, me confia Mabona.

Elle avait noué des liens très forts avec les Simonsen, qui l'avaient même invitée en vacances au Danemark l'année précédente, et avaient fait en sorte qu'elle passe un séjour merveilleux.

– Ils ont envie de nous aider, assura Promise. Ils voudraient nous envoyer de l'argent pour qu'on achète de la nourriture à ceux qui sont dans le besoin.

Je sentis les larmes me monter aux yeux. Les temps étaient durs pour tout le monde, et je trouvais extraordinaire que cette femme ait pensé à notre petit village du Zululand et cherché à secourir ses habitants.

En moins d'une semaine, une généreuse donation

arriva de la part de la fondation Simonsen. Elle fut versée directement à notre fonds destiné à la sauvegarde de la faune sauvage – l'organisation à but non lucratif de Thula Thula – et servit à acheter de la nourriture aux familles des environs. Tout le monde se mit immédiatement au travail.

– Je voudrais leur donner des bonnes choses, pas seulement des produits de première nécessité, dis-je à Victor et Promise, qui étaient chargés de se procurer les vivres. Chaque colis doit permettre à une famille entière de manger pendant un mois.

Ils se fournirent dans un grand supermarché d'Empangeni : huile de cuisson, lait longue conservation, jus d'orange, riz, morceaux de poulet, *samp and beans* (un plat local à base de haricots et de maïs séché), etc. Tout fut disposé dans de larges paniers. C'était un travail colossal, mais rien n'était plus satisfaisant que de les voir s'accumuler, prêts à être livrés. Les cinq *amakhosis* identifièrent ceux qui se trouvaient dans le besoin au sein de leurs communautés respectives et on se mit en chemin pour aller les voir. Certaines petites maisons étaient si isolées que la route ne les desservait même pas. Il nous arrivait alors de porter les colis à travers le bush, ou le long d'un sentier étroit. Parfois, les familles nous apercevaient, sur la route principale, et descendaient la piste de terre en courant, munies d'une brouette pour récupérer les provisions. Cela nous prit des jours ; mais quelle joie ! En voyant arriver le camion chargé de nourriture, les gens n'en croyaient pas leurs yeux.

Les enfants se précipitaient hors des huttes pour nous accueillir en tapant des mains et en riant :

– *Sawubona !* (Bonjour !)

Les femmes agitaient leurs mains et lançaient des youyous, faisant retentir leurs trilles aigus à travers les collines du Zululand.

De nombreuses personnes vinrent nous aider à distribuer notre précieuse cargaison. Les adultes portaient les sacs de riz et de maïs sur l'épaule, tandis que les enfants couraient derrière eux avec des bouteilles et d'autres sacs, plus petits. Leurs réactions faisaient chaud au cœur. Ils vivaient avec si peu – et encore moins depuis le Covid – que pour eux, recevoir ces paniers de nourriture équivalait à gagner au loto.

– *Ngiyabonga…* (Merci…) *Ngiyabula…* (Nous sommes si heureux…), criaient-ils, nous saluant sur le chemin.

Les habitants de ces villages ont tant à nous apprendre. Ils n'hésitent pas à partager le peu qu'ils ont avec leurs voisins et malgré la pauvreté, ils continuent à chanter et danser, parvenant à éprouver de la joie même quand les temps sont durs. Cette mission fut une expérience riche en émotions, et une sorte de révélation pour nombre d'entre nous.

Un jour, Victor revint bouleversé, après avoir croisé un homme qui vivait seul dans un abri de fortune, dans le bush.

– Il n'avait rien, me confia-t-il. Absolument rien.

– Pas même une couverture ? (C'était l'hiver et les nuits étaient froides.)

– Ni lit ni couverture, rien. Comment peut-on l'aider ?

Mabona, la responsable du lodge, prit des plaids et des serviettes qu'on vendait dans notre boutique et se débrouilla pour trouver un matelas. Victor les apporta à l'homme en même temps qu'un colis de nourriture. Nous étions tous soulagés de savoir qu'au moins, il dormirait au chaud ce soir-là, l'estomac plein.

Bien que l'accueil des villageois me procurât beaucoup de joie, il fut aussi source de larmes. La plupart d'entre eux n'avaient ni instruction ni emploi. Lorsqu'ils travaillaient, c'était souvent à Richards Bay ou à Empangeni. Or le trajet, long et coûteux, mangeait l'essentiel de leur misérable revenu. Les perspectives d'une vie meilleure étaient minces.

Je songeai alors au personnel de Thula Thula, aux jeunes gens que nous formions, auxquels nous offrions un toit et un salaire décent. J'étais fière d'eux, et j'aurais tellement aimé pouvoir employer davantage de villageois. En constatant le manque d'attention des autorités à leur égard, un sentiment de dégoût et de colère s'emparait de moi. La corruption rongeait le pays et participait à son extrême pauvreté. La disparité entre les habitants des zones rurales, qui avaient à peine de quoi manger, et ceux du Cap ou de Johannesburg, qui vivaient dans de magnifiques demeures et conduisaient des Bentley ou des Ferrari, m'écœurait. J'essayais de ne pas trop y penser, et préférais faire tout ce que nous pouvions pour faire la différence.

Nous avions réussi, mais je savais que c'était un puits sans fond. Les colis alimentaires ne dureraient pas éternellement. Cependant, d'autres amis nous vinrent en aide : Kingsley Holgate et Grant Fowlds.

Kingsley est un philanthrope célèbre, mais aussi un aventurier et un écrivain. La fondation Kingsley Holgate soutient la préservation de la faune sauvage ainsi que la lutte contre le paludisme, une maladie qui tue des centaines de milliers de personnes chaque année en Afrique, notamment des enfants. Les campagnes d'information, la distribution de moustiquaires imprégnées et la pulvérisation d'insecticide à l'intérieur des habitations sont autant de moyens pour prévenir la maladie. Même en pleine pandémie, il était essentiel de ne pas négliger ces dispositifs.

Grant, quant à lui, faisait partie de Project Rhino, une organisation à but non lucratif dédiée à la sauvegarde des rhinocéros au KwaZulu-Natal. Son travail consistait en des actions de sensibilisation auprès des communautés qui vivaient aux abords du bush, sur des sujets tels que la protection animale et la lutte contre le braconnage. À cela s'ajoutait le programme Rhino Art, dirigé par Richard Mabanga : un ensemble de projets artistiques et éducatifs, auxquels participaient des enfants.

Conscients que la crise alimentaire liée à la pandémie prenait de l'ampleur, ils décidèrent d'aider les villages les plus touchés, près des réserves. La première année, ils distribuèrent un million de repas à base de porridge précuit. C'est sur Facebook que Grant apprit ce que nous avions entrepris. Il m'appela, avec son habituel ton enjoué.

– Hey, Françoise, on voudrait venir donner des colis alimentaires aux communautés près de chez vous. Que diriez-vous de jeudi prochain ?

– C'est merveilleux ! On vous aidera à les distribuer.

– La journée sera longue, il faudra qu'on passe la nuit sur place. Je prendrai de quoi camper.

– On a ce qu'il faut côté tentes, Grant… On a tout un campement ! C'est désert ici, on n'a pas accueilli de touristes depuis des mois. On serait ravis de vous héberger. (J'ajoutai alors les mots qui, je le savais, lui iraient droit au cœur en ces temps de prohibition.) Et on a même des bières au frais !

Ce jeudi-là, Grant arriva à Thula Thula avec une équipe constituée de douze personnes, toutes plus incroyables les unes que les autres. Il avait toujours eu un don pour réunir des figures intéressantes – sportifs ou artistes, la plupart du temps – et les inciter à soutenir les causes qu'il défendait.

Avec ses cheveux blancs et sa barbe broussailleuse, Kingsley ressemblait à la version « bush » du père Noël, distribuant d'immenses sacs de porridge contenant chacun une centaine de repas.

– Pas besoin de le faire cuire, expliqua-t-il en remettant un sac de cinq kilos à une *gogo* (« grand-mère », en zoulou). Mélangez-le simplement à de l'eau ou du lait. Il comporte tous les nutriments nécessaires.

Grant discutait avec les anciens dans un zoulou fluide et les interrogeait sur l'impact du Covid sur leurs vies, tandis que Richard Mabanga divertissait les enfants avec d'inépuisables histoires de rhinocéros.

Après une longue journée sur la route, nous étions éreintés, mais portés par la sympathie des habitants que nous avions rencontrés. Tout le monde rentra à Thula Thula et la soirée se déroula dans un esprit joyeux et chaleureux, typique du bush. On dîna dans le *boma*, autour d'une belle flambée, et les anecdotes, comme les bières, se succédaient. Dans l'assemblée, David Jenkins, un jeune chanteur originaire d'Empangeni, avait composé une chanson sur des paroles de mon ami Jos Robson, à propos de Thula Thula et des éléphants que Lawrence avait sauvés, vingt ans plus tôt. Il l'entonna près du feu ce soir-là, et je fredonnai le refrain, comme pour moi-même, savourant ses mots délicats :

Thula Thula
Wo thulani
(Calme-toi)
Ningasabi sizoniphatha kahle
(N'aie pas peur, nous prendrons soin de toi)

Lors de cette soirée, on échangea nos incroyables histoires sur le bush : un cobra géant dans le placard, deux rhinocéros noirs en pleine lutte de territoire et un tas de véhicules ensablés ou embourbés dans les rivières. Difficile d'imaginer de meilleurs hôtes. Dans la nuit épaisse, tandis que les étoiles apparaissaient peu à peu dans le ciel, les hyènes se firent l'écho de nos rires, venant clore parfaitement cette journée et cette veillée magiques. Une brève parenthèse au milieu du cauchemar.

J'étais fière du travail que nous avions accompli. Bien que notre propre situation ait été terriblement difficile, nous savions encore tendre la main et faire preuve d'amour et de bienveillance. Cela devrait toujours être ainsi. Prendre soin de son prochain, donner, aider, partager ; et non détourner le regard en espérant que quelqu'un d'autre s'en charge.

Vivre avec les éléphants apprend la compassion. Si l'un d'eux va mal, toute la harde vole à son secours. Je me souviens d'une histoire que m'a racontée un homme qui avait voyagé au Botswana. En observant un troupeau d'éléphants s'abreuver à un point d'eau, il avait remarqué que l'un d'eux avait perdu les deux tiers de sa trompe. Ses heures étaient comptées : sa blessure l'empêcherait de boire et de se nourrir par lui-même. Il vit alors les membres du troupeau remplir leurs trompes d'eau et la déverser dans la bouche de l'éléphant blessé. N'est-ce pas ainsi que le monde devrait être ?

Dans la nature, comme dans la vie, nous dépendons tous les uns des autres.

16

Aux grands maux, les grands remèdes

Les semaines et les mois s'écoulaient, la pandémie paraissait ne jamais s'enrayer et Thula Thula restait fermée aux visiteurs. Nous avions réduit les charges au maximum, mais dans une réserve, de nombreuses dépenses sont indispensables. Le Covid ne nous libérait pas de notre responsabilité envers la faune. Nous devions toujours réparer les clôtures et payer les agents de sécurité, car les braconniers ne respectaient en rien l'ordre de confinement du gouvernement. Poussés par la nécessité, ils devenaient d'autant plus dangereux.

Au fil des années, nous avions fait face à des inondations et des feux de brousse, lutté contre le braconnage et repoussé des attaques contre nos animaux et notre personnel, et même surmonté la disparition du fondateur de Thula Thula, mon mari. Pourtant, en vingt ans, cela n'avait jamais été aussi difficile. Au début, le gouvernement nous versa un peu d'argent, dans le cadre de son programme temporaire d'aide à l'emploi, ce qui nous permit de compléter les salaires. Mais en septembre 2020, l'aide fut suspendue. Désormais, nous étions seuls.

Mes responsabilités devenaient de plus en plus

146

pesantes. Je m'efforçais de faire bonne figure en public et dès que je sentais le désespoir me gagner, je m'isolais avec mes chiens. Ce sont vers eux que je me tourne quand les temps sont durs, ce sont à eux que je peux confier mes plus grandes peurs. Les animaux ressentent notre peine, et dans les moments de détresse, il n'existe pas de meilleurs compagnons. Gypsy grimpait sur mes genoux pour me réconforter et les autres se serraient près de moi. Je me sentais aimée, soutenue, encouragée à poursuivre le combat. Voir ces petits rescapés mener leur vie sans se soucier de rien d'autre que du repas du soir et de la sieste me remontait le moral. Ce fut en eux que je puisai ma détermination. Nous allions survivre à cette crise ! Restait à trouver comment.

Le plus important était d'inventer des moyens de générer de l'argent. Nous recevions bien sûr le soutien d'amis incroyables, mais je comprenais bien qu'à ce moment-là, tout le monde subissait une certaine pression, et je sentais la lassitude poindre chez les donateurs. De plus, se contenter de dire « S'il vous plaît, donnez-nous de l'argent » m'avait toujours paru grossier et terriblement ennuyeux. Pour moi, une collecte de fonds devait avoir un objet spécifique, et je tenais à offrir à nos bienfaiteurs une contrepartie digne de ce nom. Mais quoi ?

Nous avions déjà lancé un programme d'adoption virtuelle. Nos éléphants et nos rhinocéros, du plus grand au plus petit, étaient tous candidats, même la jolie Sissi. Qui aurait pu résister à ses charmes ? Nous avions assuré la promotion du programme grâce à de magnifiques photographies de nos chers animaux, diffusées sur nos réseaux sociaux et dans notre newsletter. Le succès avait été au rendez-vous, alors pourquoi s'arrêter à la faune sauvage ? Je décidai d'y intégrer mes chiens bien-aimés. Nos petits rescapés étaient si séduisants que nos amis et soutiens répondirent présents dès la mise en ligne des clichés.

Je crois sincèrement que les défis et l'adversité nous obligent à trouver des idées et à inventer de nouvelles manières de faire. Côté défis et adversité, nous étions servis. À présent, il nous fallait des idées ! Et j'en avais une.

Je rassemblai l'équipe et pris la parole :

– Les temps sont extrêmement difficiles. Nous devons faire tout notre possible pour récolter de l'argent. (Tout le monde acquiesça.) Quelles ressources avons-nous ? Nos rangers ! Ils sont beaux et populaires auprès de nos hôtes. Je propose qu'on les intègre à notre programme d'adoption.

Mon initiative recueillit peu d'approbation. Les rangers me regardaient d'un œil méfiant. Ils devaient penser : « Ça y est, avec le stress, Françoise a perdu la tête ! »

– Sérieusement. C'est une très bonne idée ! poursuivis-je avec conviction. Nos hôtes passent des heures avec eux en safari, chaque jour, ils les connaissent et apprennent énormément à leurs côtés. Je suis sûre qu'ils adoreraient pouvoir les soutenir.

La décision fut prise. Nos rangers pourraient être virtuellement « adoptés » moyennant un don de cinquante dollars par mois, pour une durée définie par le donateur. L'argent irait à notre fonds de sauvegarde de la faune, et chaque centime serait dédié à l'entretien et à la sécurité de la réserve et des animaux. Kim prit de magnifiques photos glamour de nos rangers, et les mit en ligne en les accompagnant de petites anecdotes au sujet de chacun :

la merveilleuse voix de Muzi, les talents de photographe de Victor, le prodigieux sens de l'humour de Khaya, le savoir inépuisable de Siya à propos de la faune sauvage. Elle parvint même à faire décrocher un sourire à Andrew, qui n'était pourtant pas un modèle très enthousiaste.

Tout le monde les connaissait et les appréciait, et c'est ce qui fit le succès de l'opération. Contrairement aux autres réserves, où les rangers partent au bout d'un an ou deux, la plupart de nos rangers travaillaient ici depuis dix ou quinze ans. Les habitués demandaient souvent à ce que leur ranger préféré les emmène en safari. Les rangers aussi connaissaient bien nos hôtes, car comme le dit Muzi, comprendre les animaux ne suffit pas, il faut également comprendre les hommes ! La plupart de nos membres étaient originaires du Zululand et avaient été formés à Thula Thula. Siya, Victor, Muzi et Khaya avaient tous commencé par travailler dans l'équipe de sécurité, et ils avaient fini par tomber amoureux du bush et de sa faune.

Tandis que nous compilions les anecdotes à leur propos, ils évoquaient avec plaisir leurs débuts à Thula Thula. Khaya se souvint que le bush lui plaisait tant que pendant ses jours de congé, au lieu de rentrer chez lui, il restait à la réserve et partait en safari avec les rangers. Il savait qu'au fond, il voulait être l'un des leurs.

Avant de devenir ranger professionnel, on commence par être pisteur. Le pisteur, installé tout à l'avant de la voiture – parfois même sur le capot –, est chargé de repérer les empreintes, excréments ou toute autre trace dans le sable indiquant la présence d'animaux. Cela peut être assez impressionnant, au début !

– Les animaux viennent incroyablement près. Si un

éléphant ou un rhinocéros charge, le conducteur fait marche arrière et on se retrouve en première ligne, face à un mastodonte qui nous fonce dessus ! J'étais terrifié, admit Khaya en riant. Mais je me suis détendu, et très vite, je n'avais même plus peur des éléphants.

– Il n'y a aucune raison de les craindre, ils ne sont pas dangereux. Ce n'est pas comme... les grenouilles, par exemple ! lança Muzi, toujours prêt à plaisanter.

Sa remarque suscita des éclats de rire ; tout le monde savait que Khaya avait une peur bleue des grenouilles. De ce fait, il lui arrivait régulièrement de mettre la main dans sa poche et de découvrir qu'on y avait glissé un petit batracien.

– Je n'y peux rien, c'est comme ça qu'on m'a élevé ! se défendit Khaya sans se départir de son sourire. Quand j'étais enfant, les adultes nous disaient que si on jouait avec une grenouille ou un caméléon, la foudre s'abattrait sur nous. (Cette pensée le fit frémir.) Mais le pire, c'étaient les crabes. Nos parents nous mettaient en garde : « Ne jouez pas avec les crabes, s'ils vous pincent, les garçons seront changés en filles et les filles en garçons. » Ça nous terrorisait.

– Et tu trouves ça crédible ?

– Bien sûr que non ! C'était juste un moyen de protéger la nature. Les adultes s'assuraient qu'on ne ferait pas de mal à ces petites bêtes.

Si aujourd'hui, c'était au tour de Khaya d'être taquiné, chacun se retrouvait un jour ou l'autre la cible de plaisanteries, en particulier les nouvelles recrues.

– Siya m'avait dit qu'on pouvait savoir si une bouse d'éléphant provenait d'un mâle ou d'une femelle, se rappela Muzi. « Tu plantes ton doigt dans la bouse fraîche et tu le mets dans ta bouche. Si c'est un peu sucré, c'est une femelle, sinon, c'est un mâle. »

– Et tu l'as fait ? demanda Victor en riant aux éclats.

– Comme il s'est exécuté en premier, je me suis dit : « Tout le monde le fait, donc moi aussi. » Plus tard, j'ai compris le truc : Siya changeait de doigt, celui qu'il suçait était propre. Pas le mien. J'ai eu le bonheur de goûter à la bouse d'éléphant !

Ils étaient sur leur lancée.

– Et tu te souviens du coup de l'acacia ?

– J'en ai encore des cicatrices !

Les acacias sont de magnifiques arbres, typiques des paysages du bush africain. Leur cime forme une large couronne arrondie, et ils sont dotés de longues épines. Heureusement pour les girafes et autres herbivores, celles-ci sont dirigées vers le bas. Aussi, lorsque l'animal enroule sa langue autour de la branche et la tire pour en arracher le feuillage, les épines se retrouvent aplaties contre l'écorce et ne peuvent pas le blesser. Les rangers aiment en faire la démonstration en saisissant une branche dans leur main et en la tirant brusquement pour en ôter les feuilles. Pas la moindre plaie ! Cependant, il existe une espèce d'acacia dont les épines ne sont pas inclinées vers le bas. Quand un ranger tombe sur l'un d'eux, il s'arrête et demande à la nouvelle recrue de lui montrer comment la girafe se nourrit. Le pauvre bougre en ressort avec la main couverte d'épines.

Tant que tout finit bien, les mésaventures d'autrui sont toujours source d'hilarité. Muzi embraya sur l'une de ses histoires préférées : par une soirée pluvieuse, il contrôlait l'état des clôtures, à moto, lorsqu'il se retrouva encerclé par un troupeau d'éléphants. La situation pouvait s'avérer dangereuse, car ces animaux détestent les bruits mécaniques trop forts – drones, motos, hélicoptères – et quand ils les croisent, ils les chargent.

– Je voyais leurs défenses briller dans la nuit. J'étais en plein milieu. Je me suis arrêté et j'ai coupé le moteur, raconta Muzi. Je ne pouvais pas rester là. Mon cœur battait à tout rompre. Je ne savais pas quoi faire.

Nous étions suspendus à ses lèvres, tandis qu'il nous exposait sa stratégie. Le terrain sur lequel il se trouvait était incliné, il décida donc d'éteindre ses feux et de laisser l'engin dévaler la pente en douceur. Une fois les éléphants dépassés, il démarra au kick et donna un coup d'accélérateur.

– J'avais réussi ! J'étais tellement heureux de m'en être sorti. J'ai rallumé mes feux et j'ai pris la direction de la maison. L'instant d'après, un choc énorme m'a fait tomber de ma moto. Un grand mâle impala, ébloui par les phares, avait foncé sur moi. J'étais allongé par terre, dans le noir, sonné. Après les éléphants, l'antilope ! Franchement, je ne sais pas qui de nous deux a eu le plus peur, mais on a eu de la chance de ne pas être blessés.

Les autres rangers rirent à gorge déployée en écoutant cette histoire, et Muzi se joignit de bon cœur à eux.

– Quelle journée ! conclut-il en secouant la tête.

Les rangers aiment se taquiner, mais ce qui me comble de joie, c'est de voir qu'ils s'entendent tous à merveille. Ni disputes ni jalousies ; ils se respectent mutuellement, ainsi que Siya, leur chef. Je sais aussi qu'ils se couvrent

Frankie et Mabula.

Les 28 éléphants de Thula Thula.

L'un de mes clichés préférés : Frankie dans toute sa splendeur.

Frankie dans mon jardin !

Shake et Thabo en tête à tête.

Vautours à dos blancs.

Siya, Lynda, Vusi et moi le jour de l'arrivée de Mona et Lisa.

Rencontre entre l'éléphant Ilanga, Mona et Sissi,
un moment unique capturé par notre ranger Victor.

Les buffles de Thula Thula devant l'un de nos véhicules de safari.

Le troupeau d'éléphants s'amuse avec nos hôtes.

Bébé Jo, l'hippopotame.

June, le bébé girafe.

Mona et sa petite Sissi.

Savannah, le premier guépard introduit dans la région depuis 1941.

Frankie et Gobisa, une histoire d'amour unique !

Mabona joue avec une couverture.

Jo Malone à Thula Thula.

Un Noël joyeux grâce à la générosité de notre amie Jo Malone.

Lucy, bébé.

Christiaan et son chien
bien-aimé, Bruce.

Bien entourée
de ma meute adorée.

Daisy le suricate.

Opération décornage pour Mona et Lisa.

Distribution de colis alimentaires dans les villages alentour durant la pandémie.

Thabo s'attaque à l'excavateur pendant les travaux d'entretien des pistes.

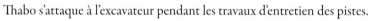

Notre vétérinaire, Trever Viljoen, fait un bilan de santé de Frankie. Ici, il prélève un échantillon de sang et lui injecte des vitamines et des antibiotiques.

Sortie pour nourrir Frankie avec Andrew.

Signature de l'accord avec Dube Ridge, un moment unique pour
la communauté et pour la sauvegarde de la faune sauvage

Le chantier pour poser les clôtures de Lavoni durant le confinement.
À l'arrière-plan, on aperçoit les terres de Lavoni.

Les éléphants explorent leurs nouvelles terres, à Lavoni.

Le personnel de Tented Camp et de Safari Lodge sur son trente-et-un
pour célébrer un événement particulier.

Tests de fertilité pour Ntombi et Thabo.

Dessin de Thabo et Ntombi par Ayan, un jeune défenseur de l'environnement.

Première rencontre entre Rambo et Thabo.

parfois les uns les autres quand, par exemple, l'un d'eux a bu quelques bières de trop ! Au fil des années, j'ai compris que je devais fermer les yeux de temps en temps.

Après avoir exercé la fonction de pisteur et fait son apprentissage auprès des guides pendant un certain temps, la seconde étape pour devenir ranger consiste à passer les examens de la FGASA (Association des guides de terrain d'Afrique australe). Enfin – et c'est souvent le plus difficile –, il faut obtenir son permis de conduire.

En mars 2016, je leur remis à tous leurs certificats FGASA. J'étais si fière d'eux ! Ils étaient rangers professionnels, avec un diplôme punaisé au mur, et avaient désormais le devoir et la responsabilité de sensibiliser les gens au sort de la faune menacée d'Afrique. Nos hôtes quittent toujours Thula Thula en reconnaissant qu'ils ont appris et compris énormément de choses à propos du bush, grâce à l'excellence de nos rangers. Ceux-ci ont acquis leurs connaissances à la faveur de longues heures d'observation, en échangeant les uns avec les autres, et non uniquement dans les livres. De fait, ils en savent parfois davantage que les livres ! Quand Muzi étudiait en vue des examens du FGASA, il avait lu dans un de ses manuels que les éléphants ne se couchaient jamais, à cause de leur poids, car une telle action pourrait endommager leurs organes.

Il dit à l'évaluateur :

– J'ai déjà vu un éléphant se coucher. J'ai cru que quelque chose clochait, mais en fait, il allait très bien. Alors, que dois-je répondre à cette question ?

– Vous devez écrire ce qui est dans le livre, répondit l'évaluateur, pas ce que vous avez observé.

Voilà pourquoi je me méfie parfois des soi-disant experts !

Nombreux sont ceux qui rêvent de vivre et de travailler dans le bush, auprès des animaux. C'est un immense privilège, c'est vrai, mais ce n'est pas facile. Les journées sont longues ; les rangers commencent à cinq heures du matin et finissent tard, après le safari du soir. Ils sont à la fois responsables des hôtes, de la faune et des véhicules. Pendant le Covid, leurs obligations se sont encore accrues. Pourtant, je n'ai jamais entendu quiconque se plaindre et la réponse était toujours la même : « Pas de problème, madame », ou « Ma Fra », comme ils m'appellent parfois.

Les rangers, tout comme le personnel du lodge et du campement, sont les visages de Thula Thula. Ils partagent leur savoir et leur vision de la nature et de la protection de la faune avec nos hôtes et nos bénévoles. C'est parce qu'ils travaillent avec nous depuis si longtemps qu'ils ont tant à raconter, qu'ils sont capables d'identifier chaque éléphant par son nom et connaissent son histoire et sa personnalité. Ce sont eux qui repèrent les premiers un animal malade ou au comportement inhabituel. Ce sont eux aussi qui constatent l'arrivée d'un nouveau-né, et qui nous l'annoncent. Chacun fait partie intégrante de l'histoire de Thula Thula, et tous œuvrent avec la même passion, en poursuivant le même objectif que Lawrence. Ce sont eux qui m'ont aidée à perpétuer son héritage.

17

La générosité des autres

Quelques jours après le lancement du programme d'adoption virtuelle de nos rangers, Portia vint me trouver, affichant un grand sourire :

– Ça marche !

Les adoptions décollaient en flèche. Nous avions réussi à toucher les gens, et des dons du monde entier affluaient.

– Une certaine Ellen Olson Brooks, du Colorado, a adopté tous nos chiens et tous nos animaux sauvages ! me confia Lynda.

– Voilà une vraie amoureuse des animaux, répondis-je.

– Elle a même adopté les membres du personnel, vous y compris, Françoise !

L'adoption de madame suscita beaucoup de gaieté parmi les employés.

– Peut-être qu'un jour vous remporterez autant de succès que Bébé Jo, dit Portia. Regardez le nombre de donateurs qui se sont manifestés !

– C'est pareil pour Sissi, renchérit Lynda. Tout le monde l'adore.

– Impossible de rivaliser avec les bébés animaux, ils sont bien trop mignons !

Quant aux chiens, Bruce, celui de Christiaan, était le plus populaire. Les gens semblaient même prêts à l'adopter pour de bon ! Bruce avait été élevé comme chien de combat – il tenait un peu du mastiff – mais malgré sa taille et son apparence féroce, il avait un tempérament placide. C'était un amour. Notre mécanicien l'avait trouvé dans la rue, abandonné, et l'avait ramené à la réserve. Christiaan l'avait immédiatement recueilli : Bruce lui tenait compagnie au campement.

C'était un grand animal, solide, au cœur tendre, et il s'entendait à merveille avec nous, comme avec le reste de la meute. Il me rappelait nos gentils pachydermes. Les visiteurs l'adoraient. Généralement, les hôtes qui revenaient d'une année sur l'autre se précipitaient pour caresser Bruce avant même de saluer Christiaan. À force, il avait fini par s'y habituer. Quand il apprit que son chien était le plus populaire du programme d'adoption, on eût dit un père plein de fierté pour son fils. Je me gardai bien sûr d'en parler au reste de la meute ; je ne voulais pas créer de jalousies ! Et puis après tout, chaque animal est unique.

Les rangers se taquinaient à propos de leur cote ou, au contraire, de leur manque de popularité. Quant à moi, je ne me prononçais pas, je les trouvais tous magnifiques ! Les rangers me disent souvent qu'être à Thula Thula n'est pas un « travail », et c'est vrai. J'apprécie leur engagement et encourage leur esprit d'initiative, toujours prête à écouter leurs idées ou leurs solutions face à un nouveau problème. Grâce à cette liberté d'expression et à la confiance que je leur accorde, ils aiment leur métier, et en sont fiers. Personne ne réussit seul dans la vie, et encore moins dans le bush ! Nous travaillons ensemble, unis, dans un intérêt commun, en essayant d'améliorer sans cesse la réserve et les conditions de vie qu'elle offre aux animaux. Le programme d'adoption permit à chaque membre de la grande famille de Thula Thula de contribuer à l'effort. Nous étions profondément touchés par la générosité de nos hôtes, de nos amis, mais aussi d'inconnus, venus du monde entier, et avec leur aide, nous avons pu survivre à cette période difficile.

J'ai été particulièrement émue par le soutien d'Ayan Mehra, un garçon de douze ans fréquentant l'école américaine de Singapour, qui s'est avéré un artiste de talent et un collecteur de fonds inventif et déterminé. Après avoir dessiné nos rhinocéros, le grand Bruce, la petite Gypsy et de nombreux autres animaux, Ayan a créé un site Internet consacré à la vente de ses croquis. Il a utilisé l'argent ainsi récolté pour adopter nos rhinocéros et nos éléphants. Par ailleurs, il rédigeait d'excellents articles de blog pour sensibiliser le public aux enjeux de la protection de la faune sauvage. Désireux d'agir à plus grande échelle, il nous aide désormais à collecter des fonds pour notre projet d'extension.

Le travail remarquable effectué par Ayan pour Thula Thula a attiré l'attention de Born Free, une organisation caritative de défense des animaux. En septembre 2021, il fut nommé premier jeune ambassadeur international de l'association. Je suis si fière que la passion de ce jeune homme lui soit venue à la lecture de mon premier livre, *Un éléphant dans ma cuisine* ! Ayan est une véritable source d'inspiration pour les générations futures. Il devait nous rendre visite à Thula Thula avec sa famille, mais le

Covid les en a empêchés. Nous espérons de tout cœur le rencontrer un jour !

À partir d'août 2020, les seuils d'alerte diminuèrent progressivement au sein du pays et les restrictions furent allégées. L'Europe commença à ouvrir ses frontières durant l'été. Les bonnes nouvelles semblaient enfin au rendez-vous.

Les voyages internationaux restèrent pratiquement impossibles, mais l'assouplissement des règles de confinement nous donna un peu d'oxygène. Nous étions autorisés à accueillir des hôtes dans certaines circonstances, très précises, à l'occasion d'actions éducatives ou de séminaires professionnels. Enfin ! Nous devions désormais imaginer des solutions pour que ces visiteurs séjournent à Thula Thula en toute sécurité, et que nous en tirions un revenu.

Pendant un ou deux mois, le cours de photographie animalière fut l'un de nos meilleurs succès. Les étudiants passaient cinq nuits au lodge et Kim leur enseignait à la fois théorie et compétences pratiques. Ils participaient à un safari par jour ; l'occasion pour eux de s'exercer et de construire leur portfolio. Avec ses paysages magnifiques et ses merveilleux éléphants qui se laissaient approcher, notre réserve était l'endroit rêvé pour ces apprentis photographes.

Les restrictions continuèrent à s'assouplir et bientôt, on put recevoir des hôtes sud-africains, tout en nous engageant à garantir une bonne aération des lieux et une certaine distanciation sociale… Après six mois enfermés chez eux, les gens ressentaient un irrésistible besoin de se reconnecter à la nature ; ils ne pouvaient pas être plus heureux que dans le bush ! L'interdiction de consommer de l'alcool fut levée, et accueillie avec soulagement. Nous retrouvions un sentiment de liberté.

Héberger de nouveau des visiteurs nous fit un bien fou à tous, et aux éléphants en particulier : leurs admirateurs étaient enfin de retour ! Lorsque le premier safari arriva en vue du troupeau, Mabula, fidèle à lui-même et toujours prêt à amuser la galerie, se mit à déambuler au milieu de la route. Il prenait la pose et faisait le beau, alternant démonstrations de yoga et numéros spécial touristes, puis il tira sa révérence dans un barrissement tonitruant. Sa mère, Frankie, l'observait avec indulgence. Elle savait que, chez lui, cela voulait dire : « Bienvenue à tous ! Regardez-moi, regardez-moi ! »

18

Ce qui est à nous est… miné ?

Un jour d'août 2020, Vusi entra dans mon bureau, l'air inquiet.

– Un avis d'exploitation minière est affiché à l'entrée de Lavoni. Vous étiez au courant ? s'enquit-il. Je suis passé devant ce matin, je l'ai pris en photo.

Il me tendit son téléphone portable. Je parcourus le texte, truffé de jargon juridique :

Avis est donné en vertu de… XYZ a déposé une demande de permis d'exploitation minière… nous vous prions de bien vouloir nous faire part de vos commentaires et objections avant le…

Mon sang ne fit qu'un tour. Ce n'était pas la première fois qu'une telle menace planait sur nous. Je savais que d'un point de vue strictement légal, tout ce qui se trouvait sous terre appartenait à l'État. Bien que nous soyons propriétaires du terrain, l'État possédait – et pouvait donc céder à un tiers – les droits d'exploitation minière. Si ce terrain était inutilisé, l'État pouvait faire usage de son droit et l'exploitant serait autorisé à creuser. Nous avions déjà repoussé une tentative similaire en 2017, arguant que des espèces en voie de disparition vivaient sur les parcelles concernées. Mais cette fois-ci, la zone en question n'était pas encore clôturée et le terrain avait été considéré comme inutilisé. Et comme il n'abritait aucune faune, nous ne pouvions pas nous servir de cet argument. Rien ne semblait pouvoir les empêcher d'extraire du charbon dans notre havre de paix.

La parcelle, rattachée à l'ancienne ferme de Lavoni, était un mélange de végétation typique du bush et de champs de canne à sucre. Le permis de l'entreprise qui l'utilisait pour produire du sucre avait expiré en mars 2020 et nous avions l'intention de le clôturer dès que possible – un projet auquel le Covid avait mis un coup d'arrêt. La société minière devait avoir eu vent de l'échéance du bail et avait sauté sur l'occasion pour lancer l'exploitation au plus vite, avant que nous ne puissions réagir.

Nous nous étions battus pour survivre à la pandémie, et maintenant, ça ? Une mine de charbon aux portes de la réserve serait un désastre pour l'environnement.

– Ils ne peuvent pas faire ça ici, ils vont détruire le bush ! Le bruit de leurs engins va terroriser les animaux, dis-je. Imagine les effets des travaux sur nos éléphants et nos rhinocéros… Dynamitage, excavation, broyage ! Et je ne parle même pas de la pollution de l'eau et de l'air ! Cela pourrait bien sonner la fin du tourisme dans toute la région.

– Oui, ce serait un vrai désastre, acquiesça Vusi. Il faut qu'on se batte.

À peine notre conversation terminée, j'appelai Kirsten Youens, notre avocate. Celle-ci, spécialisée dans le droit de l'environnement, avait travaillé sur de nombreux cas similaires dans le nord du Zululand. Elle avait réussi à mettre un terme à l'exploitation minière dans des zones sensibles d'un point de vue écologique. C'est une avocate brillante, qui s'exprime simplement, sans tout le jargon juridique, ce que j'apprécie beaucoup. Kirsten promit de prendre contact avec la société en question.

Entre-temps, je demandai à Christiaan et Vusi de monter cette fameuse clôture au plus vite. J'espérais que la parcelle serait ainsi reconnue comme faisant partie intégrante de Thula Thula, et déclarée inadaptée à toute exploitation. Ils acquiescèrent, non sans inquiétude :

– Ça représente cinq kilomètres de clôture électrique... c'est une tâche colossale !

Christiaan avait raison. C'était un travail chronophage et exigeant physiquement : chaque poteau nécessitait de creuser un trou au préalable, et le sol était dur et rocailleux.

– Je sais, mais on n'a pas le choix, tranchai-je. On doit s'y mettre dès maintenant ! Demandez à Jack de vous aider.

À l'époque, Jack était responsable du camp de bénévoles, mais cette clôture était désormais prioritaire sur toute autre activité. Dès le lendemain, Vusi, Christiaan et Jack se rendirent sur place pour établir un plan d'action. Jack eut alors une idée de génie :

– Les stagiaires ! Pourquoi ne leur proposerait-on pas de s'installer au camp, et de nous donner un coup de main ?

En raison des restrictions de déplacements imposées par la pandémie, nous ne pouvions pas compter sur nos bénévoles internationaux. C'était l'automne dans l'hémisphère nord, et dans le monde entier, les chiffres des contaminations étaient mauvais. Certains pays semblaient faire face à une seconde vague d'infections. Mes espoirs de voir les visiteurs étrangers revenir étaient anéantis. Dans le même temps, de nombreux Sud-Africains employés dans les secteurs du tourisme et de la protection de la faune avaient été licenciés. Nous avions donc décidé d'accueillir certains d'entre eux en tant que stagiaires. Nous leur fournissions repas et hébergement en échange de divers travaux liés à notre projet d'extension, ou d'autres tâches dont ils étaient familiers, comme la surveillance des rhinocéros. Au lieu de rester chez eux à attendre le retour des vacanciers, cela leur permettait d'acquérir une expérience professionnelle supplémentaire, de profiter de l'air frais du bush et de faire quelque chose qui avait du sens. Et bien sûr, c'était pour eux l'occasion de faire connaissance avec notre troupeau d'éléphants ! Tout le monde y gagnait.

Sitôt le message passé, l'équipe de stagiaires se mit à travailler avec enthousiasme. Ils avaient entre dix-huit et soixante-dix-sept ans, mais les plus âgés étaient parfois les plus dynamiques ! En voyant une dame de soixante-dix ans participer aux opérations, je demandai à Jack d'y aller doucement, mais elle insista pour qu'on lui confie les mêmes tâches qu'aux jeunes stagiaires, et elle s'en acquitta avec détermination. Quelques personnes des communautés alentour furent également engagées, et nos généreux amis et soutiens furent une fois de plus mis à contribution pour parrainer la clôture, mètre par mètre. Tout se mit en place en un rien de temps.

Les travaux commencèrent en octobre et devaient

s'étaler sur six mois. Un bulldozer vint défricher une bande de bush de cinq mètres de large, marquant ainsi l'endroit où la clôture serait érigée. En tout, mille cent trous d'un mètre cinquante de profondeur furent creusés, accueillant chacun un poteau. On accrocha ensuite le fil de fer, puis on installa la clôture électrique elle-même et enfin, les électrificateurs à énergie solaire pour l'alimenter. Tout ça à la main. Bien sûr, certaines machines auraient permis d'avancer plus rapidement, mais nous utilisions nos fonds avec précaution ; l'avenir était encore incertain.

En Afrique, c'était le début de l'été et les températures pouvaient avoisiner les trente degrés ; ce qui, sous notre climat subtropical, est synonyme de chaleur étouffante. Le chantier se déroulait sous un soleil de plomb. Je me rendais régulièrement sur place pour discuter avec les participants, admirer la progression de leur travail et leur exprimer ma reconnaissance. Lors de ces visites, je contemplais souvent ces nouvelles terres luxuriantes et songeais au jour où elles ne feraient plus qu'un avec notre réserve.

– Imaginez leur joie quand nos éléphants découvriront la rivière ! dis-je à Jack et Victor.

Lavoni possédait en effet un cours d'eau bordé d'une épaisse forêt, humide et dense, très différente des paysages auxquels notre troupeau était habitué. Ce bush vierge leur offrirait un véritable festin, et en s'y rendant, en brisant et mangeant une partie de la végétation, ils ouvriraient la voie à une autre faune qui pourrait à son tour accéder à ces plaisirs.

De grandes plantes succulentes exotiques appelées

« reines de la nuit » poussaient à certains endroits. Couvertes d'épines, leurs magnifiques fleurs blanches éclosent le soir venu et attirent les chauves-souris, qui disséminent leur pollen. Elles donnent de délicieux fruits mais sont connues pour se propager rapidement.

– Ne vous inquiétez pas pour ça, précisa Christiaan. Les éléphants en raffolent ; ils les font tomber et rouler par terre pour les débarrasser de leurs épines et les dévorer. Heureusement, ils savent les différencier des euphorbes arborescentes, qui leur ressemblent, mais produisent un liquide laiteux au goût amer et surtout, très toxique.

– On devra tout de même surveiller ce qu'ils mangent. Ce serait dommage qu'ils s'en prennent aux cussonia, déclara Vusi.

Les cussonia paniculés sont de petits arbres très sculpturaux, de forme inhabituelle : leur port est arrondi et une couronne de feuilles gris-vert se forme au sommet de chaque branche. Les éléphants les adorent.

– Peut-être qu'on devrait les protéger. Et les jeunes plants de marulas aussi. Une petite clôture suffirait, ou même des pierres, posées tout autour.

– Oui, c'est vrai. En revanche, les figuiers sycomores devraient être en sécurité ; regardez leur taille ! jugea Christiaan en frappant l'énorme tronc du plat de sa main.

Ces arbres gigantesques, très robustes, ont une abondante production de fruits qui dure presque toute l'année, pour le plus grand plaisir des oiseaux, des chauves-souris et des singes. Ensuite, dès que les figues tombent au sol, ce sont les antilopes et toute une petite faune qui en profitent, sans compter les insectes.

165

Nous avions déjà prévu d'étudier l'impact des animaux sur cette terre qui n'avait abrité ni éléphants ni aucune faune depuis des années. Deux zones seraient délimitées, l'une longeant la rivière et l'autre, dans un endroit dégagé. Chaque parcelle serait passée au peigne fin pour établir la liste de toutes les espèces de plantes présentes, ainsi que leur nombre. Un an plus tard, nous ferions de nouveau ce travail d'inventaire, ce qui nous permettrait de mesurer l'impact – positif ou négatif – de cette nouvelle présence.

– Je me demande à quelle vitesse ces champs de canne à sucre vont revenir à l'état de bush indigène, dit Victor.

– Oh, il suffira que nos pachydermes s'y promènent un peu, piétinent les restes de cannes à sucre et enrichissent le sol, ajouta Christiaan.

– Voilà deux choses pour lesquelles on peut toujours compter sur eux : tout piétiner et produire du fumier ! m'exclamai-je.

Les déjections des éléphants sont une source de nourriture abondante et essentielle pour le bousier. Cette créature fascinante, dont on dénombre huit cents espèces rien qu'en Afrique du Sud, joue un rôle clé dans l'écosystème. On aperçoit souvent ce petit insecte noir et brillant sur le sable des pistes, en train de pousser de toutes ses forces une grosse boule ronde, bien plus lourde que lui, constituée d'excréments. La femelle pond ses œufs dans cette boule, qui sert ainsi de nourriture tant aux coléoptères adultes qu'à leurs larves. Une fois enterrée, la boule se décompose et permet d'aérer le sol et de l'enrichir. Grâce à ces déplacements, les bousiers réduisent également le nombre de mouches et d'autres organismes parasites qu'on trouve généralement autour des déjections animales. Enfin, les larves deviennent nourriture à leur tour, car elles sont l'en-cas favori des souris et des ratels.

Notre discussion allait bon train et s'élargit à l'un de nos sujets préférés : les nouvelles espèces que nous pourrions accueillir grâce à cette extension. Car agrandir la réserve ne signifiait pas seulement obtenir davantage de terres, mais aussi acquérir des terres de natures différentes qui abritaient une faune et une flore variées. Certaines devraient être introduites par nos soins, d'autres arriveraient spontanément si l'environnement leur était propice en termes d'eau, de nourriture et de refuges potentiels.

– On pourrait avoir des cobes, des steinbocks, des guibs, des phacochères, des damans…, lista Christiaan.

– Et avec ce genre de proies, les prédateurs suivront, renchérit Victor. On sait déjà qu'il y a des léopards dans le coin.

– Sans compter les aigles et les buses, ajouta Jack.

Alors que la plupart des rangers s'intéressaient principalement aux éléphants et aux rhinocéros, Jack se passionnait pour les insectes, les serpents, les lézards, les oiseaux et pour la flore. Ses connaissances en la matière étaient si vastes qu'elles lui avaient valu le surnom de « Docteur Google ».

– La végétation de la région est déjà extrêmement diversifiée, reprit-il, et avec ces nouvelles terres, on aura une importante variété de microhabitats, et donc, entre autres, de papillons. Surtout ici, dans la partie sud. En été, on peut y observer des papillons qu'on ne voit nulle part ailleurs – pour un amateur d'insectes, c'est le rêve !

Il fit un grand geste, en désignant l'endroit où des

nuées de papillons voleraient bientôt, et révéla ainsi les scarabées tatoués sur son avant-bras, qui semblaient avancer en file indienne.

– Si on parvient à obtenir 6 000 ou 7 000 hectares, on pourrait même avoir des lions un jour…, dit Christiaan, le regard brillant.

Les prédateurs tels que les lions, les léopards et les guépards chassent, tuent et se nourrissent d'autres animaux ; ils sont essentiels à l'équilibre de la réserve.

Christiaan, toujours très pragmatique – et pas cœur d'artichaut comme moi – l'expliquait bien :

– Les prédateurs éliminent les individus faibles et malades, si bien que seuls les plus forts se reproduisent, ce qui a pour effet d'améliorer leur lignée.

– Ils permettent aussi de réguler la population, renchérit Vusi, en regardant du coin de l'œil un troupeau d'impalas qui broutait tranquillement dans la prairie, en face de nous. Ces espèces-là se portent un peu trop bien à Thula Thula. Si elles deviennent trop nombreuses, le bush risque d'être soumis à une très grande pression.

– Et vu la pluie et la végétation luxuriante de la réserve, la population d'impalas pourrait doubler d'ici trois ans, approuva Christiaan. Ça serait problématique. Tandis qu'avec des lions…

Les antilopes semblèrent surprendre notre conversation et s'éloignèrent sans s'attarder.

En Afrique du Sud, les populations de lions déclinent, et la majorité d'entre eux, estimée à 12 000 individus, vit en captivité, enfermée dans des cages, pour qu'on puisse les caresser, les chasser ou en tirer profit d'une manière ou d'une autre. Four Paws, notre partenaire du centre de sauvegarde, lutte activement contre l'élevage de ces félins à des fins commerciales. Grâce à eux j'ai pris conscience de la situation désastreuse dans laquelle se trouvent ces animaux, que nous appelons pourtant les rois de la jungle. Confinés dans de minuscules enclos, où personne ne s'occupe d'eux, leur vie n'est que souffrance.

Les lionceaux, adorables et câlins, sont très appréciés dans les zoos pour enfants, mais leur croissance est rapide ; et au bout de quelques mois, ils deviennent trop imposants pour être laissés au contact de visiteurs. Les femelles sont vendues pour de l'élevage intensif, et ont plusieurs portées par an. Les mâles, moins utiles aux éleveurs, sont abattus par des chasseurs de trophées ou tués pour leur peau, leurs dents, leurs griffes et leurs os, et revendus ensuite sur les marchés asiatiques. Les grands félins ayant vécu en captivité au contact de l'homme ne pourront jamais être réintroduits dans la nature. Ils ne connaîtront pas la vie en troupe, ne se reproduiront pas naturellement, n'élèveront pas leurs propres petits et ne chasseront pas dans le bush, comme ils le devraient pourtant.

La plupart des touristes n'ont pas idée de ce qui se cache derrière ces rencontres avec les grands félins. Dans toute interaction avec un animal, demandez-vous toujours si cela lui est bénéfique ; et si vous aimez les animaux, au lieu de vous rendre dans ce genre de zoo, venez plutôt vivre une expérience authentique, dans le bush, un endroit où ils ont l'espace et la liberté dont ils ont besoin. Soutenez les réserves qui entretiennent leur habitat naturel, qui régulent leurs populations de manière responsable et qui traitent correctement tant les bêtes que les personnes qui travaillent auprès d'elles. Ou alors visitez l'un de nos immenses parcs nationaux, où les droits d'entrée seront utilisés à bon escient, pour protéger la faune sauvage. Au lieu d'un rapide selfie avec un bébé lion captif, vous humerez l'odeur de l'herbe et de la poussière, entendrez le chant des oiseaux et des grillons, ressentirez les frissons du safari, la joie et l'excitation d'avoir repéré un animal et de pouvoir l'observer, libre. Cette expérience restera gravée dans votre mémoire.

C'est justement parce que nous souhaitions voir davantage de félins en liberté – et gérer naturellement les populations de proies – que nous envisagions d'introduire des lions dans la réserve, une fois que nous aurions les 5 000 hectares requis. À cette même période, je découvris un documentaire fascinant sur l'effet bénéfique de la réintroduction du loup gris au sein du parc national de Yellowstone, aux États-Unis. Les colons, qui détestaient et craignaient ces grands prédateurs, les abattaient, les empoisonnaient ou les piégeaient pour protéger leur bétail. Le gouvernement encouragea leur éradication, si bien qu'à la fin des années 1920, l'espèce était éteinte. Avec la disparition des loups, les populations de cerfs et d'élans ont explosé, entraînant en particulier des problèmes de surpâturage et d'érosion des berges, près des rivières.

En 1995, les premiers loups furent réintroduits dans le Montana, en provenance du Canada. Dès lors, ils permirent de juguler naturellement la population d'élans en éliminant les individus les plus faibles et les plus âgés, ce qui rendit le troupeau plus résistant. La présence de ces prédateurs modifia aussi le comportement de leurs proies : les élans se mirent à se déplacer davantage, et donc à paître de manière moins intensive. Évitant les endroits exposés, ils fuirent les alentours des rivières et les gorges, qui commencèrent à se restaurer.

Cela profita à d'autres animaux. Les jeunes saules, particulièrement touchés par l'explosion démographique des élans, reprirent, offrant plus de nourriture aux castors, dont la population se mit à croître. Avant la réintroduction du loup, il n'y avait plus qu'une seule colonie de castors ; il y en a désormais douze. Or, les barrages et retenues d'eau qu'ils construisent créent un environnement propice aux poissons et à d'autres espèces aquatiques. Régénérées, ces zones attirèrent les oiseaux, les souris, les renards, et même les ours. Les charognes étant plus nombreuses, les charognards réapparurent : corbeaux, aigles, pies, coyotes, etc. La réintroduction de ces prédateurs modifia ainsi l'ensemble de l'écosystème de façon tout à fait imprévisible, de la forme des rivières à la hauteur des arbres jusqu'aux espèces animales qu'il abritait.

Je me demandais quel serait l'impact de la présence de lions à Thula Thula. Cela perturberait certainement la paix et la tranquillité de nos troupeaux d'antilopes qui n'avaient pour l'instant à s'inquiéter d'aucun prédateur. Ces grands félins pourraient même s'en prendre aux bébés éléphants, rhinocéros ou hippopotames. Ce qui me préoccupait, c'était que notre faune n'avait jamais été confrontée à de tels prédateurs ; mais au fond, j'étais sûre que leur instinct leur permettrait de se protéger, ainsi que leurs petits.

19

De grands projets pour de grands félins

Bien que nous ayons trois léopards à Thula Thula, nous les voyons rarement. Ce sont des animaux solitaires, qui vont et viennent à leur guise et se tiennent à distance. Ils se cachent dans la végétation dense aux abords des rivières ou dans les zones rocheuses le jour, et sortent chasser le soir. Quand nous avons de la chance, nous les apercevons grâce aux caméras installées dans la réserve – cela fait partie de notre plan de lutte anti-braconnage. Je suis toujours émue lorsqu'en pleine nuit, je reçois une alerte sur mon téléphone et découvre la photo de l'une de ces magnifiques bêtes qui rôde dans notre bush. Ce sont des créatures à la fois puissantes et agiles – un léopard est capable de grimper à un arbre, une antilope dans sa gueule – qui savent aussi bien sauter que nager.

Les caméras capturent des instants amusants de la vie sauvage. Parfois, les girafes viennent examiner ces mystérieuses boules de métal accrochées aux poteaux, et nous offrent alors une vue imprenable sur leur énorme globe oculaire frangé de cils superbes, ou sur leur museau moustachu un brin inquisiteur. Nous découvrons même des animaux nocturnes qui se promènent en plein jour et des animaux diurnes qui sortent la nuit, l'air un peu malicieux, comme des enfants qui sécheraient l'école pour explorer des lieux interdits.

Un jour, Larry m'envoya un message :

Françoise, nous avons perdu trois caméras ce mois-ci. Cassées par des braconniers.

Trois ? C'est énorme.

Oui. Ils doivent recevoir des informations de l'intérieur. Quelqu'un leur a dit où elles se trouvent.

Ce n'est pas bon signe, Larry. Qui ça pourrait être ?

Je ne sais pas, mais je m'en charge, promis.

Deux semaines plus tard, Larry m'envoya un autre message.

Pour les caméras, j'ai découvert le coupable.

Il avait joint une photo : un gros plan sur la trompe d'un éléphant tendue vers l'appareil. Un selfie d'éléphant ! Ou plutôt un selphie ? Quoi qu'il en soit, le spectacle était amusant. Pourquoi avoir la télévision quand on a des caméras de surveillance ?

Contrairement aux léopards, insaisissables, les guépards, eux, ont tendance à vivre dans un espace limité que les mâles marquent de leur urine. Nous n'en avions pas encore à Thula Thula, mais j'avais toujours admiré ces créatures gracieuses et athlétiques – ce sont d'ailleurs les animaux terrestres les plus rapides au monde. Je nourrissais l'espoir d'en accueillir un jour.

En 2019, Chantal Rischard et Stephan Illenberger nous rendirent visite à Thula Thula. Lorsque Christiaan m'expliqua qu'ils avaient monté le centre Ashia, à Paarl, près du Cap, un lieu consacré à la protection des guépards, je me réjouis de les rencontrer et d'entendre parler de leurs actions. En allant leur souhaiter la bienvenue, j'appris que Chantal avait lu mon livre ; tous deux étaient venus à Thula Thula pour célébrer l'anniversaire de Stephan.

C'était un couple passionné et visionnaire. Toute leur vie, ils avaient travaillé dur, dans le secteur financier, en Europe, dans le seul but de pouvoir gagner de l'argent et prendre leur retraite anticipée en Afrique du Sud, où ils contribueraient à la préservation des guépards. Ils avaient suivi leur rêve à la lettre ! Ils consacraient désormais leur temps à sauver ces créatures vulnérables de l'extinction. Les étoiles scintillaient dans le ciel au-dessus du *boma*, le feu réchauffait nos pieds et notre conversation s'étira jusque tard dans la nuit. Je savais que les guépards étaient menacés, mais la situation était en fait pire que je ne l'imaginais. Aujourd'hui, la planète compte moins de 7000 individus, contre 14 000 en 1975. Comme toujours, les premières causes de leur disparition sont la destruction de leur habitat, le braconnage et leur commerce illicite, mais cette espèce faisait face à un autre problème : sa diversité génétique était très faible.

– En Afrique du Sud, les guépards sauvages vivent en petit nombre, isolés dans des réserves naturelles clôturées, m'expliqua Chantal. Bien que la population sud-africaine de guépards soit la seule à avoir augmenté au cours de la dernière décennie, le flux génétique est très limité. Éviter la consanguinité est un réel défi.

Pour y remédier, l'EWT (Endangered Wildlife Trust – une fondation dédiée à la protection des espèces menacées) avait lancé un projet appelé Cheetah Metapopulation Project. Il consistait à échanger des guépards entre différentes réserves pour qu'ils s'accouplent avec des populations issues de lignées différentes. Cela permettait de préserver leur diversité génétique. Ashia travaille en étroite collaboration avec l'EWT, en particulier pour la recherche de félins, leur transfert et leur réintroduction. En effet, trouver les bons individus nécessite une étude approfondie de l'histoire de chaque animal, et un test ADN s'avère indispensable. Une vaste base de données avait aussi été créée, afin de s'assurer que les bons individus étaient envoyés dans les bonnes réserves, pour écarter tout risque de consanguinité.

De la même façon, Ashia recueille des guépards subadultes élevés par leur mère en captivité, et les prépare à la vie sauvage. Les animaux passent d'abord quelques mois au centre, à Paarl, afin d'améliorer leur condition physique sur un terrain de course. Ils sont nourris exclusivement de viande d'animaux sauvages – comme dans le bush – et sont le moins possible en contact avec l'homme. Une fois qu'ils sont assez âgés pour développer leurs propres instincts de chasse, ils sont transférés dans l'un des espaces dont Ashia est propriétaire, situés dans deux réserves partenaires, au Cap-du-Nord et au Limpopo.

– Ces terrains sont continuellement approvisionnés en proies, m'expliqua Chantal. Quand un guépard parvient à chasser avec succès au moins deux fois par semaine et

175

qu'il est tout à fait autonome, cela signifie qu'il est prêt à être relâché dans une réserve privée ou dans un des grands parcs nationaux du sud de l'Afrique – au Malawi, en Zambie ou au Mozambique par exemple – dans le cadre d'un programme de réintroduction de l'espèce.

Les connaissances inépuisables et la passion de Chantal et Stephan pour ces magnifiques félins m'impressionnaient, et je sentais que nous partagions les mêmes valeurs. Comme eux, je pense que la place des animaux sauvages est dans la nature. Ashia avait déjà contribué à la remise en liberté de plus de vingt individus ; c'était une belle réussite. J'étais convaincue que nous pourrions travailler ensemble.

Alors que les braises s'éteignaient dans le *boma*, je me lançai :

– Lawrence et moi rêvions d'accueillir des guépards à Thula Thula. Après avoir entendu toutes les actions que vous menez pour protéger cette espèce, je crois que j'aimerais moi aussi jouer un rôle dans l'accroissement de leur population, en leur permettant de vivre ici.

Ils me conseillèrent de m'entretenir avec Vincent Van der Merwe, le coordinateur du projet Cheetah Metapopulation, afin d'élaborer un plan de gestion des prédateurs propre à Thula Thula. L'examen de la réserve prouva que nous avions l'espace, la diversité de paysages et le nombre de proies requis pour accueillir ces félins. En décembre 2019, le plan de gestion était enfin finalisé. Les autorités responsables de la faune sauvage exigeaient une superficie de 5 000 hectares minimum pour l'introduction de cette espèce, et compte tenu de nos projets d'extension, nous les aurions sans problème. Je pressentais que les guépards convenaient mieux à Thula Thula que les lions. Ce ne sont pas des animaux dangereux pour l'homme et cela permettrait à notre faune de s'adapter plus en douceur à la présence de prédateurs dans son habitat. Je craignais que les lions ne fassent un vrai carnage.

L'arrivée des guépards était prévue pour 2020. Nous avions déjà sélectionné une belle femelle, à Ashia. Elle était prête à venir chez nous dès que les permis seraient en règle. L'animal – que nous appellerions plus tard Savannah – était issu d'une excellente lignée, d'une grande diversité génétique. Vincent nous donna un aperçu de son arbre généalogique :

– La grand-mère de Savannah est une supermaman. Ces femelles en pleine forme, très fécondes, se reproduisent énormément, et parviennent toujours à élever leurs petits jusqu'à ce qu'ils deviennent indépendants. Grâce aux tests génétiques, on sait qu'environ 90 % de la métapopulation de 460 individus sont liés à seulement trois femelles, ces fameuses « supermamans ».

La grand-mère de Savannah avait été capturée au Kalahari et transférée à Sanbona, au Cap-Occidental, où elle s'était montrée à la hauteur de son incroyable lignée, en donnant naissance à vingt petits et en les élevant dans un environnement difficile qui abritait des lions – le prédateur responsable d'un tiers des décès de cette espèce. Sa fille, la mère de Savannah, avait été déplacée dans la réserve de Garden Route. Disposant elle aussi de gènes de supermaman, elle avait commencé à se reproduire et à mettre bas pas moins de quinze bébés. L'un d'eux était notre belle guépard.

Si on en croit Vincent, le père de Savannah était un félin « étrange ». Il avait été aperçu pour la première fois à Mount Camdeboo, dans la province du Cap-Oriental, sans que personne sache d'où il venait.

– On l'a repéré un jour d'hiver, au sommet de la montagne enneigée. Il avait dû s'échapper de l'une des réserves voisines, Samara, ou peut-être le parc national de Mountain Zebra. C'était un très bon chasseur, qui parvenait toujours à éviter les lions. Il était sauvage, peu habitué aux humains et très intelligent – nous avons eu des difficultés à l'attraper.

Ils avaient fini par le capturer à l'aide d'une cage à appâts qui contenait de la viande – une méthode d'ordinaire peu efficace avec ces félins –, avaient posé un collier émetteur et l'avaient relâché. L'animal s'était accouplé avec les femelles de la réserve. En termes de chiffres, c'était plutôt positif, mais cela pouvait poser problème : si trop de petits portaient ses gènes, le risque de consanguinité augmenterait.

– Il a été transféré à Garden Route, et s'est immédiatement mis au travail : en peu de temps, de nouveaux bébés sont nés. Comme il venait du Cap-Oriental, son patrimoine génétique était différent de celui des guépards de notre région ; c'était donc sans danger. L'un de ces petits était votre Savannah.

Le pedigree de Savannah nous convainquit que c'était un animal merveilleux, issu d'une excellente lignée. À vingt-quatre mois, elle était en âge de s'accoupler et avait de grandes chances d'être une reproductrice féconde. Pour cela, il nous fallait bien sûr lui trouver des partenaires. On choisit deux mâles, en provenance d'une autre réserve, et dont le patrimoine génétique était différent. Nous souhaitions qu'ils se reproduisent à Thula Thula, dans le but d'envoyer leurs petits dans d'autres réserves, contribuant ainsi à augmenter la diversité génétique de l'espèce. Il ne nous manquait plus que l'autorisation pour introduire les trois guépards et leur faire passer les frontières provinciales jusqu'au KwaZulu-Natal.

20

Une redoutable équipe de nettoyage

Les charognards sont tout aussi importants que les prédateurs. Si les hyènes et les vautours n'ont pas aussi bonne presse que les lions et les léopards, ils assurent pourtant une fonction essentielle en nettoyant les cadavres d'animaux. Les grands félins se contentent en général de manger la croupe de l'antilope qu'ils viennent de tuer. Sans le travail des charognards, le reste de l'animal pourrirait, constituant alors un terrain favorable au développement de maladies et de parasites.

On aperçoit souvent d'immenses oiseaux gris perchés dans les arbres bordant la rivière qui traverse Tented Camp, ou bien dans le ciel, tournoyant au-dessus d'une carcasse qui leur tiendra bientôt lieu de dîner. Ce sont des vautours à dos blancs (*gyps africanus*). Thula Thula en abrite l'une des plus importantes colonies. Bien que ce vautour soit le plus commun et le plus répandu d'Afrique, il est en voie de disparition, menacé par les empoisonnements accidentels ou délibérés, le commerce, la raréfaction de la nourriture et la dégradation de son habitat.

En tant que charognards, ils dépendent des carnivores qui tuent les grands animaux, brisent leurs os et déchirent

180

leur peau. Dès lors que la population de carnivores diminue, celle des vautours suit la même courbe. Par conséquent, ces oiseaux figurent aujourd'hui sur la liste des espèces « en danger critique d'extinction », et on craint qu'ils ne commencent à disparaître localement dès 2034.

Un jour, Christiaan trouva un vautour au milieu de la route qui menait à Tented Camp. L'oiseau, tête baissée, ne s'envola pas à son approche ; c'était signe qu'il n'allait pas bien. Christiaan le souleva et le ramena chez lui, où il essaya en vain de lui donner un peu d'eau et de nourriture.

– Ça pourrait être une intoxication, dit-il en réfléchissant. Parfois, les fermiers mettent du poison dans les carcasses des chèvres pour tuer les hyènes et les vautours. Ils sont persuadés qu'ils s'en prennent à leur bétail. (Je secouai la tête devant tant de cruauté.) Il arrive aussi qu'ils soient contaminés accidentellement, par exemple par les balles de plomb des chasseurs, qui les préfèrent aux balles de cuivre, car leur coût est moindre. S'ils touchent un animal qui leur échappe et meurt plus tard de ses blessures, les charognards ingèrent le plomb et succombent à leur tour.

Notre vautour était mal en point et Christiaan fit appel au Vulture Group, une organisation habituée à s'occuper de ces oiseaux. Ils l'emmenèrent dans leur centre, réalisèrent des analyses sanguines et revinrent vers nous avec un diagnostic surprenant : le paludisme aviaire.

– C'est très rare, m'expliqua Christiaan, ça doit arriver une fois sur un million. Quoi qu'il en soit, on le soigne. Il va s'en sortir.

Ce vautour était un sacré veinard !

Si les gens comprenaient le rôle essentiel des charognards, ils seraient peut-être plus enclins à les protéger. C'est là que l'éducation de la population entre en jeu.

Notre ranger Victor apprécie particulièrement son travail auprès des communautés locales : il leur parle de la faune et de l'environnement, et discute avec eux, sans porter de jugement. Il préfère écouter plutôt que faire la leçon. Ainsi, les gens se sentent libres de partager leurs croyances. Par exemple, on raconte que si on dépose de la cervelle de vautour séchée sous son oreiller, cela permet de lire l'avenir, voire de connaître les numéros gagnants du loto. Au fond de moi, je me dis surtout que si ce mythe était avéré, le vendeur de miracles serait un homme richissime qui ferait le tour de Buchanana en Ferrari au lieu de refiler de la cervelle d'oiseau desséchée aux villageois. Mais les croyances ont la peau dure, n'est-ce pas ?

Victor demandait souvent aux enfants avec lesquels il discutait :

– Qui connaît quelqu'un qui a déjà gagné au loto ?

Aucune main ne se levait.

– Ah. Alors, à votre avis, ça marche, cette histoire de cervelle de vautour sous l'oreiller ?

L'assistance hochait la tête, l'air dubitatif.

Victor leur racontait alors quelques étonnantes histoires vraies à propos des vautours : grâce à leurs yeux perçants, ils peuvent repérer une carcasse au sol à trois mille mètres ; ils mangent parfois de si grandes quantités en si peu de temps qu'ils n'arrivent pas à décoller ; ils urinent sur leurs pattes pour en éliminer les parasites, etc. Par-dessus tout, Victor essaie de faire passer un message essentiel : l'environnement appartient aux animaux autant qu'à nous.

Une redoutable équipe de nettoyage

Les hyènes aussi ont mauvaise réputation : les gens les considèrent comme des bêtes sales, laides, représentant une menace pour le bétail. Dans les faits, vautours et hyènes se nourrissent souvent côte à côte, sauf si ces dernières estiment que la concurrence est trop forte, auquel cas elles chassent les oiseaux. Mais ensemble, ces deux espèces forment une redoutable « équipe de nettoyage », primordiale pour l'équilibre de l'écosystème.

Les hyènes tachetées se réveillent en fin de journée, à peu près au moment où je m'arrête de travailler pour passer la soirée avec mes chiens. Comme ce sont des animaux nocturnes, on les aperçoit rarement, sauf lors des safaris de nuit, ou très tôt le matin. Mais qu'est-ce qu'on les entend ! Extrêmement bruyantes, elles disposent d'une large palette de sons. Elles sont connues pour leur « rire », proche du gloussement, qui est un signe non d'humour, mais de stress ou de soumission à l'individu dominant de leur clan. Quand elles se saluent, elles gémissent, couinent, grognent et grondent. Chaque son a une signification. Le plus répandu est le « whoop », un cri qui peut porter jusqu'à cinq kilomètres et qui constitue ainsi un excellent moyen de communication longue distance. Il leur permet d'appeler leurs petits, de rassembler le clan ou de faire savoir aux autres hyènes que le territoire est déjà pris. C'est fascinant : quand j'entends leur cri depuis mon salon, on l'entend tout aussi bien depuis Safari Lodge et depuis Tented Camp. Mais c'est normal, après tout, nous nous trouvons tous sur leur territoire !

Les hyènes sont des créatures incroyables, très intelligentes et sociables. Si elles ressemblent vaguement à des chiens, elles s'apparentent en fait davantage aux chats. Connues comme charognards, ce sont pourtant d'excellentes chasseuses. Disons seulement qu'elles ne sont pas très exigeantes, et qu'avec leurs puissantes mâchoires, elles ont l'embarras du choix ! Parfois, elles volent même les casseroles des campeurs et leurs caisses de nourriture. Leurs pattes avant, plus longues que leurs pattes arrière, leur donnent un profil un peu penché. On a longtemps cru qu'elles pouvaient changer de sexe, mais c'est faux ; et cette croyance tenait sans doute au fait que les mâles et les femelles se ressemblent beaucoup.

Les hyènes vivent en clan très organisé et hiérarchisé, mené par une matriarche. Il peut aller jusqu'à cent membres. Les femelles sont plus grandes, plus agressives et plus haut placées que les mâles. Le rang d'un individu détermine le moment où il chasse et la manière dont il se nourrit. La domination est une affaire de lignée ; c'est la femelle alpha qui la transmet à ses petits.

La vie est rude pour les hyènes, et ce, dès le plus jeune âge. Les portées sont généralement constituées de deux bébés qui doivent se disputer la position dominante comme le lait de leur mère dès le premier jour. Au bout de quelques semaines dans leur tanière en compagnie de leur mère, les petits rejoignent une « garderie » où ils apprennent à se battre pour s'imposer au sein de leur groupe. Leurs seuls prédateurs sont les lions et, malheureusement, les humains. Les hyènes sont en effet très menacées dès lors qu'elles vivent en dehors des réserves et des zones protégées.

En termes de structures familiale et organisationnelle, elles ont beaucoup en commun avec les éléphants. Il n'est donc pas étonnant que ces créatures figurent parmi les préférées de nos rangers. Christiaan affirme qu'elles sont inoffensives, et simplement curieuses. Il va même jusqu'à dire que si on s'assoit à leur hauteur et qu'on adopte une posture de soumission, elles s'approchent. Je dois admettre que je n'ai jamais essayé ! De même, selon lui, si on s'allonge non loin d'un guépard, il est probable qu'il vienne nous renifler, par curiosité. Comme vous vous en doutez, je n'ai pas encore mis cette suggestion en pratique.

Les rangers ont toutes sortes de théories sur le comportement à adopter en cas de rencontre avec un animal sauvage, mais tout le monde s'accorde sur le conseil suivant : « NE FUYEZ PAS ! » Même si votre instinct vous dicte le contraire, le mouvement risquerait en fait de déclencher chez l'animal une réaction qui s'apparente à la chasse. Autrement dit, en bougeant, vous devenez une proie.

– Si vous croisez un lion, restez immobile, il finira par s'éloigner, me disent souvent les rangers, l'air dégagé.

Encore une fois, j'espère ne jamais devoir mettre cette stratégie à l'épreuve.

21

Qu'arrive-t-il à notre matriarche ?

Comme la plupart des gens, j'étais ravie que l'année 2020 touche à sa fin. Elle avait été longue, difficile, et s'était achevée par une seconde vague d'infections Covid en Afrique du Sud qui avait conduit à une augmentation effrayante du nombre d'hospitalisations et de décès. De nouvelles restrictions, inévitables, avaient été mises en place. Quelle année ! Dans quelques semaines, nous serions en 2021, et je me réjouissais à l'idée de repartir de zéro.

Je m'étais réfugiée dans mon bureau, le ventilateur tournant à plein régime, pour échapper à la chaleur étouffante de cette journée d'été. Je parcourais les photographies prises par les participants de notre cours lors de leurs excursions. Comme toujours, il y avait des dizaines de clichés de nos magnifiques éléphants. Je ne me lasse jamais de les regarder, on apprend toujours quelque chose.

Je cliquai sur une vidéo de Frankie, où on la voyait s'approcher du véhicule de safari. En général, notre matriarche tenait son rôle et marchait avec allure, d'un pas majestueux. Mais l'éléphant que j'apercevais sur l'écran n'était pas la Frankie que je connaissais. Elle avait l'air faible, en manque d'affection, presque désespérée. Son regard était triste. Ce n'était pas notre Frankie, l'audacieuse, la fière, l'intimidante.

Je demandai à Siya de faire venir les rangers dans mon bureau dès le lendemain matin.

– Regardez ça, dis-je en lançant la vidéo. Regardez Frankie, la manière dont elle s'appuie contre le véhicule. Elle repose même sa trompe sur le capot, ajoutai-je.

– On dirait qu'elle ne va pas bien, avisa Khaya.

– Elle semble très faible, acquiesça Andrew.

– Oui, ça n'a pas l'air d'aller, admit Muzi.

– Peut-être qu'elle est malade, suggéra Siya.

Tous constatèrent son changement de comportement et de caractère. Leurs réactions confirmèrent mes soupçons.

Les éléphants peuvent tomber malades, comme nous – pneumonie, tuberculose ou encore constipation, coliques et rhume. La plupart du temps, ils savent quelles plantes soulagent leurs troubles, que ce soient des graminées, des herbes indigènes ou l'écorce de certains arbres. Ils pansent même leurs plaies avec de la boue, afin d'éloigner les insectes et les vers.

Un jour, j'ai vu Nandi soigner le petit Themba à l'aide d'une plante curative. Nandi est un amour. Dans toute famille, il y a une tante bienveillante qui s'inquiète pour ses proches et veille sur leur bien-être : c'est notre Nandi. Elle avait regardé Themba faire ses besoins, puis s'était avancée et avait senti la bouse avec sa trompe. Deux autres femelles l'avaient rejointe ; elles hochaient la tête et grondaient, comme si elles délibéraient. Une fois d'accord, Nandi s'était éloignée dans les taillis pour cueillir la branche d'un buisson en particulier. Elle était revenue et l'avait donnée à Themba, comme on donnerait de l'aspirine à un bébé.

Cependant, cette capacité à se soigner soi-même avait des limites. Je voyais dans le comportement de Frankie une forme d'appel à l'aide. Serait-elle en train de nous demander d'intervenir, pour elle-même, cette fois-ci ? Inquiète, j'envoyai la vidéo à notre vétérinaire pour connaître son avis.

Le diagnostic était difficile à établir, mais il craignait que ça ne soit sérieux. Cela aurait pu être une infection transmise par quelque chose qu'elle aurait ingéré ou alors une affection plus grave, comme une tumeur. Mais sans analyse de sang, impossible d'être fixés.

Identifier la cause d'un trouble chez un éléphant est ardu : on ne peut pas l'ausculter ni lui demander où il a mal, encore moins lui faire passer une radio. Un examen complet et un prélèvement sanguin nécessitent une anesthésie, ce qui signifie faire appel à un hélicoptère – d'abord pour chasser le reste du troupeau, puis pour tirer la fléchette anesthésiante depuis les airs. On ne se lance pas dans ce genre d'opération à la légère, car outre le coût, elle comporte des risques. L'animal peut se blesser en tombant ou en se réveillant, ou mal réagir au tranquillisant. Le vétérinaire et son équipe sont eux aussi exposés à un certain danger : mieux vaut ne pas se trouver trop près d'un éléphant de quatre tonnes qui chancelle.

– Essayez de ramasser ses excréments, dit Trever. Leur analyse nous mettra peut-être sur la voie.

C'était certes plus facile à obtenir qu'un échantillon de

sang, mais ce n'était pas simple pour autant. Il fallait suivre Frankie, et attendre qu'elle fasse ses besoins. Heureusement, les éléphants sont de gros mangeurs et font leurs besoins plusieurs fois par jour. Je demandai aux rangers de s'atteler à la tâche. Muzi fut le premier à rapporter un échantillon qui fut envoyé au laboratoire dans un bocal stérile, conformément aux instructions.

Trever m'appela quelques jours plus tard :

– J'ai reçu les résultats, mais je crains qu'ils ne nous éclairent pas. Je n'observe rien d'anormal.

– Que fait-on maintenant, alors ? dis-je.

– Laissons-nous un peu de temps, voyons si son état s'améliore. Demandez aux rangers de la surveiller et de nous signaler tout changement de comportement.

– D'accord. On va garder un œil sur elle.

Nous espérions tous que Frankie se rétablirait, mais au fond de moi, j'étais malade d'inquiétude. La matriarche était essentielle au bien-être de la harde, c'était la gardienne de son unité, c'était elle qui prenait les décisions pour l'ensemble du troupeau, établissait quand et où il se nourrissait, dormait et se déplaçait. Tous la suivaient avec respect et dans la plus grande discipline.

Nana, la première matriarche de Thula Thula, avait été douce et ferme à la fois. Elle savait calmer un groupe d'adolescents turbulents simplement en posant sa trompe sur le dos du fauteur de troubles. Un petit coup de trompe par-ci, un regard sévère par-là lui suffisaient à maintenir l'ordre et la paix. Quand Frankie prit sa suite, elle imposa son style. Elle était fière et forte, bien plus fougueuse que Nana, et très terre à terre. Elle instaura ses propres rituels. Lorsqu'il faisait froid et que le vent soufflait fort, elle menait le troupeau jusqu'au sud, à Lavoni, où les vallées profondes lui offraient un abri. Les journées les plus chaudes, ils se dirigeaient vers l'étang Mkhulu, au nord, pour un plongeon rafraîchissant. Frankie avait même un petit ami, Gobisa. Quel joli couple! Ils avaient l'air sincèrement amoureux. Jamais l'un sans l'autre, ils s'embrassaient en se caressant de leurs trompes. Nous espérions un jour voir naître leurs bébés. La vie était belle pour le troupeau sous le règne de Frankie; les éléphants respiraient le calme et la sérénité. C'était une excellente matriarche. Avec un peu de chance, elle tiendrait encore ce rôle pour quelques décennies.

Chaque jour, je posais la même question :

– Comment va Frankie?

Je recevais plus ou moins la même réponse :

– Ce n'est plus la même qu'avant.

Jusqu'au jour où Muzi, de retour du safari de l'après-midi, vint m'alerter :

– J'ai vu Frankie. Elle a une grosseur sous le ventre.

Les photos confirmèrent ses dires. Je les envoyai à Trever qui nous annonça qu'il s'agissait d'un œdème, c'est-à-dire d'un gonflement provoqué par un excès de liquide. Malheureusement, il ne savait ce qui en était la cause, et encore moins comment le soigner. Il fallait la surveiller d'autant plus attentivement. Pour l'heure, l'anesthésier était trop risqué. Dans les semaines qui suivirent, Kim prit un nombre incalculable de photos que nous examinions en détail. L'œdème semblait grossir. Plus inquiétant encore, le crâne de Frankie s'émaciait et se creusait au sommet.

À la fin novembre, je me trouvais à l'étang Mkhulu

190

avec une équipe de production de la télévision française venue tourner une émission sur Thula Thula. C'était une soirée magnifique, l'eau scintillait sous les rayons du soleil couchant, baignant le troupeau d'une lumière dorée. Frankie se reposait sur la berge en compagnie de ses enfants, Brendan et Marula, et de son fidèle Gobisa. Je le regardai poser tendrement sa trompe sur elle, comme on passe un bras autour des épaules d'un être qui nous est cher. C'était un geste de protection, de compassion, comme s'il lui disait : « Je suis là pour toi. » Sa famille proche semblait comprendre qu'elle souffrait et la couvrait d'amour et de soins. C'était beau et émouvant, mais aussi très triste. J'avais peur pour Frankie.

22

Une étrange visite pour Noël

Le jour de Noël, ce ne sont pas des rennes, mais nos magnifiques éléphants qui nous rendirent visite.

Notre troupeau est doté d'un sixième sens remarquable et tout le monde sait qu'il apparaît devant la maison à certains moments particulièrement importants. Quand Lawrence est décédé, les éléphants sont venus me voir et constater la disparition de leur protecteur bien-aimé. Durant les trois années qui ont suivi, ils sont revenus le même jour, à la même heure, pour saluer sa mémoire.

Je n'ai pas de preuve ou d'explication scientifique, mais j'ai été témoin de cet incroyable phénomène à plusieurs reprises. Je sais que les éléphants ont une profonde intuition, une conscience presque spirituelle, et qu'ils sont très attachés aux êtres humains qui font partie de leurs vies. Alors, quand ils se montrent ainsi devant la maison, c'est qu'ils ont un message à délivrer.

Quand je vis le troupeau arriver le 25 décembre, j'imaginai l'espace d'un instant qu'ils étaient venus nous souhaiter joyeux Noël, et cela ne me paraissait pas si étrange. Je marchai jusqu'à la clôture pour les saluer et je sus immédiatement que quelque chose clochait : Nana menait la harde. Frankie demeurait invisible. Ils voulaient nous montrer qu'elle avait disparu.

Un animal qui quitte son troupeau n'augure jamais rien de bon – cela signifie qu'il a conscience d'aller mal, voire que son heure a sonné –, mais l'absence de la matriarche était proprement inédite. J'appelai Andrew, fin connaisseur du comportement des éléphants, et qui semblait les comprendre de manière intuitive – parfois, je me disais même qu'il communiquait mieux avec eux qu'avec les humains. J'espérais qu'il pourrait m'aider.

– Andrew, je m'inquiète. Le troupeau est là, mais je ne vois pas Frankie. Où peut-elle bien être ? Pourquoi les aurait-elle quittés ?

– Les éléphants s'isolent quand ils ne se sentent pas bien. Peut-être qu'elle est malade, ou blessée, ou...

Il se tut un instant, et aucun de nous deux ne put formuler la crainte que nous partagions pourtant – peut-être était-elle morte.

Il poursuivit :

– Il est possible que Frankie soit affaiblie et qu'elle ne veuille pas ralentir la harde et risquer de compromettre sa sécurité.

– Ou peut-être qu'elle comprend qu'en étant seule, on pourra la soigner plus facilement ? suggérai-je.

– Quoi qu'il en soit, on doit la retrouver.

Tout le monde partit à la recherche de Frankie, que nous croyions désormais en danger. Chaque minute comptait. Le lendemain de Noël, les rangers se déployèrent dans toute la réserve, visitant ses endroits favoris et les points d'eau qu'elle fréquentait. Enfin, Siya m'envoya un message :

J'ai trouvé Frankie. Elle est seule, et vivante.

Le soulagement fut immense.

Frankie s'était dirigée vers le sud, sa partie préférée. Siya nous donna les indications pour que nous puissions la rejoindre. Elle se tenait toujours là où il l'avait repérée quelques heures plus tôt, au milieu de la route. C'était mauvais signe.

Cela dit, le fait qu'elle soit seule dans un espace ouvert rendait plus facile une opération potentielle. J'appelai Trever. Nous étions d'accord : il était temps d'anesthésier Frankie et de faire de plus amples analyses. Il s'occupa de l'hélicoptère et du matériel médical nécessaire.

Il est difficile de savoir quand intervenir pour soigner un animal sauvage malade ou blessé. Le plus souvent, nous laissons la nature suivre son cours, à quelques exceptions près, notamment lorsque l'homme est à l'origine de la blessure. Dans le cas du braconnage, par exemple, nous estimons qu'il est de notre devoir de secourir l'animal. Cette fois, bien que le problème de Frankie ne fût pas d'origine humaine, je décidai de l'aider… C'était Frankie, notre matriarche ; un membre très important de notre grande famille de Thula Thula. Je ne pouvais pas rester assise à la regarder mourir. Je me devais de la sauver, ou du moins d'essayer.

Le lendemain, le 27 décembre, toute notre équipe était présente : les rangers, Christiaan et Lynda, ainsi que Kim, qui filmait et prenait des photos pour nos archives. Outre le fait qu'ils pouvaient prêter main-forte en cas de problème, l'opération promettait d'être instructive.

Une fois Frankie couchée dans l'herbe, en sécurité, tout le monde se précipita vers elle. Cela me fendait le cœur de la voir ainsi. Sa cage thoracique se soulevait et s'abaissait tandis que Trever collait son stéthoscope contre sa poitrine, puis son abdomen. Sa trompe, énorme, d'ordinaire si alerte, gisait inerte sur le sol à côté d'elle – un petit bâtonnet y avait été inséré, pour l'aider à respirer.

Je tendis la main et caressai ses larges épaules. Depuis que nous nous connaissions, c'était la première fois que je la touchais. Sa peau, profondément ridée, était aussi rugueuse que l'écorce d'un arbre et piquait au toucher. Ma main fut couverte de sable et de poussière. Tout en me penchant vers elle, je priai et je chuchotai :

– Ne nous abandonne pas, Frankie. Tu peux guérir, tu le dois. S'il te plaît, ne me laisse pas. Tiens bon.

Qui sait ce que Trever pensa en me voyant murmurer à l'oreille d'un éléphant de quatre tonnes comme si je parlais à un enfant malade...

Quoi qu'il en soit, il travailla vite, en commençant par un examen physique. Il ouvrit d'abord l'œil de notre matriarche et abaissa la paupière :

– Tenez, ses yeux sont enflammés. Vous voyez ? Le fond est très clair, alors qu'il devrait être rose foncé. (Il tira sur la lèvre, dévoilant l'intérieur de sa bouche.) Les gencives aussi, regardez...

Elles étaient pâles et grisâtres, contrastant avec ses gigantesques molaires jaunes. Ce n'était pas bon signe.

Trever préleva de grands flacons de sang sur les veines des oreilles, puis sortit deux énormes seringues.

– Qu'est-ce que vous lui donnez ? demandai-je.

– C'est un antibiotique à large spectre, dit-il en plantant l'aiguille dans son épaule. Si l'infection est bactérienne, ça devrait agir.

Il prit la seconde aiguille, l'enfonça dans son épaisse peau grise et ajouta :

– Ça, ce sont des vitamines et des stimulants. Tant que nous ne possédons pas davantage d'informations, nous ne pouvons qu'espérer que l'un de ces remèdes fasse effet.

Tandis que Trever se préparait à injecter à Frankie un produit permettant de la réveiller, le reste de l'équipe s'installa au sommet de la colline, à quelques centaines de mètres de là. Mieux valait ne pas se trouver trop près d'un éléphant titubant !

Frankie resta allongée quelques minutes et au moment où je commençai à craindre que l'opération ait tourné court, elle se leva, forte, la tête haute. Elle avait fière allure et semblait majestueuse. Nous avions retrouvé l'ancienne Frankie. Tout le monde applaudit, soulagé et plein d'optimisme, en la regardant s'enfoncer lentement dans le bush. La journée avait été interminable et l'émotion m'avait épuisée.

Je repensai à Frankie, à notre longue histoire. Elle faisait partie de nos vies. Elle n'avait que quarante-six ans, ce qui n'était pas très âgé pour un tel animal. J'espérais que nous pourrions la guérir pour de bon et qu'elle mènerait les éléphants de Thula Thula pendant encore de nombreuses années.

23

Des oranges pour la reine

– Toujours pas d'oranges ?
– Malheureusement non, dit Clément en déballant les courses sur la table de la cuisine. Ce n'est pas la saison. Mais j'ai trouvé des pommes.
– Des Pink Lady ?
Un sourire se dessina sur nos visages. Nous nous étions mis à nourrir Frankie, et son goût pour les fruits et légumes de qualité amusait tout le monde à Thula Thula. Les analyses avaient révélé un dysfonctionnement du foie. Trever n'avait pas voulu donner de pronostic définitif – il avait marmonné quelque chose comme 50/50 – mais je restais optimiste. Au moins, nous savions ce qu'elle avait. Nous pouvions donc aller de l'avant, et essayer de lui faire reprendre des forces. J'étais déterminée ; c'était dans mon tempérament.

Frankie ne se nourrissait pas bien, elle maigrissait et semblait affaiblie. Les rangers lui offrirent de la luzerne – l'un des aliments préférés des éléphants – mais elle se contenta de jouer avec, jetant les délicieuses herbes au-dessus de sa tête et les laissant retomber au sol.

Ils connurent plus de succès avec les granulés pour

chevaux qui, pour un tel mastodonte, ressemblent davantage à un bol de cacahuètes, mais malgré cela, elle n'avait pas d'appétit. Je me donnai pour mission de remettre Frankie sur pied. Les chiens amaigris que j'avais recueillis étaient bien devenus grassouillets, après tout!

Je lui préparais deux repas par jour, avec l'aide de Clément en guise de commis. En plus des granulés, j'ajoutais un large saladier de fruits et de légumes, espérant ainsi lui fournir une grande variété de nutriments. Je tentai différentes options pour voir quelles étaient les préférences de madame. Les éléphants sont connus pour aimer le pain. Au début, je lui en donnai donc quelques tranches, mais le vétérinaire nous conseilla d'arrêter. Un repas typique était composé des aliments suivants :

Six pommes, coupées en deux
Les feuilles d'un gros chou
Quelques oranges (quand on en trouvait)
Des morceaux de fruits et légumes variés : concombres, tomates, raisins, etc.
Une bonne dose de tonifiant hépatique, prescrit par le vétérinaire
Une ou deux cuillerées à café d'huile de cannabis, car après tout, qui sait?
Quelques louches de granulés pour chevaux.

Ce délicieux mélange était remis à Andrew et Siya. Nous voulions limiter le nombre de personnes avec lesquelles Frankie était en contact, afin qu'elle soit aussi apaisée et détendue que possible. Andrew était notre spécialiste des éléphants, Frankie et lui avaient une très belle relation. Quant à Siya, c'était notre chef ranger, je lui faisais entièrement confiance et il avait un don particulier avec les animaux. Ils se relayaient pour la nourrir, matin et soir.

Ce n'était pas une tâche aisée. Avant tout, il fallait la trouver ! Cela pouvait être un vrai défi – ces créatures sont étonnamment silencieuses, même quand elles se déplacent dans une végétation dense. Nous en avions fait les frais lorsque les premiers éléphants étaient arrivés à Thula Thula, en août 1999. Ils s'étaient échappés au bout de vingt-quatre heures à peine, et Lawrence et moi avions sillonné les pistes du Zululand durant toute une semaine avant de les localiser ! Même affaiblie, Frankie pouvait encore parcourir de longues distances. L'équipe, constituée d'un ranger au volant, de Kim – pour documenter son évolution – et de Siya ou d'Andrew, chargé de son alimentation, pouvait mettre jusqu'à sept heures pour repérer et nourrir Frankie.

Et puis... quelle princesse ! Le saladier contenant la mixture préparée avec amour était déposé sur un monticule. Frankie s'en approchait alors d'un pas nonchalant et le fouillait du bout de sa trompe. Si elle trouvait un beau quartier d'orange ou de pomme Golden Delicious, elle le portait à sa bouche et le broyait entre ses gigantesques molaires. Elle continuait ensuite à chercher et ne choisissait que les meilleurs morceaux. Elle nous fit clairement comprendre qu'elle n'aimait pas le chou que j'incluais pourtant au mélange dans le but d'augmenter son apport en fer : elle retirait méticuleusement chaque feuille et la jetait. Une fois cependant, comme il me restait une moitié d'un mini-chou bio de chez Woolworths dans le réfrigérateur, je l'ajoutai au saladier. Cette fois, Frankie le mangea ! Quelle chipie !

Au bout de quelques jours de ce régime spécial, nous commencions à obtenir des résultats.

– Elle a l'air d'aller mieux, tu ne trouves pas ? dis-je en regardant la vidéo prise par Kim le matin même.

Frankie semblait un peu plus en forme, de nouveau elle-même. Les images firent le tour de l'équipe. Vusi et Christiaan aussi percevaient une légère amélioration, mais Andrew était moins convaincu, et Kim ne se prononçait pas.

Le lendemain, il avait plu. Nous avions l'habitude de laisser les pare-brise des véhicules de safari rabattus sur le capot, et l'eau s'y était accumulée. Frankie était ravie – les éléphants boivent l'eau qu'ils trouvent dans le bush, mais ça ne les empêche pas de raffoler de ce précieux liquide, lorsqu'il est pur comme la pluie. S'ils sentent la moindre goutte d'eau fraîche, ils n'hésitent pas à déterrer une canalisation pour y accéder.

Je me souviens d'un réveillon mémorable, lors duquel notre troupeau avait décidé de se joindre à la fête avec une bonne rasade d'eau fraîche. J'aidais Zandile, le chef cuisinier de Tented Camp, à préparer les rösti de pommes de terre et d'oignons qui seraient garnis de saumon fumé et d'une chantilly à la ciboulette et au citron. Les hôtes qui rentraient alors du safari du soir trouvèrent leurs douches asséchées. Je demandai à Vusi de mener l'enquête, et il ne tarda pas à découvrir les coupables. Il nous appela, tant la scène valait le détour : les éléphants, rassemblés autour d'une canalisation juste devant la clôture, profitaient à tour de rôle de l'eau qui affluait. Un gigantesque bain de boue s'étirait et coulait vers nous. Sur la terrasse, les hôtes regardaient le spectacle d'un œil amusé et charmé – à l'exception d'une dame qui avait déjà enfilé sa robe longue et ses talons (une tenue de toute manière pas très adaptée au bush, même pour la Saint-Sylvestre). Concocter un repas de fête tout en maintenant la cuisine propre et bien rangée quand des pachydermes ont détourné votre réserve d'eau est un vrai défi. Mais on s'en tira haut la main, et le champagne, sabré sur les coups de minuit, acheva de nous donner un peu d'allant. L'année commença sur une note joyeuse.

Frankie aspira tout ce qui s'était accumulé sur la voiture comme si elle avalait un délicieux verre d'eau pétillante. À compter de ce jour, de l'eau fraîche fut ajoutée à sa ration quotidienne. Nous en éclaboussions le pare-brise afin qu'elle puisse l'aspirer avec sa trompe.

Au fil des semaines, la personnalité de Frankie changea. Nous avions toujours gardé nos distances avec elle, la traitant à la fois avec prudence et respect. Elle n'était pas vraiment agressive, juste un peu, disons... intimidante. D'après Andrew, son état ne s'améliorait guère ; si bien qu'un jour, je décidai d'aller la voir de mes propres yeux. Je tenais le saladier entre mes mains, tandis que nous roulions, parcourant la réserve à sa recherche. Elle broutait à quelques mètres de la route. Andrew prit la nourriture et sortit du véhicule en l'appelant d'une voix douce :

– Hey, Frankie, viens ma belle...

Elle s'approcha de lui d'un pas lent, presque traînant.

Elle était méconnaissable. Le changement le plus boule-versant se lisait sur son crâne, émacié, et dans son regard, si terne. Frankie avala son repas, en jetant avec mépris les feuilles de chou, et s'avança vers la voiture. Elle passa devant nous et s'arrêta. Nous restions là, immobiles. Alors qu'elle s'était mise à l'écart de sa famille d'éléphants, elle semblait chercher notre compagnie. C'était comme si elle essayait de nous dire quelque chose.

Au bout d'un certain temps, Andrew démarra le véhi-cule et s'éloigna. Frankie nous regarda partir, seule sur le bord de la route. En la voyant ainsi, l'air si âgée et si fragile, j'en eus le cœur brisé. Pour autant, je refusais d'accepter la réalité. J'étais convaincue qu'elle se rétabli-rait, qu'elle réintégrerait le troupeau et assumerait de nou-veau son rôle de matriarche. L'ordre reviendrait, la vie reprendrait son cours.

Mais dès les premiers jours de janvier, la détérioration de son état ébranla mon optimisme. Siya et Andrew m'alertèrent : elle s'affaiblissait. Son crâne s'émaciait à vue d'œil, et le gonflement semblait empirer. Lorsque Trever reçut les photos et vidéos de Kim, il confirma nos craintes. Selon lui, le développement de l'œdème signifiait que le foie ne fonctionnait toujours pas correctement et que l'eau s'accumulait, entraînée par la gravité vers le point le plus bas, sous le ventre de l'animal. Je ne parvenais pas à admettre ce qu'il se passait sous mes yeux et m'accrochais à l'espoir qu'elle irait mieux. L'idée qu'elle ne s'en sorte pas m'était insupportable. Cependant, je recommençai à lui donner du pain. Quel mal cela pouvait-il bien lui faire, désormais ? Autant qu'elle profite de ses aliments préférés.

Un jour, elle quitta le sud de la réserve et se mit en

route vers Tented Camp. C'était forcément bon signe ! Je repris espoir. Le lendemain, le 8 janvier, Andrew la trouva à Croc Pools. Il sortit du véhicule, s'approcha d'elle et déposa sa nourriture par terre. Elle le regarda droit dans les yeux, mais ne fit pas un seul mouvement dans sa direction.

– Frankie, appela-t-il en secouant les granulés pour que le bruit attire son attention. Viens, Frankie.

Elle s'éloigna de quelques pas. Andrew avança un peu :

– Allez, viens ma belle, dit-il en plongeant la main dans le saladier pour y saisir une pomme.

Frankie s'attarda un moment, jeta un dernier regard à son vieil ami, puis fit demi-tour et partit lentement, sans avoir rien mangé de son repas préparé avec amour. Elle progressa d'un pas chancelant de l'autre côté de l'étang et s'arrêta sur la rive ombragée. Andrew se dit qu'au moins, elle pourrait se reposer là, dans la fraîcheur de la forêt de tambotis. C'était l'endroit idéal ; elle avait de l'eau et de la nourriture à proximité. Nous saurions où la trouver le lendemain matin. Peut-être aurait-elle alors plus d'appétit.

Mais le lendemain, Frankie était introuvable.

Pendant plus d'une semaine, les recherches battirent leur plein – à pied, en voiture, à l'aide de drones –, tout le monde fut sur le pont : rangers, agents de sécurité, brigade anti-braconnage. En vain. Elle était si faible qu'elle n'avait guère pu s'éloigner de l'endroit où Andrew l'avait aperçue pour la dernière fois. Pourquoi ne la trouvions-nous pas ?

Je devais me rendre à Durban quelques jours, pour des examens médicaux. J'étais censée rentrer le dimanche, mais le samedi, j'eus un étrange pressentiment. Il fallait que je retourne à Thula Thula. Je grimpai dans la voiture et fis les deux heures de route qui me séparaient de la réserve.

Quand j'arrivai, je trouvai Kim assise au bord de la piscine. Je la rejoignis pour prendre des nouvelles. Nous regardions le bush, par-delà la clôture.

— Mais où est-elle ? criai-je. Où es-tu, Frankie ?

— Tout le monde la cherche, dit Kim en hochant la tête.

— Peut-être qu'elle viendra nous voir. Elle est malade, elle sait qu'on peut l'aider.

— Peut-être. Demain, peut-être.

— Je ne veux pas perdre espoir.

À ce moment-là, Lynda sortit du bureau et avança rapidement vers nous. Lorsqu'elle s'approcha, je remarquai son visage sombre et ses yeux gonflés.

— La brigade anti-braconnage vient d'appeler. Ils ont trouvé Frankie. Elle est morte, annonça-t-elle d'une voix calme.

Le silence s'installa. Nous étions sous le choc. Il fallait assimiler la terrible nouvelle.

— Ce n'est pas possible, dis-je, bouleversée. Ce n'est pas vrai.

Au fond de moi, pourtant, je savais que c'était le cas.

— Où est-elle ? demandai-je.

— Au sud.

— Allons-y.

Je voulais la voir. Je devais la voir, j'en avais besoin pour réaliser que c'était réellement fini, que Frankie était morte. Pour moi, c'était encore inimaginable. J'appelai Andrew, la voix brisée.

– Viens, s'il te plaît, je veux voir Frankie. Il faut faire vite, la nuit tombe.

Il ne discuta pas et arriva quelques minutes plus tard. Je montai sur le siège à côté de lui, les larmes aux yeux. Kim et Lynda sautèrent à l'arrière du véhicule. Nous roulions en silence tandis que le soleil descendait à l'horizon. En route, nous vîmes Mandla, seul, non loin de la maison. Puis, un peu plus loin, Nana. Et enfin Mabula, seul également. Ils s'arrêtèrent de brouter pour nous regarder passer. Il était rare que les éléphants soient dispersés, et étrange qu'ils lèvent ainsi les yeux vers nous. Je ne pouvais m'empêcher de me demander s'ils savaient que Frankie était morte. Devinaient-ils que nous étions en route pour la rejoindre ? Les larmes se mirent à couler. Qu'arriverait-il au troupeau, sans leur cheffe bien-aimée ? Je pleurai en silence pendant tout le trajet.

Nous communiquions avec la brigade anti-braconnage par téléphone. Andrew s'arrêta à un endroit où la végétation était épaisse, presque impénétrable. Les gars de la brigade nous attendaient pour nous guider jusqu'au petit étang où ils avaient découvert Frankie. Il fallait avancer au milieu des épineux et des hautes herbes, pleines de tiques, sans piste ni sentier. Seule l'odeur de son corps en décomposition permettait de savoir où elle se trouvait. C'était cela qui avait conduit les hommes jusqu'à elle.

Mes larmes m'aveuglaient. Andrew écartait les branches couvertes de piquants pour m'ouvrir le chemin, et Lynda et Kim durent m'aider à marcher. Les épines s'accrochaient à ma chemise, à mon écharpe, me griffaient les bras, mais le chagrin me rendait insensible à la douleur. À mesure que nous approchions, l'odeur devenait de plus en plus forte, presque écœurante. Je dus me couvrir le nez avec mon écharpe. J'entendis alors le bourdonnement des mouches.

Andrew s'arrêta.

Notre matriarche était couchée sur le flanc comme si elle dormait d'un sommeil paisible. Je m'effondrai, submergée par cette réalité. Elle n'était plus là. Frankie avait choisi l'endroit où elle partirait, un endroit si isolé que nous n'y avions jamais mis les pieds. Nous n'avions même jamais vu le petit étang auprès duquel elle s'était étendue. Aucun chemin ne menait au lieu de son repos éternel. Elle nous avait quittés avec la dignité, la fierté et l'humilité d'une vraie matriarche.

On laissa le corps sur place, à l'exception des défenses, pour éviter qu'elles ne tombent aux mains des braconniers. Plus tard, Christiaan revint chercher son crâne, mais les braconniers l'avaient déjà découpé pour prélever les morceaux d'os, utilisés pour le *muthi*, un remède traditionnel.

Nous savions que le troupeau finirait par la retrouver et viendrait lui faire ses adieux. Jusque dans sa mort, Frankie continuerait à faire partie du grand cycle de la vie et permettrait à d'autres animaux, petits et grands, hyènes et vautours, insectes et microbes, de se nourrir, avant de retourner à la terre.

Ce fut le trajet de retour à la maison le plus triste que j'aie jamais connu. Nous roulions sans un mot tandis que le crépuscule s'installait, chacun plongé dans ses pensées, dans ses souvenirs avec Frankie. Nous avions tant vécu, elle et moi. J'avais cru que cela durerait encore longtemps. Comment pouvait-elle m'abandonner ? Des larmes coulèrent sur mes joues à la pensée de son Gobisa bien-aimé, et du bébé que j'avais tant espéré qu'ils auraient ensemble. Mon rêve resterait inachevé.

Qu'adviendrait-il de notre troupeau d'éléphants désormais ?

24

Savannah

La mort de Frankie fut terrible pour nous tous. L'immense chagrin qui nous avait envahis lorsque nous avions appris sa disparition semblait ôter toute joie de vivre aux journées qui se succédaient. L'avenir du troupeau m'inquiétait. Comment allait-il s'en remettre ? Qui le guiderait désormais ? Je me demandais ce que nos éléphants ressentaient, mais au fond, je savais qu'ils étaient en deuil, comme nous.

Quelques jours seulement après la mort de Frankie, un de nos rêves de longue date se réalisa enfin : notre femelle guépard devait arriver le 19 janvier 2021. Nous avions reçu les permis d'introduction des trois félins ainsi que l'autorisation d'importation de la femelle. Nous avions décidé de l'appeler Savannah, en l'honneur des vastes plateaux que les guépards affectionnent tant, et dans l'espoir qu'elle se plairait dans les plaines de Thula Thula.

C'était la première fois depuis 1941 que la région allait abriter cette espèce. En temps normal, j'aurais sauté de joie, mais la tristesse de la disparition de Frankie venait assombrir ce merveilleux événement. J'eus le plus grand mal à concilier ces émotions contradictoires, et le souvenir de Frankie me hanta toute la journée. J'aurais aimé accueillir Savannah dans de meilleures conditions, mais je savais aussi que son arrivée nous apporterait le bonheur dont nous avions tant besoin. À Paarl, au Cap-Occidental, tout était prêt : Chantal et son équipe avaient minutieusement préparé son voyage. L'animal avait été anesthésié, les prélèvements d'ADN effectués, et elle avait reçu tous ses vaccins. Équipée d'un collier émetteur, elle serait chargée dans une caisse, puis transportée à bord d'un petit avion qui la conduirait jusqu'à Richards Bay. À Thula Thula, l'excitation était à son comble. Gardant en tête l'expérience, encore récente, du transfert de Mona et Lisa, je prévis deux camions pour le trajet de l'aéroport à la réserve. Je ne voulais pas que cette précieuse cargaison coure le moindre risque ! Vusi se trouvait dans l'un des véhicules, Christiaan dans l'autre, et Clément et moi les suivions en voiture. Lynda et Kim complétaient le convoi. Cette dernière tenait à peine en place, impatiente de capturer chaque étape de cette journée mémorable.

À l'aéroport, nous avions obtenu l'autorisation de nous rendre sur le tarmac une fois l'avion au sol et les moteurs coupés. Je m'avançai pour saluer Chantal, qui était vêtue d'une élégante tenue kaki. Vincent Van der Merwe, notre spécialiste des guépards, affichait un large sourire, comme à son habitude. Cet homme semblait sincèrement aimer son métier. C'était un grand jour pour nous tous. La caisse fut déchargée, et je jetai un œil à l'intérieur. Même ainsi, encore sous l'effet des tranquillisants, Savannah était magnifique. Je discernai les taches noires sur son pelage fauve et le dessous de sa gorge, très pâle, couleur crème. J'avais hâte de voir ce superbe félin, agile et fier, courir en liberté dans notre bush. Sans perdre un instant, on chargea la caisse dans le camion et le convoi se mit en route. Une telle opération est toujours stressante pour l'animal, et la chaleur de la journée n'aidait en rien. En arrivant à Thula Thula, le véhicule se dirigea immédiatement vers le *boma* que nous lui avions destiné et fit marche arrière. Les hommes soulevèrent la caisse et la déposèrent dans l'herbe. Chantal et moi nous tenions de part et d'autre.

– Un, deux, trois…, compta-t-elle, et on leva la porte coulissante.

– Bienvenue chez toi, murmurai-je.

Savannah sortit en courant, et sa longue queue épaisse à pointe blanche stria l'air derrière elle. L'assistance poussa un cri étouffé. Les guépards sont des créatures si rapides et si gracieuses que même cette petite foulée à travers le *boma* avait quelque chose de magique. Savannah s'arrêta et se tourna vers nous. Elle nous fixait de ses yeux marron doré cerclés de noir, marqués par les deux traits noirs caractéristiques, pareils à des larmes, qui s'étiraient du coin intérieur de son œil jusqu'à l'extérieur de sa gueule. Elle ressemblait à un top model perché sur un podium, qui se retournait pour nous offrir son meilleur profil et nous laisser admirer sa beauté. Kim, Clément et les rangers prenaient des photos et des vidéos à n'en plus pouvoir. J'avais également invité d'autres photographes pour documenter cet événement historique, et cela donna lieu à une véritable compétition, chacun faisant de son mieux pour trouver l'angle parfait et obtenir le plus joli cliché. Savannah émit un son, à mi-chemin entre le sifflement et un grognement doux. Contrairement aux autres grands félins, les guépards ne rugissent pas, mais produisent tout un tas d'autres sons – ils feulent, glapissent et ronronnent même parfois, comme les chats.

Derrière moi, j'entendis Christiaan murmurer :

– C'est un rêve qui devient réalité.

C'était vrai. Quel spectacle magnifique que celui de ce guépard souple et agile parmi les hautes herbes qui ondulaient et brillaient d'un éclat doré sous le soleil brûlant de l'après-midi !

Savannah passa deux mois dans le *boma*, afin de se familiariser avec les odeurs et les bruits de son nouvel environnement. Elle attendait aussi l'arrivée de ses deux futurs compagnons, dont les permis d'importation devaient nous parvenir d'un jour à l'autre. Nous lui rendions régulièrement visite, surtout Kim, qui semblait en extase devant cette merveilleuse créature. Les photos et vidéos qu'elle prit durant cette période sont extraordinaires.

Chantal nous avait conseillé d'inventer un son que Savannah pourrait reconnaître et auquel elle nous associerait, de sorte que lorsque nous la chercherions dans le bush, plus tard, elle se montrerait sans crainte. Le sifflement fut mis au point par Christiaan et moi-même. Les rangers riaient de nous voir avancer nos lèvres et nous entraîner à siffler notre petite mélodie qui signifiait :

– Sors, Savannah, c'est l'heure du dîner.

Christiaan la nourrissait tous les jours, n'oubliant jamais de produire ce sifflement quand il lançait un lambeau de viande par-dessus la clôture du *boma*. Les guépards sont difficiles en termes de nourriture, et seuls les meilleurs morceaux d'impala furent offerts à Savannah. Elle ne tarda pas à reconnaître la mélodie, et à y répondre.

C'était amusant de la voir observer les troupeaux de jeunes impalas à quelques mètres de son enclos. Elle se camouflait à la perfection dans les hautes herbes, et tandis que je l'imaginais saliver en regardant passer le buffet, nos antilopes, elles, demeuraient inconscientes de l'existence même de ce nouveau prédateur.

– Ne t'inquiète pas, disais-je à voix basse. Tu pourras bientôt attraper ton propre déjeuner !

On ouvrit le *boma* en mars. Christiaan siffla pour l'encourager à se montrer. Reconnaissant le son familier, elle s'approcha prudemment de la porte, les oreilles dressées, observant attentivement le bush.

– Allez, Savannah, murmura Kim. Vas-y !

Christiaan siffla de nouveau. La bête quitta l'enclos et s'aventura dans la nature. Quel instant magique ! Savannah était désormais libre et sauvage. Bientôt, elle aurait un compagnon – en fait, deux, car les guépards sont des créatures aux mœurs légères – et, je l'espérais, des petits.

Un véhicule de safari la suivit toute la journée, à bonne distance, pour la surveiller et immortaliser le moment. Mais au lieu de s'enfoncer dans le bush, Savannah prit la direction du lodge, non loin de là.

– Oh non ! sifflai-je entre mes dents, en me frappant le front avec la paume de la main.

– Que se passe-t-il ? demanda Kim.

– J'ai oublié de prévenir l'équipe du lodge qu'on relâchait Savannah aujourd'hui. Je ne pensais pas qu'elle irait directement là-bas.

Nous arrivions justement devant le bâtiment. Je vis quelque chose bouger derrière le tronc de l'immense marula qui projetait son ombre sur la terrasse en bois. Un visage apparut, les yeux écarquillés, l'air terrifié : c'était Biyela, le jardinier. Il avait le regard rivé sur le grand félin tacheté qui s'était affalé devant la suite nuptiale et battait le sol de sa queue.

Mais Savannah ne s'intéressait pas à Biyela, elle n'avait d'yeux que pour l'impala, de l'autre côté du lodge. Un petit troupeau d'antilopes avait pris l'habitude de déambuler sur la pelouse, où il se savait en sécurité et pouvait brouter sous l'œil admiratif des hôtes, en paix... Jusqu'à aujourd'hui.

Savannah se mit à marcher, d'un pas résolu, au ras du sol, fixant sa proie. Elle prit de la vitesse et s'élança vers l'antilope qui ne se doutait de rien. Nous retenions notre souffle, stupéfaits devant le spectacle que nous offrait l'animal le plus rapide de la planète, dans toute sa splendeur.

Les impalas se dispersèrent en émettant un son qui ressemblait à une forte toux – leur cri d'alarme. Quand celui-ci résonne, alertant le troupeau, le prédateur sait qu'il a été repéré et ne bénéficie plus de l'effet de surprise. Ces impalas n'avaient certes jamais vu de guépard mais cela ne les empêcha pas de comprendre immédiatement que cette étrange nouvelle venue était synonyme de danger. Les babouins se joignirent à eux, poussant leurs propres cris d'alarme – une sorte d'aboiement. Une vraie cacophonie. Tandis que Savannah s'enfonçait dans le bush, j'allai informer – un peu tard – le personnel du lodge de son arrivée. Étrangement, l'endroit semblait désert.

– Hello ? Où êtes-vous tous passés ? criai-je.

Le visage de Mabona émergea de derrière le comptoir, suivi de celui de Cindy.

– Je suis venue vous prévenir pour Savannah, mais j'imagine que vous l'avez déjà vue…

– Oui! s'exclama Cindy. Elle était juste là, sur la pelouse. On a eu tellement peur!

– Eh bien, si elle était entrée, vous cacher derrière le bar ne vous aurait servi à rien, répliquai-je. Les guépards peuvent très bien courir et sauter.

J'entendis des rires étouffés et de petits cris nerveux, derrière le bar.

– Voyons, les guépards ne s'attaquent pas aux humains, ajouta Christiaan avec un geste dédaigneux de la main. Vous n'avez pas de raisons de vous inquiéter, ils ne veulent pas d'ennuis, juste de la nourriture!

Les dames quittèrent à contrecœur leur abri.

Biyela, quant à lui, ne souhaitait prendre aucun risque. Il balaya lentement le sol du lodge en regardant par-dessus son épaule toutes les dix secondes, de peur que Savannah ne réapparaisse. Il passa le reste de la journée à l'intérieur et balaya sans relâche. Même quand le moindre grain de poussière fut éliminé, il préféra recommencer plutôt que retourner dans le jardin où il craignait de tomber nez à nez avec cette nouvelle bête féroce.

Ici, on peut toujours compter sur l'efficacité du «télégraphe du bush» ou, comme on l'appelle au Zululand, le «tambour zoulou». Le bruit de la remise en liberté de Savannah s'était répandu en un éclair. Lorsque Christiaan arriva à Tented Camp, de l'autre côté de la réserve, il trouva le personnel, impatient et nerveux, qui attendait des nouvelles de cette créature terrifiante venue perturber notre royaume de paix et de tranquillité.

En réalité, les guépards sont relativement dociles. Comme Christiaan l'avait affirmé aux employés du lodge, ils ne cherchent jamais le conflit. Dans la nature, ils ne s'en prendraient jamais un être humain, à moins d'être acculés ou blessés. C'étaient plutôt les antilopes et le petit gibier dont l'existence paisible allait être bouleversée par l'arrivée de Savannah.

La vie dans le bush est un long cycle qui s'accompagne souvent de montagnes russes émotionnelles. Nous ne pouvons pas tout anticiper ni tout contrôler. En l'espace d'une semaine, nous avions perdu notre matriarche et accueilli une nouvelle espèce en voie de disparition. Après la mort de Frankie, Savannah nous apporta un immense bonheur, tout comme la naissance de Sissi, juste après le décès de Lisa, avait été une bénédiction. Nous pleurerons encore longtemps Frankie, mais dans le ciel sombre et nuageux qui nous enveloppait, Savannah fut un rayon de soleil.

25

La vie après Frankie

La mort de Frankie plongea notre troupeau dans le désarroi. Au lieu de rester ensemble, de se tenir compagnie et de se protéger, les éléphants se dispersèrent dans la réserve. Ils semblaient perdus comme si, sans leur matriarche, ils ne parvenaient pas à maintenir leur unité.

Les éléphants sont des créatures très sociables qui entretiennent des liens profonds. Les femelles et les jeunes vivent généralement ensemble tandis que les mâles plus âgés partent vivre en solitaire ou en petits groupes. Toutefois, à Thula Thula, les mâles restaient étroitement liés au troupeau. Au cours des semaines qui suivirent la disparition de Frankie, la cohésion de la harde fut moins marquée, chez les mâles en particulier, qui commencèrent à parcourir la réserve chacun de leur côté.

Mais les éléphants n'étaient pas les seuls à être en deuil. Tous les occupants de Thula Thula, humains comme animaux, pleuraient la perte d'une grande dame. Les membres du personnel ainsi que nos amis et hôtes furent bouleversés par le décès de Frankie. Lorsqu'elle apprit la nouvelle, Kerry Miller, une artiste anglaise qui avait séjourné chez nous, peignit un magnifique tableau à l'huile de Frankie, et un autre où figuraient Frankie et Gobisa. Je fus très touchée de les recevoir.

Pour honorer sa mémoire, on donna son nom au petit étang secret que Frankie avait choisi comme lieu de repos éternel. Les éléphants sont connus pour pleurer leurs morts, comme nous, et nous nous attendions à voir le troupeau se rendre aux abords de l'étang, mais il restait dispersé. Cette étrange conduite faisait naître des dizaines de questions dans nos esprits, qui n'éclipsaient cependant pas la plus importante de toutes : qui remplacerait Frankie à la tête du troupeau ?

La matriarche est souvent l'une des femelles les plus âgées du groupe. Elle connaît les membres de sa famille, leurs personnalités et leurs liens, maîtrise les ressources naturelles de son habitat et comprend le comportement des prédateurs. Elle sait où poussent les marulas et à quelle période leurs fruits mûrissent ou encore à quel endroit de la rivière trouver de l'eau à la saison sèche. Elle dédie son temps, ses soins et son attention à son troupeau, de manière inconditionnelle ; le bien-être de la harde passe toujours avant le sien.

Le 21 février 2021, soit un mois après la mort de Frankie, les éléphants nous rendirent visite. C'était une première depuis Noël. Ils semblaient se diriger vers le sud de la réserve, là où Frankie les emmenait lorsque le temps se gâtait. Ils s'attardèrent devant la maison. J'étais heureuse de les voir tous ensemble, mais leur comportement me peinait.

Puis, lentement, d'un pas lourd, ils se mirent à défiler devant la clôture, Marula en tête, Gobisa fermant le cortège, en traînant les pattes. Je ne les avais jamais vus ainsi.

Les adolescents, d'habitude pleins de vie et toujours enclins à nous divertir, semblaient se déplacer au ralenti. Je compris à ce moment-là que nous assistions à une marche funèbre en l'honneur de Frankie. Les éléphants venaient partager leur peine avec nous. J'entends déjà certains dire qu'il s'agit d'une coïncidence, ou même du fruit de mon imagination. Il n'en était rien. C'est inexplicable, mais j'ai si souvent été témoin de leur sensibilité et de leur intuition que j'en étais certaine : le troupeau était venu reconnaître la mort de sa matriarche. Comme lors du décès de Lawrence. Comme un an plus tard, lorsque nous avions apporté les ossements de Numzane à Mkhulu, pour qu'ils reposent près des cendres de Lawrence.

Quoi qu'il en soit, l'évolution du troupeau fut suivie avec attention. Siya demanda aux rangers de surveiller leur comportement et de faire un rapport quotidien. C'était fascinant : d'abord, ils se mirent à former deux troupeaux, la famille de Nana d'un côté, celle de Frankie de l'autre. La famille d'E.T. naviguait entre les deux. Les deux groupes se rejoignaient parfois pour quelques jours ou quelques semaines puis s'éloignaient de nouveau. Ils semblaient en mouvement perpétuel. Une nouvelle matriarche allait émerger, mais quand ? Et surtout… qui ?

Dans une vie de bureau ordinaire, les employés se rassemblent autour de la machine à café pour parler football ou des résultats des élections américaines, mais à Thula Thula, l'identité de la nouvelle matriarche occupait toutes les conversations. Les rangers avaient tous des opinions et des préférences bien arrêtées. Les deux candidates les plus probables étaient Nandi et Marula.

Andrew était du côté de Nandi.

– Ce serait une excellente meneuse, disait-il avec conviction. Elle est plus âgée et plus expérimentée. Nana, sa mère, lui a beaucoup appris, et elle a sa sagesse.

– J'étais sûr que tu allais dire ça. Nandi est amoureuse de toi ! le taquina Muzi.

– Non, ce…

– Bien sûr que si ! Elle essaie même de grimper dans ta voiture ! rétorqua Khaya.

Tout le monde éclata de rire. Nandi et Andrew avaient une relation particulière et nous avions tous remarqué qu'elle se comportait différemment quand elle l'apercevait en safari. Parfois, elle s'approchait si près qu'elle mettait sa tête dans l'habitacle pour le renifler et lui donner de petits coups de trompe.

– Mais dans ce cas, que deviendra Nana ? demanda Muzi. Depuis sa cataracte, Nandi est restée à ses côtés pour prendre soin d'elle*. Elle doit déjà assumer ce rôle-là. Je ne pense pas qu'elle puisse en plus être matriarche.

– C'est vrai. Et puis, est-ce qu'elle a le tempérament adéquat ? ajoutai-je. Je crains qu'elle ne soit trop sensible pour ça.

– Ce qui n'est pas le cas de Marula ! s'exclama Siya. Je l'ai vue botter le derrière de Boni l'autre jour. La petite ne traversait pas la route assez vite au goût de sa mère.

Bon, ce n'était peut-être pas la meilleure méthode,

---

* Voir *Les Derniers Rhinocéros*, de Lawrence Anthony, Albin Michel, 2024.

mais cela montrait que Marula attendait discipline et respect de la part des jeunes éléphants, et qu'elle savait les obtenir. À l'instar des humains, les éléphants ont besoin d'un juste mélange d'autorité et de gentillesse – la carotte et le bâton –, c'est une question d'équilibre.

Les autres rangers penchaient donc plutôt pour Marula, la fille de Frankie, et je les rejoignais. Bien qu'elle fût plus jeune, plus petite et moins expérimentée que Nandi, j'avais le sentiment qu'elle possédait le caractère parfait. Elle et son frère Mabula tenaient tous deux de leur mère un tempérament à la fois fougueux et autoritaire, et un vrai sens de l'humour. De plus, Marula avait passé ces dernières années aux côtés de Frankie, l'observant et apprenant avec elle le rôle de matriarche.

Cela continua ainsi pendant trois longs mois, jusqu'au jour où Marula vint nous voir pour annoncer son règne. Gobisa la suivait de près, protecteur et mentor à la fois, et derrière lui tout le troupeau était enfin réuni. Elle s'arrêta devant la clôture tandis que les autres éléphants broutaient paisiblement autour d'elle, comme du temps de sa mère. C'était leur première visite depuis le triste cortège funèbre. Les voir ainsi ensemble, calmes et sereins, me réchauffa le cœur. Marula me rappela Frankie ce jour-là : elle faisait preuve de la même force, et de la même capacité à mener les siens.

Les éléphants sont des créatures attachées aux rituels, et quand Frankie conduisait son troupeau vers le sud, à l'abri des intempéries, elle s'arrêtait toujours en chemin pour nous rendre visite. Cela nous comblait de joie et nous espérions que notre nouvelle matriarche perpétuerait la tradition.

La vie après Frankie

Depuis que Marula est à la tête du troupeau, nous avons observé quelques subtils changements. Les éléphants agissent un peu différemment et se rendent parfois dans d'autres parties de la réserve. Il est encore tôt pour en juger, mais Marula semble parfaitement se faire à son rôle. C'est ainsi qu'une nouvelle ère commença dans la vie de notre harde.

26

Des problèmes de permis

Les rangers suivaient Savannah au quotidien. J'étais comme une mère anxieuse, inquiète de la savoir seule dans le bush, et lorsque j'entendais les hyènes la nuit, je priais pour qu'il ne lui arrive rien. Les guépards sont petits et légers en comparaison des autres grands félins. De plus, ce ne sont pas des combattants : ils préfèrent s'enfuir plutôt que se battre, quitte à abandonner leurs proies à d'autres animaux.

– Quelqu'un a vu Savannah ? demandai-je à Siya.

– Non, mais on la suit grâce à son collier GPS. Elle est en mouvement.

– Et l'autre jour, on a eu la preuve qu'elle a tué un animal, ajouta Khaya. Ça veut dire qu'elle arrive à se nourrir par elle-même.

– De toute façon, même avec le GPS, repérer un guépard solitaire est quasiment impossible, dit Siya. Quand les mâles seront là, ils sauront la trouver, je n'en doute pas.

Certes, mais quand ? me demandais-je, en proie à la frustration. Nous n'avions pas reçu les permis d'importation des deux mâles, qui devaient nous permettre de les transférer de l'État-Libre au KwaZulu-Natal. Côté administratif, rien n'avançait. La situation était ubuesque. Nous avions une belle femelle guépard, dans la force de l'âge, d'excellente lignée, et les deux parfaits candidats qu'elle attendait se trouvaient à seulement quelques heures de route de Thula Thula. Nous avions réuni l'argent nécessaire à leur déplacement, mais nous n'avions toujours pas le feu vert administratif.

Trois mois s'écoulèrent. Malgré nos relances par mail et par téléphone, nous n'avions aucune nouvelle. Le collier émetteur de Savannah ne fonctionnait pas correctement et cela nous rendait anxieux. Après ce long silence, je reçus enfin une lettre des autorités, qui disaient avoir effectué un relevé GPS de la réserve. D'après leurs calculs, nous ne disposions que de 3 200 hectares, et non 5 000, et n'étions donc pas autorisés à accueillir de guépards.

J'étais abasourdie. Comment était-ce possible ? Lawrence m'avait affirmé que nous avions une superficie de 4 000 hectares et qu'en tenant compte de la topographie vallonnée, nous arrivions à 4 500. C'était le chiffre que je citais sur tous nos supports marketing et dans toutes mes interviews ! Jamais je ne l'avais remis en question.

Je sollicitai Christiaan ainsi que Kirsten Youens, notre avocate. Il s'avéra qu'évaluer la taille d'une réserve n'était pas si simple. D'abord, on pouvait utiliser différentes sources – titres de propriété, relevés aériens, etc. – or chacune donnait des résultats légèrement différents. Ensuite, quel que soit le mode de calcul choisi, le dénivelé n'était jamais pris en considération. Enfin, la réserve étant composée de plusieurs parcelles – donc autant de propriétaires et de titres de propriété –, le calcul n'en était que plus complexe. J'étais stupéfaite et, à vrai dire, bouleversée d'apprendre que nos terres étaient bien moins vastes que je ne le pensais.

Il n'en restait pas moins que Savannah avait tout l'espace dont elle avait besoin et, plus important encore, de nombreuses proies à sa disposition. Lorsque Chantal et Vincent l'avaient accompagnée, ils en avaient profité pour faire un safari, non pas pour rencontrer notre fameux troupeau d'éléphants, mais pour s'assurer des conditions de vie de nos guépards. Ils en étaient revenus plus que satisfaits : nous avions tous les impalas, nyalas et autres petites antilopes nécessaires pour nourrir Savannah et les deux mâles pendant très longtemps. Au moins, j'étais tranquille de ce côté-là.

Pendant que nous nous débattions avec nos problèmes administratifs, Savannah était seule dans le bush, face aux hyènes et aux léopards, et les deux mâles atteignaient l'âge de reproduction idéal. D'ailleurs, ils le faisaient savoir : leurs propriétaires nous envoyèrent des vidéos d'eux, essayant de s'accoupler avec les femelles de leur famille. J'adressai la vidéo aux autorités chargées de délivrer les permis, en soulignant l'urgence du transfert et en les suppliant d'accélérer le processus. Aucune réponse.

Je me sentais impuissante. Nous avions aussi déposé une demande pour Rambo, un rhinocéros qui devait tenir le rôle de grand frère pour Thabo, et de partenaire pour nos femelles, palliant ainsi les manquements de notre jeune voyou. Une semaine plus tard, je reçus un mail des autorités m'informant du rejet de notre requête. Ils considéraient Thabo comme un animal problématique susceptible de se battre avec le nouveau mâle, qui risquerait de s'échapper, et représenterait alors un danger pour les communautés alentour. Ces conjectures me laissèrent perplexe.

Plus choquant encore, les autorités affirmaient que si nous voulions accueillir un nouveau mâle, nous devions d'abord transférer Thabo dans une autre réserve. Nous étions consternés. Thula Thula était le seul foyer que Thabo avait jamais connu. Était-il sur le point de perdre sa famille adoptive, qui l'avait aimé et soigné durant douze ans, ainsi que Ntombi, qui avait toujours été à ses côtés ?

Quitter son territoire serait traumatisant, cela ne faisait aucun doute. Et puis il était chez lui ici. Thabo était la légende de Thula Thula ! Son histoire, son amour des êtres humains et ses frasques avaient fait le tour du monde. Chaque famille compte un enfant ou un adolescent « à problèmes ». La solution était-elle pour autant de le renvoyer ? Nous aimions Thabo, et nous savions comment nous y prendre avec lui. Bien sûr, nous n'étions pas à l'abri qu'un conflit éclate avec son futur grand frère, mais les animaux sauvages se battent, c'est la loi de la nature. Qui plus est, Thabo n'avait jamais montré le moindre signe d'agressivité envers les autres et il avait même su s'incliner devant la supériorité des éléphants.

Pour mieux comprendre le comportement de Thabo et pouvoir l'aider, nous avions fait des recherches sur l'évolution des rhinocéros orphelins, une fois parvenus à l'âge adulte. À notre grande surprise, il s'avéra que bien souvent, les mâles n'arrivaient pas à se reproduire. Le traumatisme précoce et l'absence de modèle masculin semblaient en cause. Quelle que soit l'attention que nous portions à nos petits rhinocéros, nous ne pouvions pas tout leur apprendre. Encore une preuve – s'il en fallait – qu'à long terme, les effets du braconnage sont tragiques. Nous espérions ainsi que se retrouver en concurrence avec un autre mâle inciterait Thabo à agir ! Nos deux femelles en âge de se reproduire n'avaient pas de partenaire avec lequel s'accoupler. Il était temps d'y remédier. Persuadés que cette solution était la meilleure, une nouvelle demande fut déposée.

Mais les problèmes ne firent que s'aggraver.

En juin 2021, je reçus une lettre m'accusant de ne pas avoir respecté la réglementation et d'avoir menti sur la taille de la réserve – infraction passible d'une amende, voire d'une peine de prison ! Les autorités responsables de la faune sauvage menaçaient de transférer Savannah. Cela signifiait l'anesthésier de nouveau, avec tous les risques et tout le stress que cela comportait. En quoi cela pouvait-il être dans l'intérêt de l'animal ?

J'étais anéantie. Après seize interminables mois de restrictions dues au Covid, après la terrible épreuve de la disparition de Frankie, j'avais l'impression que nous touchions le fond. Les problèmes s'accumulaient. Pendant des jours, je fermai à peine l'œil.

Un soir, je téléphonai à Clément, à Durban :

– Je ne sais pas combien de temps je vais réussir à me battre ainsi, dis-je en retenant mes larmes. Je veux juste faire ce qu'il y a de mieux pour les animaux. C'est ma raison d'être.

– Je comprends, chérie, fit-il. C'est terrible, cette lettre…

– Je sais bien que les lois et les réglementations sont nécessaires. D'accord, j'ai fait des erreurs ; je ne suis peut-être pas très douée pour tout ce qui est administratif, mais quelqu'un aurait pu m'appeler pour m'en parler, au lieu de m'envoyer ça !

Je me mis à pleurer de manière incontrôlable. Je craquais. Mes chiens, confortablement installés sur le canapé, se blottirent alors contre moi. Ils savaient que j'avais besoin de réconfort. Ma petite Gypsy adorée se glissa sur mes genoux et lécha mes larmes.

– Essaie de dormir, me souffla Clément, faisant de son mieux pour m'apaiser, à des kilomètres de là. Demain est un autre jour.

Peut-être, mais chaque journée qui passait me semblait plus difficile que la précédente. Clément avait toujours eu un don pour trouver les mots qui me rassuraient, mais cette fois, j'étais trop accablée. La succession de défaites et de chagrins m'avait épuisée, et au fond de moi, je pensais à fuir toute cette absurdité. Fuir loin des lettres, des avocats, des déceptions et me retrouver seule, pour reprendre des forces et recouvrer mes esprits. Depuis la disparition de Lawrence, je ne m'étais jamais sentie aussi abattue.

C'est alors qu'un miracle se produisit.

27

Plus grands et plus forts que jamais

Le lendemain de cet appel, je me réveillai un peu plus en forme.

— Je ne m'apitoierai plus sur mon sort, lançai-je d'un ton sévère à mon reflet dans le miroir de la salle de bains. Désormais, je laisse tout ça derrière moi et je vais de l'avant.

Je saisis mon téléphone et envoyai un message à Christiaan et Lynda pour les convoquer à une réunion, séance tenante. Ils arrivèrent, ne sachant pas à quoi s'attendre.

— Bon ! fis-je d'une voix forte, les mains sur les hanches. Il faut qu'on se tourne vers l'avenir, et qu'on trouve des solutions à tous nos problèmes. (Ils avaient l'air heureux de me retrouver telle qu'ils me connaissaient, optimiste et combative.) Commençons par la question de la superficie, dis-je en désignant la carte de Thula Thula fixée au mur où figuraient les routes, les clôtures, les rivières et les frontières – ainsi que la parcelle de Lavoni, fraîchement clôturée, surlignée au feutre vert.

J'observai cette carte que j'avais déjà vue des milliers de fois, mais ce matin-là, quelque chose attira mon attention :

une réserve, juste de l'autre côté de la route de Lavoni. Je savais qu'elle venait d'être vendue.

– Voilà une idée !

J'appelai Michael Crichton, le nouveau propriétaire de la fameuse réserve de Zulweni. Au téléphone, il se montra plutôt sympathique. Il serait heureux de me rencontrer.

– Je suis à Durban pour le moment, mais je serai de retour en fin de semaine. Voyons-nous la semaine prochaine.

C'était mal me connaître : quand je tiens une idée, je ne la lâche pas. Il faut battre le fer tant qu'il est chaud.

– Je peux venir à Durban dès demain, proposai-je. Quelle heure vous conviendrait ?

Le lendemain, j'étais assise à la table d'un café en compagnie de Michael, un homme d'affaires qui avait décidé d'investir dans une réserve et de consacrer sa vie à la protection animale. Il me faisait penser à Lawrence et moi, qui avions quitté la grande ville pour nous installer au fin fond du bush. Au fil de notre conversation, il devint évident que nous partagions la même passion pour la faune sauvage et la même vision, audacieuse, de l'avenir, tant pour cette faune que pour le tourisme au Zululand. Je l'interrogeai sur ses projets pour la réserve et il me parla avec calme et enthousiasme de ses magnifiques 1 200 hectares de bush et des structures d'accueil qu'il souhaitait y construire. Je l'appréciai immédiatement. Il s'exprimait d'une voix douce, et semblait réfléchi et courtois.

J'en vins rapidement au fait.

– Michael, pourquoi ne pas fusionner nos deux propriétés ? demandai-je. Thula Thula est une réserve connue et estimée ; nous avons des rhinocéros et des éléphants, ce qui n'est pas votre cas. Cela serait bénéfique pour vous et pour tous ceux qui vivent à Zulweni. De notre côté, nous avons besoin de davantage de terres pour le bien-être de notre faune, et pour répondre aux critères fixés par les autorités. Qu'en dites-vous ?

– J'aime beaucoup cette idée, dit-il. Je pense que ça fonctionnerait bien, tant pour nous que pour les animaux.

L'accord fut conclu immédiatement. C'était simple, parfait, gagnant-gagnant. Avec nos 3 200 hectares et les 1 200 hectares de Michael, nous atteignions les 4 400 hectares. L'objectif des 5 000 n'était plus hors de portée.

– Ce fut un plaisir, dit-il en souriant et en me serrant la main.

– Plaisir partagé, répliquai-je. Je suis ravie !

– Dès mon retour à Zulweni, nous finaliserons les détails du projet, ajouta-t-il.

Je repris le volant, un immense sourire aux lèvres, et dans le cœur le sentiment que tout était possible. Vingt-quatre heures plus tôt, j'étais au désespoir, et à présent, je me sentais plus optimiste que jamais.

Michael tint parole. En l'espace de trois semaines, le contrat fut signé.

Il restait quelques détails à régler – par exemple, prévoir comment la faune passerait d'une propriété à l'autre, compte tenu de la route qui les séparait. Les animaux doivent pouvoir se déplacer, se mélanger et se croiser lorsqu'ils se reproduisent, afin de maintenir une certaine diversité dans leur patrimoine génétique et de conserver des populations saines et vigoureuses. Sur une petite réserve clôturée, le risque de consanguinité est élevé. Cela peut entraîner de sérieux problèmes, en particulier chez les grandes antilopes, les buffles et les gnous. Heureusement, un passage souterrain de trois mètres avait récemment été creusé sous la route principale. Michael, Vusi et Christiaan se rendirent sur place.

– Il est assez grand pour que les éléphants puissent passer, rapporta Vusi, mais pas les girafes.

C'était une bonne nouvelle. Les animaux pourraient emprunter ce passage et trouver des partenaires de l'autre côté de la route. Sauf pour les girafes, qui se retrouvaient privées de visites romantiques chez les voisins ! Je jubilais encore de cet incroyable coup de chance, quand un nouveau miracle se produisit.

Trois jours seulement après ma rencontre avec Michael, Larry m'appela :

– Françoise, j'aimerais vous présenter aux chefs de la communauté d'Ubizo. Ce sont les nouveaux propriétaires de Dube Ridge, à la frontière sud de Thula Thula. Ils viennent de recevoir 1 100 hectares, dans le cadre d'une restitution de terres, et ils voudraient rejoindre Thula Thula.

Deux jours plus tard, je rencontrai Thomas Cebekhulu, le président de l'association des propriétés communautaires d'Ubizo, et quelques autres membres. Ils étaient charmants. Comme avec Michael, nous nous comprenions et voyions immédiatement les bénéfices mutuels d'un accord. Ils souhaitaient fonder un village zoulou traditionnel à Dube Ridge, destiné aux touristes, qui pourraient ainsi en apprendre davantage sur l'histoire et la culture zouloues. Rejoindre Thula Thula leur permettrait de faire venir plus de visiteurs et créerait donc des opportunités d'emploi pour les habitants. De notre côté, l'objectif était évidemment d'obtenir plus de terres. En l'espace d'une demi-heure, nous avions trouvé un accord.

Nous avions réussi ! Grâce à nos deux nouveaux partenaires, nous disposions désormais de 5 500 hectares, soit plus que la superficie requise.

C'était un moment historique : la réserve naturelle du grand Zululand était née. Et je savais que nous n'en étions qu'au commencement.

Restait cependant à clôturer les terres de Dube Ridge, ce qui aurait un certain coût, mais je décidai de m'y atteler un autre jour. Pour l'heure, je savourais !

J'entrevoyais enfin la petite lumière au bout du tunnel, et j'étais persuadée qu'elle ne ferait que croître et s'intensifier. J'avais toujours cru en ma bonne étoile et elle m'aidait une fois de plus. Aux heures les plus sombres de mon existence, alors que j'étais prête à abandonner, deux fabuleuses opportunités étaient tombées du ciel.

Nous avions su renaître de nos cendres et réaliser l'impossible. Avec nos merveilleux nouveaux partenaires, nous étions désormais plus grands et plus forts que jamais. Et c'était compter sans les 2 000 hectares de terres communautaires, pour lesquels nous avions trouvé un accord de principe avec les *amakhosis*, mais auquel la pandémie avait mis un coup d'arrêt. Une fois cette étape franchie, nous atteindrions 7 500 hectares, créant ainsi la plus importante réserve naturelle de la région, et aussi la plus proche de Durban.

Je sentais Lawrence me sourire. Son rêve se réalisait.

Un autre coup de chance survint alors. Quelques

semaines après la vague d'enthousiasme soulevée par nos projets d'extension, James et Laurel, un couple originaire du Cap, vinrent séjourner à Tented Camp. Après avoir lu *Un éléphant dans ma cuisine* ainsi que le livre de Lawrence, *L'homme qui murmurait à l'oreille des éléphants*, Laurel avait tenu à découvrir notre petit coin de paradis au Zululand et rencontrer notre célèbre troupeau. James, quant à lui, commença mon livre durant leur séjour. Tous deux tombèrent littéralement amoureux des éléphants et encensèrent nos rangers, grâce auxquels ils avaient vécu une expérience extraordinaire. En discutant avec eux un soir, je m'aperçus qu'ils comptaient parmi les investisseurs de l'adaptation cinématographique du livre de Lawrence, alors en cours. Ils faisaient preuve de tant d'enthousiasme et d'intérêt pour la vie de la réserve que Christiaan leur parla de notre projet d'extension et de la prochaine étape qui nous attendait, à savoir la clôture des parcelles appartenant à la communauté locale d'Ubizo.

La semaine suivante, je reçus un mail de James qui me posait de plus amples questions sur notre projet d'extension. Je lui expliquai la nécessité d'accroître l'habitat de notre troupeau d'éléphants et évoquai de nouveau l'importance de clôturer les nouvelles terres. Je lui fis part des projets de la communauté pour contribuer à l'économie touristique locale et des emplois qu'elle espérait pouvoir ainsi créer. Il ne tarda pas à répondre.

Chère Françoise,
Je viens de terminer votre livre. Après avoir vu tous les efforts que vous déployez pour la sauvegarde de la faune sauvage, nous aimerions investir dans votre fonds.

La sagesse des éléphants

Veuillez nous faire parvenir les coordonnées du compte bancaire dédié.

Je le remerciai chaleureusement et lui envoyai les informations demandées. Nous recevons chaque don avec une immense gratitude et nous l'utilisons toujours à bon escient. Mais quand leur donation nous parvint, il s'avéra qu'elle était, disons... plus que généreuse. Surtout, cela signifiait que je n'aurais pas à me soucier constamment de l'aspect financier de notre projet d'extension.

J'avais survécu au stress et au découragement profond, j'avais même failli tout abandonner, et miracle : en l'espace de deux mois, tout s'était arrangé. La vie n'était-elle pas merveilleuse ?

Le vent de déception qui avait soufflé sur Thula Thula se dissipa comme la brume matinale au-dessus de l'étang Mkhulu. Il était temps de passer à l'action et d'établir un nouveau plan de gestion pour notre prochaine phase d'extension. Les ennuis étaient derrière moi. Du moins, c'était ce que je pensais.

En fait, le pire était à venir.

28

Un pays en flammes

Le 8 juillet 2021, des troubles civils éclatèrent au KwaZulu-Natal. Les manifestations faisaient suite à l'incarcération de l'ex-président sud-africain, Jacob Zuma, condamné à quinze mois de prison pour outrage à la justice. Zuma avait grandi au cœur du Zululand, non loin de Thula Thula. En tant qu'ancien de la communauté zouloue, il y était encore très populaire, même si sa réputation avait été entachée par les accusations de corruption qui pesaient sur lui – il les réfutait. Ses partisans mirent en place des barrages routiers sur l'axe qui reliait Durban aux deux principaux centres industriels du pays, Johannesburg et Le Cap.

Ce genre d'événements est toujours préoccupant, bien sûr, mais généralement, ça s'essouffle vite. De plus, nous vivions dans un endroit reculé, en plein bush, à des kilomètres de la ville. Je n'étais pas inquiète. Mais cette fois, ce n'était pas une poussée de colère éphémère. Le lendemain, on apprit que les violences s'étaient étendues à l'intérieur du KwaZulu-Natal. Elles avaient même atteint Johannesburg, dans la province du Gauteng, la plus grande ville et le centre économique du pays.

Au bureau, tout le monde s'arrêta de travailler, regardant avec horreur les images diffusées par la télévision. Nous avions du mal à y croire. Des hordes déchaînées saccageaient les centres commerciaux, brisaient les vitrines, pillaient la nourriture, les appareils électroniques, les vêtements, l'alcool. Les pillards se bousculaient, criaient et ressortaient triomphants, emportant tout ce qui leur tombait sous la main – même des réfrigérateurs ! D'autres s'attaquaient aux entrepôts et usines des zones industrielles, qu'ils brûlaient, en proie à une fureur destructrice. Nous regardions les flammes, la colère et la violence, sous le choc. C'était digne d'un film apocalyptique.

Soudain, Aphi désigna l'écran du doigt et s'exclama :
– C'est Empangeni ! La station-service, regardez !
– Elle a raison. C'est celle de la route principale, confirma Portia.

Notre ville était à feu et à sang. Cela semblait irréel. Le personnel était désemparé. Leurs amis et leurs familles vivaient à Empangeni, leurs enfants allaient à l'école là-bas. Et voilà que les magasins étaient envahis, les stations-service incendiées, les voitures caillassées et brûlées. Je me sentais impuissante face à cette vague d'anarchie et de destruction. Les pillards s'en donnaient à cœur joie, sans que la police ou l'armée les inquiète. Ma préoccupation immédiate concernait certains de nos hôtes – avec enfants – qui devaient quitter Thula Thula le lundi et faire deux heures de route jusqu'à l'aéroport de Durban, d'où partait leur vol retour. Le lundi matin, Larry, notre chef de la sécurité, appela : la foule avait incendié le péage près de l'aéroport et en barrait l'accès. Nos hôtes ne prendraient donc pas l'avion ce jour-là. Ils reportèrent leur vol au lendemain, en espérant que la quiétude serait revenue.

Ils s'en allèrent très tôt le mardi matin, en convoi. Nous étions en contact permanent avec Larry, qui surveillait la zone en hélicoptère et nous indiquait les endroits à éviter. Le stress était à son comble, mais heureusement, ils arrivèrent sains et saufs à l'aéroport.

Je me préparai un thé pour me calmer et savourer le soulagement de les savoir en sécurité, mais avant même d'avoir fini ma tasse, je reçus un appel de Larry.

— Françoise, selon nos sources, Thula Thula fait partie des cibles des émeutiers.

— Comment ça ? Qui voudrait piller une réserve ? On n'a absolument rien qui puisse les intéresser.

— Je n'ai pas la réponse à cette question, mais la menace est sérieuse, Françoise. Ce sont des informateurs fiables. D'après eux, le plan est de se rendre au village...

— Les émeutiers veulent venir à Buchanana ?

— Oui. Ils auraient l'intention de saccager et de brûler China Mall.

Les propriétaires du minuscule centre commercial local, qui approvisionne tout le village en nourriture et autres produits de première nécessité, sont d'origine chinoise. Ils avaient commencé par une échoppe et possédaient maintenant un petit empire composé de trois boutiques que nous appelions « China Mall ».

— Oh non ! m'exclamai-je, en pensant aux pauvres propriétaires qui avaient monté leur commerce en partant de rien.

— D'après mes sources, ils... (Larry hésita un instant

avant de poursuivre.) Ils comptent venir à Thula Thula pour brûler le lodge et la maison principale.

– Quand ?

– Cet après-midi.

– Cet après-midi ? répétai-je, incrédule. Et la police ? Et l'armée ?

Mon cœur se mit à battre à tout rompre. Comment était-ce possible ?

– Ils sont débordés. Ils ne nous aideront pas. Mais je suis en train de m'organiser et de rassembler des hommes et des véhicules. Nous allons défendre Thula Thula.

Défendre Thula Thula ? Me trouvais-je dans un mauvais film ? Bruce Willis allait-il débarquer d'une minute à l'autre ?

Je raccrochai, paniquée. Si la police ne pouvait rien pour nous, nous allions devoir compter sur nous-mêmes et sur notre communauté. Christiaan et Vusi se rendirent à une réunion coordonnée par une réserve voisine pour discuter de la manière dont nous pourrions coopérer.

L'association des agriculteurs réagit immédiatement et se mit à créer une nouvelle route secondaire à l'aide d'un bulldozer : en cas d'évacuation, nous pourrions ainsi rejoindre l'axe principal même si nos issues étaient bloquées. Ils disposaient aussi de deux hélicoptères, et se proposaient de nous évacuer par les airs si nécessaire.

Je leur en étais infiniment reconnaissante, mais en mon for intérieur, je me disais : « Nous évacuer par hélicoptère ? Et où donc vais-je mettre mes vingt-huit éléphants ? Mes neuf chiens ? Mes quatre rhinocéros ? Sans parler des cinquante employés ! » En ce qui me concernait, partir n'était

238

pas une option. Je ne les laisserais jamais derrière moi. Je resterais ici, quoi qu'il arrive.

Larry avait réuni une équipe d'hommes entraînés et lourdement armés, mais dans ce genre de contexte, toute aide est la bienvenue. Je demandai qui savait tirer. Christiaan et la plupart des fermiers des alentours faisaient partie de cette génération pour laquelle le service militaire avait été obligatoire, et ils étaient à l'aise avec les armes à feu. Nos voisins furent aussi sollicités. Une fois de plus, l'irréalité de la situation me frappait : étais-je vraiment en train de rassembler des hommes pour défendre notre coin de paradis perdu dans le bush ?

Dire que je savais tirer aurait été exagéré, mais j'avais suivi quelques cours dans les années 1990. À cette époque, juste avant les élections de 1994, la peur régnait dans le pays et les troubles civils n'étaient pas rares, notamment au Zululand. Lawrence m'avait acheté un petit pistolet pour que je puisse me protéger si nécessaire, mais j'avais d'abord dû obtenir mon permis de port d'arme. J'espère que les pauvres instructeurs auxquels j'ai eu affaire se sont remis de leur expérience ! Comme tout Français originaire du Sud, je parle avec les mains, en gesticulant à outrance. Mais à force de me voir agiter mon arme pour souligner un point important de l'histoire que je racontais, dès que j'ouvrais la bouche, tout le monde se mettait aux abris. Une fois, alors que l'instructeur venait de poser un bazooka sur mon épaule, je m'étais retournée pour lui demander où appuyer pour tirer, sans me rendre compte que j'étais en train de pointer le lance-roquettes sur l'assistance. Je n'avais pas compris pourquoi ils plongeaient soudain tous à terre ! J'avais réussi à obtenir mon permis, mais je suis sûre que les instructeurs avaient poussé un soupir de soulagement en me voyant partir !

Heureusement, je n'ai jamais eu à utiliser mon pistolet. Si ça avait été le cas, j'aurais dû d'abord fouiller au fond de mon sac pour le trouver, tâtonner en essayant de me rappeler comment enlever la sécurité, et à ce stade, il aurait sans doute été trop tard. J'avais gardé l'arme pendant quelques années puis, lorsque le gouvernement avait enjoint à tous les citoyens sud-africains de rendre leurs armes dans le but de réduire les violences, je m'y étais pliée.

C'était la première fois que je regrettais de ne pas avoir ce pistolet avec moi.

Je réunis nos employés et leur expliquai que nous avions été informés d'une potentielle attaque. Ils étaient horrifiés à l'idée de cette menace. Je leur demandai d'appeler leurs amis et leurs familles à Buchanana pour les alerter et pour obtenir leur soutien.

Ils saisirent leurs téléphones et incitèrent toutes les personnes qu'ils connaissaient à ne pas se ranger du côté de la violence et de la destruction, et à faire passer le message aux émeutiers de nous laisser tranquilles.

L'après-midi s'écoula sans encombre. Nous ne saurons jamais si les villageois convainquirent les potentiels assaillants ou si la rumeur de nos agents de sécurité qualifiés et armés jusqu'aux dents que Larry avait engagés les avait découragés. Cette nuit-là cependant, la panique et le stress m'empêchèrent de dormir. J'entendais les tambours résonner au loin dans le village, sans savoir ce que cela signifiait.

Heureusement, Thula Thula fut épargnée. Mais ailleurs, tout était dévasté : centres commerciaux, magasins, usines, écoles, entrepôts. Certains quartiers de Durban, dont les bâtiments avaient été brûlés et les vitres brisées, ressemblaient à des zones de combat. Les pillages furent massifs, tant de la part de pauvres qui s'emparaient de nourriture que d'opportunistes sans vergogne qui saisissaient tout ce qu'ils pouvaient, semant derrière eux le chaos. Une vidéo fit le tour du monde : on y voyait un homme qui tentait de charger un énorme téléviseur à écran plat à l'arrière de sa voiture – en vain.

– C'est à ça que je ressemblerais si j'essayais de faire monter Mabula dans l'hélicoptère pour nous évacuer ! plaisantai-je en montrant les images à Lynda.

Eh oui, même dans les pires moments, il fallait continuer à rire.

Plus tard, on apprit qu'il s'agissait d'une insurrection. Une poignée de personnes menaient et encourageaient les foules, dans le but de mettre notre province et notre pays à genoux.

Ce fut un échec.

29

L'esprit de l'Ubuntu

Dès le début des émeutes et des pillages, la réaction des Sud-Africains fut extraordinaire. Les communautés s'unirent pour défendre leurs quartiers, leurs terres et leurs biens. Clément se trouvait alors dans notre appartement à Umdloti, au nord de Durban, où tous les habitants se mobilisèrent pour ériger des barricades sur la route principale afin de bloquer l'accès au village. Tous les soirs, dans le froid de l'hiver, Clément assurait deux heures de protection communautaire. Par le passé, il avait fait partie des forces armées postées à la frontière angolaise, et il disait que ces patrouilles lui rappelaient sa jeunesse. Si lui possédait une arme, ses compagnons s'équipaient avec des fusils de chasse, des *pangas**, et même des battes de cricket.

Les routes étant bloquées et les entreprises fermées, la nourriture et l'essence vinrent à manquer rapidement. Clément préparait du pain qu'il amenait à ses nouveaux camarades de milice autoproclamée, avec du café chaud et de l'amarula – une liqueur délicieusement sucrée et cré-

---

* La *panga* est une machette africaine traditionnelle.

meuse, fabriquée à partir du fruit du marula, cet arbre dont les éléphants raffolent.

– C'est pour se donner du courage, Françoise, me disait-il. Juste une petite gorgée. Comme des légionnaires avaleraient un petit verre de cognac avant la bataille.

À Thula Thula, avec l'aide de Mabona, je rationnai la nourriture dont nous disposions afin de subvenir aux besoins de tous et de faire durer nos réserves le plus long-temps possible.

– Vous savez quoi ? De toute façon, on mange trop ! déclarai-je.

Tout le monde acquiesça et se tapota le ventre, l'air coupable. Nous avions ce qu'il fallait pour tenir, et en faisant un peu attention à notre consommation, personne ne mourut de faim.

Les exemples de solidarité entre communautés ne man-quaient pas. Dans notre ville d'Empangeni, des habitants formèrent une chaîne humaine pour encercler Five Ways Mall, le plus grand centre commercial de la ville, et le protéger ainsi des pillards. Sans leur courage, il aurait été dévasté.

Le gérant d'un supermarché versa de l'huile de cuisson sur le sol, juste devant l'entrée, de sorte qu'en arrivant, les émeutiers se mirent à glisser et à tomber. Cette ruse lui permit d'éviter le saccage, et la vidéo offrit un joyeux intermède au milieu de toute cette horreur.

Ce n'est que plus tard qu'on réalisa les exploits accom-plis par ces gens ordinaires. Les journaux télévisés regor-geaient d'images de violence et de destruction, ne faisant que propager la peur et l'angoisse. J'aurais aimé que les médias s'attardent sur ces petits îlots protégés envers et contre tout, qu'ils montrent les visages de ces héros méconnus. Ces individus et ces communautés, armés de leur seul courage, avaient défendu les bâtiments et les propriétés, et sauvé des vies.

Les troubles se poursuivirent encore une semaine, puis vint le temps du nettoyage. C'était un travail colossal. Les rues étaient jonchées de verre brisé, d'emballages, de poussière et de gravats. Une partie de ce qui avait été pillé avait été abandonnée sur place et les denrées alimentaires commençaient à pourrir. Une fois de plus, les communautés unirent leurs forces. Les gens se mirent à balayer et ratisser les rues puis, quand leur quartier fut déblayé, ils allèrent prêter main-forte à leurs voisins, résolus à réparer et à reconstruire.

Des camions remplis de nourriture et de produits de première nécessité arrivèrent en provenance du Cap et de Johannesburg pour aider ceux qui avaient tout perdu ou ne pouvaient pas subvenir aux besoins de leur famille. Dans les jours qui suivirent ces émeutes, le courage et l'esprit d'*ubuntu* des Sud-Africains étaient visibles partout : ils s'entraidaient, faisant preuve de solidarité et de détermination, et restaient positifs.

À force de vivre avec les éléphants, je les compare souvent aux êtres humains. On raconte que ce sont des animaux destructeurs, et on les surnomme même les « démolisseurs ». En réalité, il serait plus juste de les appeler « paysagistes », ou « ingénieurs en environnement », car depuis des millions d'années, ils façonnent le monde qui les entoure. Les écologistes les qualifient « d'espèce clé », c'est-à-dire une espèce qui a une importance capitale pour la survie de son écosystème qui, sans elle, changerait radicalement, voire cesserait d'exister.

Mais contrairement aux destructions causées par l'homme, celles engendrées par les éléphants créent de la vie. Lorsqu'ils font tomber un arbre, un espace s'ouvre dans la canopée et permet à des spécimens plus petits et plus jeunes de pousser. De cette façon, des arbres de tailles différentes se développent et répondent aux besoins variés d'animaux comme les kudus, les nyalas ou les guibs. De même, quand les éléphants piétinent le bush et les forêts denses qu'ils traversent, ils tracent de nouveaux passages et ouvrent la voie à d'autres animaux. Tels des jardiniers géants, ils dévorent le feuillage des arbres les plus chétifs et les encouragent alors à s'étoffer et à devenir plus robustes. Enfin, leur manière de se nourrir évite qu'une seule espèce végétale prédomine dans leur environnement.

Pendant les années de sécheresse, ils utilisent leurs défenses pour creuser le sol et s'abreuver, créant ainsi des points d'eau dont profite toute la faune. Par ailleurs, les intestins de ces gros mangeurs n'étant pas très efficaces, leurs excréments contiennent énormément de feuilles, d'herbes, d'écorces et de fruits à moitié digérés. Certaines espèces de plantes ont même évolué de telle sorte que leurs graines doivent d'abord passer par le tube digestif de l'éléphant avant de pouvoir germer. Grâce à leurs déjections, nos pachydermes contribuent à les disperser sur de vastes distances, tout en nourrissant le sol.

La présence de ces animaux affecte l'ensemble de l'écosystème – végétation, terre et eau – et donc la faune, qu'il s'agisse des grands prédateurs s'attaquant aux herbivores qui vivent dans les prairies défrichées par les éléphants ou des bousiers qui élisent domicile dans leurs excréments.

Dès lors, vous comprenez pourquoi je m'énerve quand j'entends dire que ce sont des animaux destructeurs. Leurs énormes pattes et leur gigantesque appétit sont loin de causer autant de dégâts que le réchauffement climatique et l'exploitation minière. Les éléphants peuvent certes poser problème s'ils se trouvent dans un espace trop petit, trop proche des activités humaines, mais jamais ils ne saccagent sans raison. En cela, toute comparaison entre leur comportement et celui de l'homme me paraît inepte.

À Durban, durant les émeutes, des manifestants avaient mis le feu à une usine chimique. Cela provoqua une véritable catastrophe écologique : l'eau utilisée pour éteindre l'incendie se chargea de produits toxiques avant de se déverser dans la rivière voisine, puis dans la mer. Les plages au nord de Durban furent rapidement couvertes d'écrevisses et de poissons morts. C'était un spectacle terrible. Des kilomètres de côtes furent fermés pendant des semaines. À ce jour, nous n'en connaissons toujours pas les conséquences à long terme.

Malgré tout, j'essaie de rester optimiste. La nature nous apprend sans cesse que rien n'est immuable ; et bien souvent, après un incendie, une tempête de grêle ou un sérieux élagage, la repousse n'en est que plus forte et plus belle.

Aux heures les plus sombres, notre nation arc-en-ciel avait su faire preuve d'une attitude positive et d'un prodigieux esprit d'équipe. Des Sud-Africains de tous horizons s'étaient entraidés pour reconstruire leur pays dans la perspective d'un avenir meilleur. Cela me faisait penser à nos éléphants, qui vivent et travaillent ensemble, unis, se soutenant et se réconfortant les uns les autres. Je crois sincèrement que nous sommes capables de tirer les leçons de cette expérience et d'en ressortir grandis.

Dans le monde des hommes comme dans celui des éléphants, l'union fait la force.

Ou, comme on dit en zoulou, *ubuntu* : « Je suis, car tu es. »

30

L'extinction silencieuse

Tandis que le monde avait les yeux rivés sur la pandémie, les éléphants se rapprochaient un peu plus de l'extinction. La liste rouge établie par l'Union internationale pour la conservation de la nature classa l'éléphant de savane d'Afrique comme espèce « en danger », et l'éléphant de forêt d'Afrique « en danger critique d'extinction ». Ces deux espèces avaient précédemment été qualifiées de « vulnérables », et cette nouvelle classification signifiait que le risque de les voir s'éteindre à l'état sauvage était élevé.

Un jour, nous ou nos enfants vivrons peut-être dans un monde sans éléphants. Cette nouvelle m'horrifia, mais elle m'incita à travailler d'arrache-pied pour prendre soin de notre troupeau et étendre ses terres.

Les rhinocéros eux aussi sont au bord de l'extinction. Le dernier rapport publié par la fondation internationale de défense de l'espèce indique qu'en Afrique, leur population est estimée à 18 000 individus, soit une baisse de 12 % en dix ans. En Afrique du Sud en particulier, elle a chuté de plus de deux tiers en huit ans.

Cependant, si le sort des éléphants et des rhinocéros

est bien connu, d'autres animaux d'Afrique menacés eux aussi restent peu médiatisés. Parmi eux, notre autre plus grand mammifère terrestre, la girafe, dont la population a diminué de 40 % au cours des trois dernières décennies. On en compte désormais seulement 68 000 individus. Les défenseurs de l'environnement parlent d'une « extinction silencieuse », tant leur situation est méconnue du grand public.

Ce sont pourtant des créatures magnifiques, si gracieuses avec leur long cou et leur dos incliné. De près, on peut admirer le patchwork complexe de leur pelage dont chaque motif est unique, comme nos empreintes digitales. D'ailleurs, il en va de même pour le zèbre, dont chaque rayure est unique. Ah, et au cas où vous vous poseriez la question, les zèbres sont noirs avec des rayures blanches, et non l'inverse : sous leurs poils, leur peau est noire. Pour en revenir aux girafes, vu leur apparence, les Grecs pensaient que ces étranges spécimens étaient issus d'un croisement entre un chameau et un léopard (ce qui explique que l'espèce porte le nom de *camelopardalis*). Outre leur long cou et leur haute taille, les girafes présentent de nombreuses caractéristiques extraordinaires. Leur langue est violacée, très foncée. Elles font la sieste debout, par petites tranches d'une minute ou deux. Enfin, elles se couchent rarement, car cela les rend extrêmement vulnérables aux prédateurs – se lever n'est pas si facile quand on est bâti comme un immense escabeau !

Malheureusement, ces animaux insolites sont chassés pour leur viande, leur peau, leurs os, leurs poils et même leur queue. J'ai du mal à comprendre comment on peut avoir envie d'accrocher leur belle peau tachetée au mur ou d'en faire un tapis, mais c'est pourtant ce qu'il se passe. Par ailleurs, certaines parties de la girafe sont utilisées pour le *muthi*, un remède traditionnel, et on raconte que leur moelle osseuse permet de guérir du VIH. Leur queue, qui se termine par un pinceau de poils noirs, est aussi un symbole de statut social, et ces longs poils sont employés pour fabriquer des bracelets et d'autres objets. Il a fallu attendre 2019 pour que la CITES (Convention sur le commerce international des espèces de faune et de flore sauvages menacées d'extinction) réglemente leur commerce.

Thula Thula abrite 80 girafes, très appréciées des visiteurs, qui ne cessent de s'émerveiller devant ces beautés sculpturales. Quand leurs silhouettes se découpent dans le ciel au coucher du soleil, elles nous offrent un spectacle magnifique. On appelle d'ailleurs un groupe de girafes « une tour ». C'est joli, n'est-ce pas ? Pour les photographes amateurs, elles sont presque aussi irrésistibles que nos éléphants ou nos rhinocéros.

Si elles n'ont pas la même personnalité que nos éléphants, certaines se distinguent toutefois. Par exemple, nous connaissions bien nos deux doyens, Shaka et Uneven, qui ne seraient sans doute déjà plus de ce monde s'il y avait eu des lions à Thula Thula. Shaka était si vieux et chancelant qu'il ne marchait même plus droit. Son pelage s'assombrissait d'année en année, de telle sorte que ses taches avaient pris une couleur chocolat noir. Uneven – ainsi dénommé à cause de ses cornes de taille inégale – était presque aussi décrépit, mais son pelage à lui s'éclaircissait d'année en année, devenant miel doré, très pâle.

– Regardez ces deux *mdalas* (vieux) qui boitillent, dit

un jour Muzi alors que le troupeau traversait la plaine juste devant la maison pour se rendre au petit étang de Gwala Gwala. Vous avez remarqué qu'ils sont toujours à l'opposé l'un de l'autre ? Ces deux-là n'ont jamais été amis. On dirait qu'ils se font concurrence.

Je ne l'avais pas relevé, mais Muzi avait peut-être raison. Quoi qu'il en soit, si compétition il y avait, ce fut finalement Shaka qui remporta le titre de doyen de la réserve. Un jour, je me rendais à Tented Camp en voiture lorsque j'aperçus quelque chose d'inhabituel : les girafes étaient toutes rassemblées, formant un groupe compact, le regard rivé au sol. Bien qu'elles vivent ensemble, en général, ces créatures ne développent pas de liens sociaux très marqués – à l'exception des mères et de leurs petits – et sont souvent assez dispersées. Les herbes hautes m'empêchaient de bien les distinguer, et je me demandais ce qu'elles pouvaient bien scruter quand Muzi arriva en compagnie de quelques hôtes, qu'il emmenait en safari. Il arrêta son véhicule à côté du mien. Après avoir salué les visiteurs, je l'interrogeai :

– Regarde-les. Tu ne trouves pas qu'elles ont un comportement étrange ?

– Uneven est mort. J'ai aperçu son corps ici ce matin. Elles se sont rassemblées autour de leur *mdala* pour lui rendre hommage.

Je n'avais encore jamais vu ça. Les éléphants sont connus pour honorer la mort d'un membre de leur harde : ils se rendent sur le lieu où il repose, caressent ses ossements et se balancent parfois d'avant en arrière, dans ce qui ressemble à un rituel funéraire. Il arrive même qu'un éléphant en deuil se mette en retrait du groupe, que son sommeil et son alimentation soient perturbés, comme nous. Mais les girafes ? Muzi affirma que c'était rare, mais qu'il en avait déjà entendu parler.

Au fil du temps, le cadavre d'Uneven se décomposa et les rangers observèrent un phénomène aussi étrange qu'intéressant : les girafes, pourtant herbivores, semblaient se nourrir des os de leur *mdala*.

– C'est de l'ostéophagie, expliqua Christiaan. Elles ne les mangent pas vraiment, elles les lèchent et les mâchonnent. À cause de leur squelette immense, elles ont d'énormes besoins en calcium et en phosphore.

Eh bien, une chose est sûre : dans le bush, on en apprend tous les jours, même au bout de vingt ans !

Chez les girafes, la période de gestation dure quinze mois, et elles n'ont qu'un seul petit à la fois. Ce ne sont donc pas de grandes reproductrices. Moins d'une heure après la mise bas, les bébés se tiennent déjà debout sur leurs pattes. Cependant, ils restent très vulnérables pendant les premiers mois – on estime que la moitié d'entre eux meurent au cours de cette période. Mais ici à Thula Thula, en l'absence de prédateurs et de chasse, les girafes se reproduisaient bien et leur nombre ne cessait de croître. La dernière-née était la petite June, arrivée durant le confinement. Cette jolie girafe, née en juin, était une parfaite réplique miniature de sa mère, qu'elle ne quittait pas d'une semelle : elle se promenait à ses côtés sur ses pattes branlantes, en battant des cils.

Idéalement, il ne faut qu'un seul grand mâle pour plusieurs femelles. À Thula Thula, nous en avions un peu trop. Afin de préserver l'équilibre du troupeau, nous souhaitions donc envoyer quelques jeunes mâles vers d'autres réserves désireuses d'introduire une nouvelle lignée génétique au sein de leurs populations.

Capturer et transférer des girafes n'est pas une mince affaire, et nous avions décidé de faire appel à une société spécialisée dans ce genre d'opération. Le jour J, Vusi et quelques employés de la société partirent à bord de deux camions à la recherche de jeunes mâles ; mais par le plus grand des mystères, ils ne trouvèrent que des femelles.

C'est étrange, mais les bêtes ont une intuition très forte, et souvent, lorsqu'on cherche à tout prix un animal en particulier, il semble nous éviter avec la même détermination. Par exemple, quand nous avions déposé les demandes de permis d'introduction des guépards, les autorités nous avaient réclamé des photos de nos troupeaux d'antilopes. Ils voulaient la preuve que la réserve comptait suffisamment de proies pour satisfaire ces grands félins.

– Rien de plus facile, avait dit Kim, s'apprêtant à partir, appareil photo à la main. Je serai de retour d'ici une heure.

Les antilopes sont nombreuses aux abords du lodge ; en général, pas besoin de chercher bien loin pour les trouver. Sauf ce jour-là. Kim roula pendant des heures et n'aperçut rien d'autre qu'un nyala solitaire et quelques impalas. Rien qui ressemblait à un troupeau.

– Je vous jure qu'elles se cachaient, bougonna-t-elle de retour à la maison, des heures plus tard, épuisée par sa mission infructueuse.

C'est exactement ce qu'il se produisit avec les girafes. Par chance, les rangers finirent par dénicher un troupeau avec des mâles et ils se mirent aussitôt au travail. Depuis l'hélicoptère, le vétérinaire anesthésia six individus. Le sédatif utilisé était léger, afin qu'ils puissent se tenir debout.

— Vu leur taille et la longueur de leur cou, s'ils restent au sol trop longtemps, il y a un risque pour leur tension artérielle, expliqua l'un des responsables de la société de transfert. Ils pourraient aussi être victimes d'une crise cardiaque. Et puis, complètement anesthésiés, les déplacer devient presque impossible. De cette façon, ils peuvent encore marcher.

Tout était fait pour réduire au minimum le stress de l'animal et les risques qu'il encourait.

En l'espace de quelques minutes, les girafes commencèrent à ralentir le pas. L'équipe fut alors en mesure de les immobiliser à l'aide de cordes. Je vis l'un des jeunes mâles tomber à genoux. Six ou sept hommes se précipitèrent vers lui, l'un d'eux lui passa un licou autour de la tête, les deux autres lui bandèrent les yeux. Tandis qu'il se redressait, des hommes attachèrent des cordes au licou et à l'arrière-train de l'animal. Ils ressemblaient à des danseurs autour d'un mât de mai.

Le jeune mâle pouvait dès lors être conduit jusqu'au camion. Même le transfert d'une girafe de petite taille nécessite la présence d'une équipe importante pour tirer les cordes tout en restant suffisamment à distance : un coup de patte pouvait être fatal.

Tout en les regardant faire, nous les aidions de loin, en leur donnant des indications :

— Attention aux pattes !
— Vusi, attention !
— Amenez-le par ici ! À gauche, à gauche…

Mais même sous sédatif, les jeunes mâles ne se laissaient pas complètement guider. L'un d'eux écarta ses pattes avant et les tendit, s'arc-boutant, déterminé à ne pas faire un pas de plus ! Malgré leurs réticences, les six girafes finirent tout de même par monter dans les camions, l'une après l'autre.

Le reste du troupeau se tenait à l'écart et contemplait le spectacle. On dit des girafes qu'elles sont les hippies de la brousse. Elles avancent très lentement et semblent toujours assez détendues, ou en tout cas, pas particulièrement vives ou alertes. Je pensais qu'en voyant leurs congénères se faire embarquer, elles s'empresseraient de fuir, mais elles restaient là, à les regarder, un peu perplexes. J'imaginais leur conversation :

« Hey, les gars, Gerry n'a pas l'air très stable, hein ?

– Que fait cet humain avec une corde ?

– Oh, tu les connais. Étranges créatures.

– Vous avez vu, Jacob grimpe dans l'énorme voiture !

– Moi, je ne suis jamais monté là-dedans.

– Moi non plus.

– Bon, eh bien… Salut, Jacob ! À bientôt, Gerry ! »

Les mâles furent emmenés sur la piste d'atterrissage – que nous aimions appeler « aéroport international de Thula Thula » – et transférés dans de grands camions qui les conduiraient jusqu'à leur nouvelle maison. Leurs cous et leurs têtes dépassaient des conteneurs placés à l'arrière des véhicules, leur donnant une allure étrange. Tandis qu'ils sortaient de la réserve, je souriais en pensant aux automobilistes qui les croiseraient sur la route et les pointeraient du doigt, étonnés :

– Regardez, les enfants ! Ça déménage, chez les girafes !

31

Humains contre animaux

La liste des animaux en voie d'extinction en Afrique du Sud est alarmante. Y figurent les pangolins, par exemple, ces créatures préhistoriques sans équivalent couvertes d'écailles, au nez effilé et à la longue queue. Face à des prédateurs, ils se roulent sur eux-mêmes pour former une boule cuirassée. Malheureusement, cela ne suffit pas à les protéger de la cruauté des hommes qui les abattent pour leurs écailles auxquelles ils attribuent, encore une fois, des propriétés magiques. De la même manière, le braconnage de l'ourébi, une petite antilope, a mené à sa quasi-extinction. Le chien sauvage d'Afrique, quant à lui – aussi appelé lycaon, et reconnaissable à son pelage tacheté de multiples couleurs – est tué car considéré comme un danger pour le bétail. Aujourd'hui, c'est l'un des mammifères les plus menacés. À cette liste s'ajoutent les vautours du Cap, l'hippocampe de Knysna mais aussi des oiseaux de mer, des serpents, des grenouilles et bien d'autres encore.

La croissance démographique ainsi que la réduction et la fragmentation des habitats naturels entraînent de nombreux conflits entre hommes et animaux. On comprend aisément que personne ne souhaite voir un pachyderme piétiner ses champs de blé, grignoter sa canne à sucre ou traverser au milieu de la route. Mais nous nous devons de trouver les moyens de concilier leurs besoins et les nôtres.

En 2020, les autorités chinoises furent confrontées à une situation aussi étrange qu'inédite : une harde de quinze éléphants quitta sa réserve naturelle du Yunnan et se mit à sillonner le pays. Personne ne connaissait la raison de ce déplacement, et encore moins leur destination. Cherchaient-ils de la nourriture ? S'étaient-ils perdus ? Leur matriarche les avait-elle induits en erreur ? Mystère. Quoi qu'il en soit, ils parcoururent près de cinq cents kilomètres, dévorèrent des millions de dollars de récoltes, endommagèrent de nombreux magasins et des habitations, engloutirent des tonnes d'eau potable. Mais ils charmèrent aussi le pays. La façon dont le peuple chinois réagit face à ces nomades géants m'impressionna. Les autorités mirent en place une surveillance 24 h/24, mobilisant une équipe de pisteurs à pied ainsi que des drones qui leur offrirent des photographies extraordinaires. Les clichés fascinèrent le monde entier.

On essaya de les réorienter et d'assurer leur sécurité en les éloignant des zones résidentielles, en leur donnant de la nourriture et en bloquant certaines routes avec des camions. Quand c'était impossible, les habitants étaient temporairement évacués et relogés, afin d'éviter tout accident. Le troupeau finit par rentrer aussi mystérieusement qu'il était parti, et en décembre 2021, soit un an plus tard, il était de retour dans sa réserve d'origine. La Chine est l'un des rares pays au monde où la population d'éléphants augmente chaque année grâce aux mesures de protection de l'espèce mises en place, dont une lutte acharnée contre le braconnage.

Face à l'envahissement de leur habitat par l'homme, les animaux font de leur mieux pour survivre. Les babouins, eux, n'abandonnent pas leur territoire si facilement. Dans certaines régions du Cap-Occidental, si on laisse la porte de sa maison ouverte, il arrive qu'ils y entrent, se servent dans la corbeille de fruits et saccagent l'intérieur avant de partir. C'est la raison pour laquelle ils sont aujourd'hui considérés comme une espèce « à problèmes ».

À Thula Thula, nous avons deux troupes de babouins, soit une quarantaine d'individus en tout. Heureusement, ils sont peu habitués à l'homme, et n'ayant pas appris à associer l'homme à la nourriture, ils ne nous causent que très peu d'ennuis. Cependant, je dois admettre que j'ai moi-même quelques réserves vis-à-vis des babouins. Mes chiens aboient dès qu'ils les voient et j'ai bien peur qu'un jour, un babouin agacé par leurs jappements vienne leur régler leur compte ! Ce sont de grands animaux, très forts, à la mâchoire puissante. Mes petits princes et princesses trop gâtés ne feraient pas le poids face à eux.

Par un après-midi d'été où la chaleur régnait, j'écartai mes chiens, installés sur mes genoux, et je me levai pour ouvrir la porte, afin de laisser entrer un peu d'air frais. Je tombai nez à nez avec un énorme babouin, la main tendue comme s'il avait été sur le point d'ouvrir exactement au même moment. Nous eûmes tous deux la peur de notre vie. Je bondis en arrière en poussant un cri. Le babouin en fit de même et aboya en montrant ses grandes dents pointues ! Nos hurlements réveillèrent les chiens qui se mirent à japper frénétiquement, au moment où je refermai la porte sur mon visiteur surprise. Le babouin tourna les talons et s'enfuit à travers le jardin, sans doute traumatisé par sa rencontre avec une Française vociférante et une meute de bêtes sauvages.

Que se serait-il passé s'il avait décidé d'entrer ? Je suis convaincue que mes chiens l'auraient attaqué ; ils sont tout à fait inconscients de leur taille. Certains, parmi les plus petits, avaient déjà tenté leur chance face à un éléphant. Ce babouin aurait pu les tailler en pièces. Heureusement, il n'en fut rien, et malgré cette rencontre terrifiante, je ne garde pas de réelle rancune envers cette espèce.

D'ailleurs, en observant une troupe de babouins, on se rend vite compte que leur manière d'interagir, en famille notamment, ressemble à la nôtre. Quand on voit une mère caresser le visage de son petit et le regarder avec amour, il est difficile de ne pas imaginer qu'elle ressent les mêmes émotions que nous. Les babouins peuvent aussi se montrer très drôles. L'une des troupes se rend souvent à Tented Camp, en fin d'après-midi. La grande tente familiale n° 6 possède une porte vitrée et ils s'y arrêtent pour contempler leur reflet. Certains, effrayés à la vue de ce qu'ils croient être un congénère, s'enfuient. Mais d'autres s'amusent à grimacer ou agiter les bras, et semblent très surpris de voir qu'en face d'eux, l'inconnu leur répond immédiatement, par le même geste.

Les autres singes rencontrent eux aussi des problèmes avec les hommes : nous avons envahi leur habitat, abattu les arbres où ils s'abritaient, bâti des maisons sur leurs terres et nous ne voulons plus d'eux. Nous en avions récemment fait les frais. J'ai un appartement dans la ville d'Umdloti, sur la Dolphin Coast, près de Durban. Ce qui était autrefois un village paisible est devenu une destination de vacances très populaire, et de nombreuses résidences neuves ont été construites tout autour. Il y a vingt ans, des champs de canne à sucre et une forêt tropicale naturelle s'étendaient à perte de vue. Aujourd'hui, tout n'est que terre fraîchement remuée et bulldozers.

On aperçoit souvent d'adorables singes vervets aux abords de la ville. J'aime beaucoup regarder les petits jouer autour de leur mère ou s'accrocher à son ventre pour se balader. La vue d'une maman et de son bébé m'attendrit toujours. Les singes vivent dans cette région depuis des siècles, bien avant que nous ne décidions d'y élire domicile. L'empiétement de l'homme sur la nature a entraîné la réduction, voire la perte de leur habitat. Ils font de leur mieux pour survivre, et cela implique bien souvent de chaparder de la nourriture ou de se comporter comme une bande de petits voleurs, en dévalisant les propriétés.

Un week-end de l'été 2021, Clément quitta l'appartement pour venir à Thula Thula et oublia de fermer la fenêtre de la cuisine. Les singes repérèrent cet oubli en un éclair et entrèrent pour se servir. Nos voisins, qui n'avaient pas la clé, assistèrent au spectacle, impuissants : ces voyous s'en donnaient à cœur joie. Clément rentra précipitamment dès qu'il fut prévenu. À son retour, l'intérieur était dévasté. Les singes s'étaient amusés à se balancer des œufs, avaient mangé tout ce qui leur était passé sous la main et jeté ce qui ne leur plaisait pas. Loin de se comporter en hôtes exemplaires, ils n'avaient évidemment pas fait le ménage avant de partir. Pauvre Clément. Malgré cela, on ne pouvait pas leur en vouloir : c'est ce qui arrive quand les hommes empiètent sur le territoire des animaux.

Les singes de Thula Thula qui gambadent en famille sur les pelouses du lodge sont adorables, mais aussi très espiègles. Par exemple, ils ont compris que les petits sachets en papier disposés sur les plateaux de thé contiennent du sucre, et parfois, un audacieux vient en chaparder un, qu'il jette tout entier dans sa bouche. Ils n'hésitent pas non plus à se servir dans la salade de fruits frais s'ils pensent pouvoir s'en tirer en toute impunité.

Voler du sucre est une chose, mais s'emparer des appareils électroniques coûteux de nos hôtes en est une autre. Alexandre, un touriste français qui parlait assez mal anglais, sortit un jour de sa tente en bougonnant. Christiaan voyait bien qu'il était contrarié, mais ne comprenait pas pourquoi. Notre hôte pointa alors du doigt un quinquina – aussi appelé « arbre à fièvre » – où était assis un petit vervet gris en train d'examiner son bel iPhone flambant neuf. Il l'avait laissé dans la véranda et l'animal l'avait ramassé par curiosité, se demandant sans doute ce que les humains pouvaient bien faire avec ces objets brillants. Après l'avoir tripoté dans tous les sens et avoir découvert qu'il n'était pas comestible, il le laissa tomber – intact, heureusement. Lorsque je me rendis à Tented Camp un peu plus tard, Alexandre me montra les marques de morsure sur le côté de son téléphone – un petit souvenir qui lui rappellerait son séjour dans le bush !

Tracy Rowles, aussi connue sous le nom de « Monkey Lady » – la femme aux singes –, a créé un centre de sauvegarde consacré aux vervets, Umsizi Umkomaas

Vervet Rescue. Avec son équipe, elle sauve les singes blessés, orphelins, ou trouvés dans des zones résidentielles, et les réhabitue à la vie sauvage dans le but de les relâcher dans la nature. Le travail de cette structure m'a tant impressionnée que je lui ai proposé d'accueillir une troupe de vervets dans la partie nord de Thula Thula.

Tracy avait demandé un permis d'exploitation pour son centre depuis quelque temps déjà et elle attendait désespérément une réponse des autorités – cette situation m'était familière ! L'établissement fonctionnait de fait sans autorisation légale. Un jour, elle reçut une mise en demeure : elle disposait de vingt et un jours pour se séparer de ses singes. Elle n'en fit rien et fut donc inculpée et condamnée à verser une amende. Les locaux furent perquisitionnés, les animaux capturés, confisqués, puis abattus. Les autorités euthanasièrent ainsi cinquante-neuf vervets – ceux-là mêmes qu'elle avait sauvés et soignés avec tant de dévouement et d'amour. Lorsque j'appris la terrible nouvelle, je n'en crus pas mes oreilles. La pauvre Tracy était désemparée. Elle me confia qu'elle ne parvenait pas à dormir la nuit, craignant un nouveau raid.

L'incident fit la une des journaux et une émission télé d'investigation, *Carte Blanche*, lui consacra un épisode. Les autorités défendirent leur action en citant la réglementation et en soutenant que les animaux étaient détenus illégalement, mais cela provoqua un tollé de l'opinion publique, horrifiée par cette réponse d'une cruauté inutile. Aujourd'hui, Tracy réaménage son sanctuaire dans un nouvel endroit, plus loin de la ville et des zones résidentielles, où ses singes pourront vivre en paix et en sécurité. Ironie du sort, la troupe massacrée était celle qui devait venir à Thula Thula. Si seulement elle était arrivée quelques semaines plus tôt...

32

On ne s'ennuie jamais dans le bush!

– Boni, vite. Va chercher le lait!

La femme de chambre accourut, une bouteille à la main. Non, il ne s'agissait pas d'une urgence au salon de thé, mais plutôt d'un accident de serpent. Gin avait fait la rencontre d'un *mfezi*, le cobra cracheur du Mozambique. Lorsqu'il est acculé, cet animal se cabre, déploie son capuchon et crache son venin avec une telle puissance qu'il peut aller jusqu'à deux ou trois mètres. Si celui-ci touche la peau ou le pelage, il ne cause aucune blessure, mais s'il entre en contact avec les yeux, il provoque une inflammation voire une cécité temporaire. Quand les rangers croisent un *mfezi*, ils saisissent immédiatement leurs lunettes de soleil. Un jour, ils durent s'occuper d'un sacré spécimen qui s'était introduit dans mon bureau : j'eus l'impression d'assister à une scène du film *Men in Black*!

Malheureusement, en matière de serpents, mes chiens n'apprenaient pas tellement de leurs erreurs. Bien souvent, ils ne résistaient pas à l'envie de s'amuser avec eux. À l'exception de Gypsy, trop sensible, chacun d'eux s'était déjà retrouvé avec du venin de cobra dans l'œil. Aujourd'hui, c'était au tour de Gin. Par chance, le lait neutralise le poison. J'en versai dans les yeux de Gin tandis que Lynda le tenait fermement. Le pauvre se tortillait et le liquide ruisselait sur son museau.

– Voilà, gros bêta, dis-je. J'espère que tu retiendras la leçon.

Il s'ébroua, nous aspergeant de lait, et courut à l'intérieur où il entama une sieste réparatrice. Au réveil, ses yeux étaient gonflés et il sentait une vague odeur de lait caillé, mais il n'eut heureusement aucune séquelle.

La vie dans le bush est certes un paradis pour les chiens, mais elle est pleine de dangers. Un jour, un crocodile s'en était même pris à Peggy, notre bull-terrier. Les hyènes aussi représentaient une menace pour ma meute bien-aimée, et chaque nuit, lorsque je les entendais, je murmurais à leur oreille, en pensée, les suppliant de ne pas s'approcher de mes chiens. Mais le principal risque venait des serpents. Tonic, le frère de Gin, était un petit Jack Russell au grand cœur, très mal élevé, désobéissant et débordant d'énergie. Je l'avais déjà vu grimper à un arbre pour attraper des singes ! Mais l'esprit aventurier de Tonic avait eu raison de lui. Un jour, en descendant à la rivière, il essaya d'attaquer un python. Le serpent en sortit vainqueur.

Quand Kim adopta Zara, elle décréta que sa chienne devait être dressée spécifiquement contre les serpents. Elle appela Jack, le responsable du camp de bénévoles, passionné de reptiles, et lui demanda d'amener un spécimen non venimeux au bureau.

Voilà le genre de requête qui ravissait Jack ! Il arriva sur-le-champ avec un serpent de bush vert, tacheté, une espèce très répandue et qui cause malgré elle de nombreux problèmes. En effet, les gens qui les connaissent mal les confondent souvent avec les mambas verts, extrêmement dangereux !

Kim et Jack le présentèrent à Zara et la laissèrent l'examiner et le renifler tout en l'empêchant de le toucher et de se jeter dessus, dans l'espoir que la chienne se souvienne de la leçon si elle en croisait un dans la nature.

– Ils ne nous font pas de mal si on les laisse tranquilles, répétait sans cesse Jack. Quand avez-vous entendu parler d'une personne tuée par un serpent pour la dernière fois ? En tant qu'être humain, je suis de loin la créature la plus dangereuse que vous puissiez rencontrer ! Et pourtant vous restez ici, à discuter avec moi.

D'un point de vue statistique, c'était probablement vrai, mais essayez de dire cela aux commis de cuisine quand ils vous téléphonent en panique parce qu'un cobra cracheur s'est glissé derrière le réfrigérateur...

Les rangers maintiennent que les serpents ne cherchent pas à s'attaquer aux chiens ou aux hommes – il se trouve juste que nous nous croisons par hasard de temps en temps. Pour éviter cette situation potentiellement fatale, les femmes zouloues confectionnent des bracelets de cheville composés de cocons qui contiennent de petites pierres. Chaque pas produit une vibration qui alerte ainsi les reptiles.

À l'approche de l'hiver, j'ouvre toujours mes armoires à vêtements avec appréhension, car c'est l'endroit idéal pour un serpent qui voudrait hiberner au chaud. J'ai essayé de nombreuses méthodes soi-disant dissuasives comme saupoudrer divers mélanges de lavande, d'huile essentielle de citron et de vinaigre... en vain. Ayant entendu dire que ces bêtes n'aiment pas l'odeur de la naphtaline, je me suis dit qu'en disposer quelques boules çà et là ne pouvait pas faire de mal. Au moins, nos pulls seraient protégés des mites, et avec un peu de chance, des serpents. J'en ai acheté une grande quantité et ai demandé aux femmes de chambre de Safari Lodge et de Tented Camp d'en mettre partout – dans les coins, sous les meubles et au fond des armoires. Le résultat fut assez concluant ; l'hiver passa sans que nous recevions la visite de nos amis rampants. Cela valait mieux pour les serpents aussi – leur place était dans le bush.

Mais si ces animaux hibernent, alors on ne devrait pas en voir se promener dehors au beau milieu d'une nuit d'hiver, n'est-ce pas ? Faux ! Un soir, agacée par les aboiements incessants des chiens dans le jardin, j'ouvris la porte et aperçus qu'ils encerclaient quelque chose par terre, une sorte de grosse boule sombre. Je pris ma lampe torche, enfilai mes lunettes et découvris avec effroi une énorme vipère heurtante, enroulée sur elle-même. C'est l'une des espèces les plus dangereuses qui existent. Et celle-ci était un sacré spécimen ! Je crois qu'elles sont sourdes – une chance pour elle comme pour les chiens, vu le vacarme qu'ils faisaient. Si elle avait décidé d'attaquer, celui qui se serait trouvé dans sa ligne de mire aurait immédiatement rendu l'âme.

Je me mis à pousser des hurlements hystériques, j'ordonnai à ma meute de rentrer à la maison, et j'appelai aussitôt un ranger pour qu'il vienne identifier l'intrus. Ce soir-là, Khaya se conduisit en héros. Il confirma qu'il s'agissait d'une vipère heurtante et utilisa une pince à serpent pour soulever délicatement la pauvre créature apeurée et l'emmener loin de chez nous. Nous fûmes soulagés de le voir partir, et l'animal dut être tout aussi ravi d'être tiré d'affaire.

Nous avons beau essayer d'apprendre à nos chiens à ne pas aboyer et à ne pas poursuivre les animaux, c'est plus fort qu'eux. Dès qu'ils aperçoivent des antilopes dans le jardin, ils deviennent fous. Cependant, s'ils aiment s'amuser un peu avec les nyalas, ils semblent sentir d'instinct la puissance qui émane des éléphants. Lorsque la harde approche de la maison, un « chut » suffit à immobiliser mes chiens, qui regardent ces géants majestueux défiler, sans un bruit.

Mais dans le bush, tout s'apprend ! Les caniches de Lynda, tout juste arrivés de Pretoria, ne connaissaient pas l'étiquette propre à nos pachydermes. La première fois qu'ils les aperçurent, ils se jetèrent contre la clôture en aboyant de toutes leurs forces, bien décidés à nous protéger contre ces mastodontes. Les jappements et grognements des caniches suscitèrent l'agitation au sein du troupeau. E.T. s'élança en avant en émettant un barrissement rageur. Je crus même qu'elle allait enfoncer la clôture pour les faire taire.

Lynda parvint à enfermer ses chiens dans la maison, et les éléphants se calmèrent. Mon cœur battait à tout rompre ; nous l'avions échappé belle. Aujourd'hui, les deux caniches ne semblent toujours pas s'être habitués à cette présence, si bien que dès que le troupeau nous rend visite, nous nous empressons de cloîtrer nos petits citadins à l'intérieur.

Une chose est sûre : dans le bush, on ne s'ennuie jamais !

33

D'ingénieux éléphants

En août 2021, une équipe des autorités responsables de la faune sauvage vint vérifier nos clôtures et examiner le couloir souterrain qui reliait Thula Thula à Zulweni. Si tout se passait bien, nous pourrions fusionner les deux réserves et disposerions presque des 5 000 hectares requis. Nos animaux respectifs pourraient ainsi se croiser, se saluer et – nous l'espérions – s'accoupler.

L'inspection se déroula bien. La seule préoccupation des autorités concernait la route qui séparait nos deux propriétés. Les éléphants emprunteraient-ils le passage souterrain ? N'ayant jamais essayé de les inciter à faire ce genre de chose, nous ne pouvions pas prédire leur réaction. Entreraient-ils de leur pas nonchalant ? Devrions-nous les attirer avec de la luzerne et des granulés pour chevaux ? Ou refuseraient-ils d'y pénétrer, et reviendraient-ils quand bon leur semblerait ? Nul ne le savait.

Mais ce dont j'étais persuadée, c'est que les éléphants sont les animaux les plus intelligents et les plus ingénieux qui soient. S'ils voulaient se rendre de l'autre côté de la route et qu'ils devaient emprunter le passage souterrain pour cela, ils le feraient. J'avais déjà été témoin de leur détermination. Vingt-quatre heures après l'arrivée de notre premier troupeau à Thula Thula, Nana avait fait tomber un arbre sur les fils électriques et permis à la harde de prendre la poudre d'escampette.

J'avais également vu une vidéo d'un éléphant qui rampait sous une clôture, à Addo Elephant Park. Incroyable ! Une autre vidéo tout aussi remarquable circulait : dans le parc national de Nagarahole, en Inde, un éléphant escaladait une solide barricade en bois, justement destinée à empêcher ces géants de pénétrer dans les espaces occupés par les hommes. Il se hissait au-dessus de la clôture avec une agilité et une détermination à peine croyables. Hélas, cette fuite était sans doute motivée par l'empiétement de l'homme sur son habitat : trouvant de moins en moins de nourriture dans son environnement naturel, il en cherchait dans les plantations de café alentour. À cet égard, les éléphants d'Inde sont confrontés aux mêmes problèmes que notre faune d'Afrique.

Quelle qu'en soit la raison, ces évasions témoignaient de l'intelligence et de l'esprit stratège de ces créatures extraordinaires. Comme nous le constatons souvent avec les grands animaux, quand ils veulent, ils peuvent. Je ne doutais pas un instant que notre troupeau suivrait cet adage.

Dans le bush, nous devons prendre des décisions pour lesquelles ni précédent ni documentation scientifique n'existent. Alors je m'en remets généralement aux personnes que j'estime et en qui j'ai confiance : nos rangers, les experts de la protection animale et les vétérinaires spécialisés dans la faune sauvage. Ils travaillent auprès des animaux sauvages au quotidien depuis des décennies et même s'ils ne peuvent pas tout connaître, ils ont un excellent instinct. Ils en savent assurément plus que moi.

Les autorités n'étaient pas convaincues par le couloir souterrain et nous demandèrent d'élaborer un plan pour que les éléphants puissent traverser la route d'une autre manière.

– Très bien, dit Michael. S'ils ne peuvent pas passer en dessous, ils devront passer au-dessus. On va trouver une solution.

Vusi, Christiaan et lui se mirent à creuser l'idée d'une passerelle. Michael avait travaillé pour le service des routes, avec lequel il entretenait de bonnes relations. Il sollicita leur avis. En une semaine, nous avions établi un plan que le service approuva : une passerelle serait construite avec des dos-d'âne de part et d'autre pour faire ralentir les voitures, une barrière canadienne et une nouvelle clôture renforcée tout autour. On envoya notre proposition aux autorités.

Nous étions pareils à l'éléphant d'Addo : à chaque objection, nous trouvions le moyen de passer en dessous ou de la contourner. Notre détermination était infaillible. Les revers nous obligeaient seulement à faire preuve de plus de créativité et à travailler plus dur, de manière encore plus efficace.

J'avais parfois la sensation que ma vie n'était qu'une longue attente de permis. Mais nous avions fait des miracles en acquérant de nouvelles terres et tout semblait prendre une tournure positive. J'avais bon espoir qu'une fois la fusion avec Zulweni actée, nous pourrions obtenir toutes les autorisations. Je croisais les doigts !

Mon optimisme ne tarderait pas à s'envoler.

La sagesse des éléphants

Le consultant que nous avions engagé pour établir le plan de gestion de notre harde nous expliqua précisément comment fonctionnait le ratio superficie/nombre d'éléphants. Après avoir tapoté sur sa calculette, il confirma le verdict officiel : même avec 5 000 hectares, nos éléphants étaient trop nombreux pour la taille de notre réserve. Certes, c'était le résultat qu'affichait sa machine, mais je restais persuadée que toute décision devait considérer à la fois la topographie de Thula Thula et le bien-être de la joyeuse famille d'éléphants qui y vivait depuis vingt-deux ans. Le consultant travailla sur un rapport, assorti de recommandations. Lorsque je le reçus, je n'en crus pas mes yeux. Il nous présentait deux options : transférer certains de nos éléphants afin de répondre aux exigences des autorités ou, à défaut, les abattre. Telle était l'alternative.

Michael, Christiaan et Lynda se trouvaient dans mon bureau quand le rapport arriva et lurent le choc sur mon visage.

— Merde, mais c'est pas possible, je n'y crois pas !

— Que se passe-t-il ? demanda Lynda. Vous êtes blanche comme un linge. (Je tournai mon ordinateur vers elle et la vis se décomposer à mesure qu'elle prenait connaissance du document.) Les transférer ? Les abattre… ? Mais comment… Où… ? On ne peut pas…

— C'est une famille, protestai-je. Imaginez si je vous disais qu'on va vous prendre l'un de vos enfants pour l'envoyer vivre chez des inconnus au Cap !

— Je sais, c'est inconcevable…, répondit-elle.

— Et qui me suggèrent-ils d'envoyer, hein ? Le petit Lolo, le dernier-né de Nana, que j'ai nommé en hommage à Lawrence après sa mort ? Il est si calme, si doux ; peut-être aimeraient-ils que je m'en débarrasse ! Ou peut-être préféreraient-ils un éléphant plus grand, comme Mandla ? La première fois qu'il est venu me voir, sous l'œil attentif de Nana, ce n'était qu'un bébé. Mérite-t-il d'aller vivre ailleurs ? (Michael déglutit avec difficulté et s'apprêta à dire quelque chose, mais j'étais sur ma lancée, et pas vraiment d'humeur à me laisser raisonner.) Ou Mabona ! Elle est si jolie, si joueuse, je suis sûre qu'on trouverait preneur. Et puis Tom ne verrait sans doute aucun inconvénient à perdre sa sœur, juste pour qu'on atteigne le nombre magique d'éléphants décrété par un gratte-papier enfermé dans son bureau ! Mais dans ce cas, quelqu'un devra se charger d'annoncer à Mabona, la responsable du lodge, que son homonyme s'en va, car ce ne sera pas moi.

Soudain, ma colère vira au désespoir et mes yeux se remplirent de larmes. Je côtoyais certains de ces éléphants depuis vingt-deux ans, certains même depuis le jour de leur naissance. Chaque membre de la famille avait son histoire. Nous connaissions leurs parents, leurs personnalités, leurs petites habitudes. Nous pouvions les identifier en un coup d'œil – grâce à leur taille, une déchirure à l'oreille, une cicatrice ou la forme particulière de leurs défenses – et les rangers savaient juger de leur humeur. Nous les aimions par-dessus tout.

– On ne va pas les transférer, c'est impossible, dit Christiaan, horrifié. On doit trouver une solution…

– Vous avez lu le rapport ? Si on ne le fait pas… (J'eus le plus grand mal à terminer ma phrase.) Ils vont les abattre. Les abattre ! Ce serait un meurtre !

À présent, les larmes roulaient sur mes joues tandis

que je pensais à nos éléphants adorés, qui risquaient d'être chassés et tués par des hommes perchés dans un hélicoptère. Notre merveilleux troupeau serait déchiré à jamais. Des mères perdraient leurs petits. Des amis et des compagnons de toujours seraient séparés... Gypsy, sensible à mes émotions, apparut à mes pieds. Je la pris dans mes bras et serrai son corps tout chaud contre moi.

– Comment cela peut-il contribuer à sauvegarder la faune ? demanda Michael. En quoi est-ce dans l'intérêt des animaux ? Ça n'a aucun sens.

J'avais toujours connu Michael très calme, mais cette histoire semblait l'ébranler.

Christiaan acquiesça :

– C'est absurde. On ne peut pas déplacer des éléphants comme ça. Ce n'est pas qu'une question de chiffres, c'est un problème de bien-être général du troupeau, et c'est une structure sociale complexe. Lorsqu'on la perturbe, cela peut avoir de graves conséquences. Les experts de la protection animale le savent très bien, depuis les expériences désastreuses menées dans le parc national Kruger dans les années 1980.

– Que s'est-il passé ? demandai-je. (À cette époque, je vivais à Paris et n'en avais donc pas entendu parler.)

– Les éléphants avaient mis la végétation et les ressources en eau du parc à rude épreuve. Les responsables de la faune ont estimé qu'ils étaient trop nombreux et ont décidé d'abattre 17 000 individus.

Lynda laissa échapper un petit cri.

– 17 000 ? répétai-je, choquée. Quelle horreur... Mais c'est un massacre !

Christiaan opina du chef, l'air grave.

– Oui, et ils ont sous-estimé l'impact que cela aurait sur le troupeau. Ils ont surtout tué les animaux les plus âgés. Or ces éléphants avaient derrière eux soixante à soixante-dix années d'apprentissage et d'enseignement. Ils étaient donc indispensables au reste de la harde. Ils entretenaient également des liens très forts avec leurs congénères : chaque éléphant faisait partie d'une famille. Parfois, trois ou quatre adolescents dépendaient des conseils d'un seul de leurs aînés. En fait, ils ont détruit la structure sociale de la harde, et de nombreux jeunes se sont retrouvés sans aucun adulte expérimenté pour les guider et les maintenir sur le droit chemin. Il s'est produit exactement la même chose lorsque des éléphants ont été introduits au Pilanesberg. Ils ont pris des jeunes, car plus faciles à transporter – on peut en mettre deux par camion, ce qui permet d'économiser de l'argent. Mais ces animaux sont vite devenus une menace pour la réserve, ils renversaient des voitures, et l'un d'eux a même tué un rhinocéros. En l'absence de figures d'autorité, ils ne savaient pas comment se comporter.

En songeant à notre propre famille d'éléphants et aux liens profonds et complexes qui les unissaient, je pouvais imaginer à quel point ces expériences avaient dû être dévastatrices. J'avais vu de mes propres yeux notre troupeau sombrer dans le désarroi après la mort de Frankie.

– Et vous savez quoi ? Se débarrasser de tous ces éléphants n'a même pas résolu le problème du surpâturage et de la destruction de l'habitat, poursuivit Christiaan en secouant la tête.

– Ah bon ? s'étonna Lynda.

– Ce qui a fini par fonctionner, c'est la suppression de

275

certains étangs et points d'eau artificiels. Dès lors, les éléphants ont dû se déplacer vers des points d'eau naturels et des rivières, couvrant ainsi un territoire plus grand, ce qui a contribué à réduire leur impact sur une zone précise et sur sa végétation.

Nous restâmes assis un moment, accusant le coup, puis Lynda se leva et se dirigea vers la bouilloire, suivie de ses deux caniches. Je pensai à la complexité de la nature, qui nous montrait que parfois, en essayant de résoudre un problème, on en créait d'autres. Même les soi-disant experts peuvent se tromper.

Christiaan soupira.

– S'ils considéraient la diversité de notre bush et la topographie de Thula Thula, ils constateraient que la réserve peut largement accueillir un tel troupeau, dit-il pour la centième fois.

C'était exaspérant. Nous avions l'impression de parler dans le vide, espérant en vain que notre logique soit un jour entendue.

– S'ils les voyaient, ils se rendraient compte que c'est le troupeau le plus heureux d'Afrique du Sud, soupirai-je.

Pour moi, c'était un point crucial. Si nos éléphants avaient été malheureux, s'ils se battaient entre eux ou attaquaient les humains, s'ils détruisaient le bush ou tentaient de s'échapper, j'aurais écouté les autorités et essayé de trouver une solution… Mais il n'y avait pas de problème.

Je vivais avec cette harde depuis plus de vingt ans. Lawrence et moi, ainsi que toute l'équipe de Thula Thula, avions lutté pour elle, jour après jour. Je ne prétendais pas tout savoir, mais j'étais convaincue d'une chose : notre troupeau devait rester uni. Les transférer était impensable, les abattre encore plus. Je ne voyais qu'une seule option : trouver davantage de terres, et prolonger notre programme de contraception, du moins pour un temps.

34

Alerte noire

De jour comme de nuit, mon téléphone sonne sans cesse et je croule sous les notifications. Je suis parfois tentée de l'éteindre pendant quelque temps, pour avoir la paix, mais c'est impossible. Nous avons mis en place plusieurs groupes de conversation WhatsApp pour communiquer avec les rangers, dont un dédié à la surveillance des rhinocéros, et un autre à celle des éléphants. Toutefois, les messages les plus inquiétants proviennent des groupes sécurité et anti-braconnage.

Nous disposons d'un système de codes d'alerte, que tout le monde connaît et s'engage à respecter. Il en existe quatre, chacun correspondant à un niveau de gravité. L'alerte jaune, la moins alarmante, signifie que des braconniers non armés « de petite envergure » ont franchi la clôture, tandis que l'alerte noire signifie qu'un échange de coups de feu est en cours dans la réserve. Dans ce cas, toutes les personnes présentes sur la propriété doivent regagner leur hébergement et y rester jusqu'à nouvel ordre. Heureusement, on utilise rarement l'alerte noire.

En tant que responsable de la sécurité et de la lutte anti-braconnage, Larry reçoit régulièrement des tuyaux sur d'éventuelles offensives. Dans cette lutte, l'information est la clé, même si les éléments que nous obtenons sont souvent incomplets ou incertains. Les tentatives de braconnage auxquelles nous faisons face peuvent venir d'habitants, qui tuent les bêtes pour les manger, comme de professionnels armés qui en veulent aux cornes et aux défenses de nos animaux. Nous ne savons jamais à l'avance à qui nous avons affaire, et dans la pire des éventualités, les conséquences de telles attaques peuvent être mortelles. La pandémie n'avait fait qu'aggraver la situation.

Un après-midi, je prenais un peu de temps pour moi et me promenais dans le jardin, un café à la main. Le haricot pleureur était en pleine floraison. Ce grand arbre fuchsia est l'un des premiers à fleurir au printemps. Après un hiver long et rigoureux, c'est toujours un plaisir de contempler ses fleurs d'un rouge profond ; elles produisent tant de nectar qu'il goutte comme de la pluie. Je m'arrêtai pour admirer la joyeuse nuée d'oiseaux, d'abeilles et autres petites bêtes se gaver de ce liquide sucré lorsque je sentis mon téléphone vibrer dans la poche de ma veste.

Je le sortis et lus le nom « Larry Erasmus ». Bien que j'apprécie notre chef de la sécurité, tout message de sa part suscite de l'inquiétude – trop souvent, il m'annonce un problème. Ce message ne dérogeait pas à la règle.

Groupe de 30 braconniers et de 30 chiens repéré à la limite de Dube Ridge. Ils essaient d'entrer dans Thula. La brigade est sur place.

Trente! À ce stade, c'était presque une armée! Avant que j'aie le temps de répondre, un nouveau message arriva.

K9 prête.

L'unité canine, K9, était donc en cours de déploiement. Puis je lus :

ZAP Wing prête.

Le soutien aérien... C'était du sérieux.
Larry envoya trois photos, chacune montrant un tronçon de la clôture dont les fils avaient été coupés et repliés.

C'est un énorme groupe armé, avec des chiens. Ça ressemble à une offensive coordonnée. On a sollicité l'aide des SAPS* et j'ai dépêché deux véhicules supplémentaires en renfort.

Il s'agissait en fait de braconniers « de subsistance », qui espéraient capturer les animaux pour les manger ou pour les vendre. Ils devenaient de plus en plus audacieux et rusés. Par exemple, ils avaient récemment commencé à attaquer depuis les abords de la réserve. Postés à l'extérieur, ils pouvaient tirer sur une antilope et la traîner sous la clôture sans que notre brigade puisse intervenir, puisqu'ils ne se trouvaient pas sur la propriété de Thula Thula. C'est l'une des raisons pour lesquelles nous travaillons avec la police – nous partageons nos informations avec elle

---

* South African Police Service : force de police nationale d'Afrique du Sud.

et nous l'appelons soit en renfort si nécessaire, soit pour arrêter les braconniers et les inculper. Cette fois, la présence de la police sud-africaine et de l'équipe de Larry suffit à faire fuir les assaillants et personne ne fut blessé.

La fois suivante, la chance tourna.

Larry m'avertit de nouveau par messages :

> Des agents infiltrés m'ont contacté. Un groupe de braconniers de Mpumalanga est arrivé au KZN il y a trois jours. Ils ont fait une tentative dans la région de Pongola. Ils auraient des vues sur Thula.

> Est-ce que je dois m'inquiéter ? Qui sont-ils exactement ?

> Il semble qu'on ait affaire à un autre genre de braconniers. Ils envisageraient une attaque à grande échelle pour capturer les rhinocéros. Ça pourrait devenir extrêmement dangereux.

> Quelle est la fiabilité de ces infos, d'après vous ?

> Je suis en contact avec le type depuis des années. C'est la première fois qu'il me fait une alerte pareille. Les services de renseignement criminel de la SAPS sont sur le coup. Ils vont peut-être transférer une équipe complète de K9 à TT. Je vous tiendrai au courant.

Mon cœur battait à tout rompre. D'après Larry, la menace était sérieuse. Si les informations qu'il avait reçues s'avéraient exactes, nous allions devoir mener un vrai combat.

Larry sortit littéralement l'artillerie lourde. Le lendemain de nos échanges, j'observai nerveusement le convoi de véhicules arriver depuis ma maison. Chaque voiture transportait des hommes de la brigade anti-braconnage vêtus de tenues de camouflage et de gilets pare-balles, fusils à l'épaule. Les chiens, en laisse, semblaient impatients de se mettre à la tâche et de pister les braconniers. Cela ressemblait au déploiement de troupes de renforts à l'aube d'une bataille. Le spectacle était extraordinaire, mais au fond de moi, j'aurais préféré qu'il n'ait pas lieu d'être.

Sur les instructions de Larry, les véhicules prirent position à des endroits stratégiques. Les gardes patrouilleraient ensuite à pied, en espérant piéger les assaillants avant qu'ils n'atteignent les rhinocéros. La réserve tout entière était désormais encerclée d'hommes armés. Je me sentais certes un peu plus en sécurité, mais ne parvenais pas à dormir pour autant. Je tendais l'oreille, à l'affût d'éventuels coups de feu ou de messages qui arriveraient sur mon téléphone portable, en vain. Je n'entendais rien que le doux ronflement de mes chiens et les bruits habituels du bush la nuit.

Larry m'appela le lendemain matin à la première heure pour me faire son rapport : deux braconniers avaient été abattus et d'autres arrêtés. Je trouvais cela absolument terrible que des gens meurent dans notre réserve, mais nous n'avions pas choisi cette guerre. Nous ne demandions rien d'autre que vivre en paix.

Nos rhinocéros étaient encore en vie et nous avions remporté cette bataille, mais la guerre était loin d'être terminée et nous savions que de nouveaux incidents de ce type se produiraient.

La mesure de protection la plus efficace est bien sûr le décornage. Sur les photos, nous commencions à apercevoir la corne de Sissi. Incroyable mais vrai, les braconniers créent de faux comptes sur les réseaux sociaux pour suivre ceux des réserves et des amoureux du bush. Ainsi, ils parviennent à trouver des clichés récents des animaux et leur emplacement, ce qui facilite leur traque. J'étais consciente qu'ils n'hésiteraient pas à tuer notre bébé pour ce petit centimètre de kératine : Sissi avait le même âge que les petits qui avaient été abattus dans notre orphelinat en 2017. Ces gens étaient sans pitié, nous le savions. La corne devait être enlevée. D'autant que nous avions aussi du retard pour le décornage de Mona. Comme elle avait mis bas peu de temps avant, nous avions attendu plus que d'habitude : ce type d'opération comporte toujours un risque et si quelque chose arrivait à Mona, nous devrions nous occuper d'un rhinocéros orphelin.

Le vétérinaire décida de les anesthésier et de les décorner l'une après l'autre, en commençant par la mère. Vusi et les bénévoles les localisèrent facilement. Mona fut endormie et sa corne enlevée. Vint ensuite le tour de Sissi. Celle-ci ne l'entendait pas de cette oreille. Elle partit aussi vite que ses petites pattes le lui permirent, bien déterminée à s'éloigner le plus possible du grand oiseau métallique et bruyant. Je craignais qu'elle ne fasse un arrêt cardiaque. L'hélicoptère finit par la retrouver et Trever tira une première fléchette, qui ne fit pas effet, puis une seconde. Cette fois, tout se déroula comme prévu et on put lui enlever sa corne.

Tout le monde restait sur ses gardes, au cas où Mona reviendrait pour protéger son bébé, comme elle l'avait déjà fait avec Lisa, mais elle demeurait invisible. Quand Sissi se réveilla, elle erra dans la réserve, encore chancelante, à la recherche de sa mère. Avant que nous n'ayons eu le temps de nous inquiéter, elles se retrouvèrent et se donnèrent de petits coups de museau, manifestement heureuses d'être réunies.

Ce jour-là, des hôtes venus de France et d'Amérique nous accompagnèrent pour assister à l'opération. Pour eux, l'expérience fut riche en émotions et très instructive. Ils étaient stupéfaits devant les moyens mis en œuvre : l'hélicoptère, les rangers et leurs véhicules, le vétérinaire et son équipe et bien sûr, notre armée privée, mitrailleuse à l'épaule, pour protéger les cornes. Ils prirent ainsi conscience de l'ampleur des efforts – et du budget – déployés pour la préservation de notre faune et nous espérions qu'ils pourraient à leur tour y sensibiliser leurs propres communautés.

La guerre contre le braconnage est permanente. Nous ne devons pas baisser la garde. C'est épuisant, mais nous n'avons pas le choix : la vie des animaux est en jeu.

35

Un rêve devient réalité

Tented Camp est un lieu paisible, très simple et proche de la nature. C'est l'endroit idéal pour s'asseoir à l'ombre et guetter l'apparition des calaos, ou pour s'allonger sur le lit tout confort, feuilleter un livre et écouter le chant des cigales. Mais en ce jour de septembre 2021, le campement était en pleine effervescence. En cuisine, on s'activait pour préparer un repas de fête, tandis que le personnel de ménage s'employait à dépoussiérer et astiquer sans relâche. Siya et Muzi prêtaient main-forte pour installer les chaises. Christiaan arrachait les fleurs fanées parmi les aloès et les autres plantes grasses qu'il avait bouturées. L'excitation était palpable, et pour cause : nous nous apprêtions à recevoir d'importants visiteurs de l'association des propriétés communautaires d'Ubizo – Thomas Cebekhulu, son président, accompagné d'autres représentants.

Le grand jour était enfin arrivé. Nous allions signer le protocole d'accord concernant Dube Ridge.

On nous annonça par radio que nos hôtes étaient là. Les rangers les escortaient au campement. Kirsten, notre avocate, et Michael, le propriétaire de Zulweni, se trouvaient déjà sur place. Le matin même, nous avions eu une réunion de trois heures sur Zoom avec les autorités responsables de la protection de la faune. Après des mois de malentendus, nous avions enfin pu nous parler ouvertement et directement. À la fin de la réunion, nous avions clarifié de nombreuses questions relatives à nos différents permis. Cela constituait un progrès considérable.

Les dames qui s'affairaient à Tented Camp allèrent se changer en vitesse et réapparurent, le sourire aux lèvres, dans de magnifiques tenues traditionnelles : jupes noires bordées de tresses blanches, perles noires et blanches ornant leurs têtes, leurs cous et leurs bras. J'avais demandé à tous les rangers d'être présents pour l'occasion. Cet événement revêtait une importance toute particulière pour Muzi, qui faisait partie de la communauté d'Ubizo. Nos partenaires avaient été ravis d'apprendre que l'un des leurs travaillait à Thula Thula depuis si longtemps, qu'il y avait été formé et était devenu un ranger compétent et très apprécié.

Quand on entendit les véhicules approcher, le personnel se rassembla à l'entrée pour accueillir nos hôtes. Thomas et les chefs de sa communauté étaient élégamment vêtus pour l'occasion. Clive Kelly, leur avocat, les accompagnait. C'était un homme charmant que je connaissais depuis des années. Sa famille vivait au Zululand depuis plus d'un siècle, il parlait couramment la langue et possédait un immense savoir sur la culture zouloue.

Je les accueillis à bras ouverts. L'ambiance était à l'excitation et à la joie. Nous avions tant à célébrer. Mais les affaires d'abord ! Les avocats présentèrent les documents imprimés que Thomas, en tant que président, signa au nom de la communauté d'Ubizo et que je signai à mon tour, pour Thula Thula.

– Aujourd'hui est un grand jour pour nous tous, déclara Thomas.

C'était vrai. Nous avions scellé notre accord. Les travaux pourraient commencer et nous avions déjà fixé une date : le 26 novembre. Nous ferions tomber les frontières de la zone de Lavoni et ouvririons les clôtures qui communiquaient avec Zulweni. Ce serait le premier volet de notre extension. Le second consisterait à clôturer ces nouvelles terres communautaires, dès que nous aurions reçu le feu vert des autorités. D'ici à la mi-2022, nous aurions donc atteint 5 500 hectares. Enfin ! Nous allions dépasser le seuil magique des 5 000 hectares et régler tous nos problèmes administratifs.

Je dois avouer que quelques larmes de joie me montèrent aux yeux en songeant à l'importance de cet accord pour la préservation de la faune, notamment pour notre famille d'éléphants. Thomas exprima lui aussi son enthousiasme à l'idée que ces magnifiques géants foulent bientôt les terres d'Ubizo, pour la première fois depuis des siècles. En tant que Française, je ne pouvais pas imaginer fêter l'événement sans une coupe de champagne ! Nous avions mis au frais un excellent pétillant sud-africain ; Vusi fit sauter les bouchons et tout le monde porta un toast à notre réussite mutuelle avant d'entamer le repas.

Les jeunes filles zouloues, en tenue traditionnelle, chantèrent et exécutèrent une danse de célébration. Thomas se leva et se joignit à elles, bientôt suivi par tous les chefs de sa communauté. Je regardai les gens rassemblés ce jour-là avec satisfaction et gratitude. Nos nouveaux partenaires, Thomas et les autres membres d'Ubizo, sont des personnes merveilleuses qui prennent très à cœur leur engagement vis-à-vis de leur communauté ainsi que leurs responsabilités dans la protection de la faune sauvage. Nous avons gagné confiance et respect mutuels et défendons une vision commune, comme c'est le cas avec Michael. Je savais qu'ensemble, nous pourrions accomplir de grandes choses.

Cette journée magnifique me fit de nouveau croire aux miracles. Quelques mois plus tôt, j'étais au plus bas, et l'avenir était sombre. Nous avions dû faire face à une pression immense, qui nous avait obligés à sortir de notre zone de confort, à trouver des idées et à construire de nouveaux partenariats. À force d'inventivité et de détermination, nous avions réussi l'impossible. La réserve naturelle du grand Zululand n'était plus la folie dont avait rêvé Lawrence. C'était une réalité. Dans un monde où les terres consacrées à la sauvegarde de la faune sauvage se réduisaient chaque jour, nous nous efforcions de créer des espaces plus vastes et plus sûrs pour nos animaux.

Comme l'avait dit un jour le grand Nelson Mandela : « Cela semble toujours impossible, jusqu'à ce que ce soit fait. »

36

Des hauts et des bas

Chère Françoise,
Toute ma vie, j'ai rêvé d'avoir une réserve en Afrique,
mais depuis que j'ai lu votre livre, j'ai changé d'avis. Je
préférerais venir en tant qu'invitée...

Cette étrange phrase d'introduction m'avait d'abord laissée un peu perplexe, puis je m'étais mise à rire. De toutes les lettres que j'avais reçues après la parution de mon livre *Un éléphant dans ma cuisine*, celle-ci, de la part d'une Américaine, était restée gravée dans ma mémoire. Elle résumait parfaitement la situation : je menais une vie de rêve, entourée d'éléphants, au milieu du bush, à la lumière des sublimes couchers de soleil africains, mais elle allait de pair avec un stress insensé, des disparitions tragiques et des déceptions immenses. En novembre 2021, ses mots me revinrent à l'esprit alors que je faisais face à l'un des plus importants défis de ma vie et éprouvais les plus grandes joies de ces deux dernières décennies.

Novembre est un mois magique à Thula Thula. C'est le début de l'été, la végétation est luxuriante, les naissances vont bon train et tout le monde se réjouit à l'idée d'accueillir nos hôtes pour la saison des fêtes. Après une année terrible sous le signe du Covid, novembre 2021 s'annonçait particulièrement bien. Safari Lodge et Tented Camp affichaient complet et le camp de bénévoles était peuplé d'une merveilleuse bande de jeunes gens impatients de se retrousser les manches et de s'investir dans la préservation de la faune sauvage. Le mois débuta d'ailleurs par une avalanche de bonnes nouvelles.

D'abord, Kirsten téléphona, débordante d'enthousiasme :

– Françoise ! Ça y est ! On a le permis !

Après six mois d'attente, nous avions reçu l'autorisation de faire venir Rambo, le « grand frère » de Thabo. Les autorités avaient également donné leur feu vert pour la réouverture de notre centre de sauvegarde. C'était une avancée incroyable.

Cependant, le jour le plus marquant fut celui où on fit tomber les clôtures entre Thula Thula, Zulweni et les terres de Lavoni pour ne former qu'une seule vaste réserve. Thula Thula gagna alors 1 500 hectares supplémentaires. J'invitai nos nouveaux partenaires, nos amis, nos hôtes, nos bénévoles ainsi que les médias et les autorités chargées de la protection de la faune à assister à cet événement et à le fêter à nos côtés. Les rangers sectionnèrent les fils et les enroulèrent, ne laissant que les poteaux de bois isolés se détacher sur l'horizon – ils seraient retirés plus tard.

Au milieu de ce tourbillon d'excitation, de photos et d'action, je m'arrêtai un instant pour apprécier la puissance de ce moment. Le plan d'extension sur lequel nous avions travaillé durant des années, au rythme de frustrations et d'échecs, se concrétisait enfin. Je songeai à toutes les épreuves que nous avions traversées pour en arriver là, au nombre de fois où je m'étais sentie abattue et où j'avais malgré tout réussi à me relever et à me battre. Je pensai à la fierté et à la joie de Lawrence s'il nous avait vus avancer à pas de géant vers son rêve.

Plus important encore, cela signifiait que nos éléphants étaient saufs. Nous avions engagé un nouveau consultant, Tony Robert, qui travaillerait pour le compte de la réserve naturelle du grand Zululand et se chargerait de l'élaboration et du suivi de tous nos plans de gestion. Il était certain que nos pachydermes ne seraient ni déplacés ni abattus. J'avais l'impression qu'on venait de retirer un immense fardeau de mes épaules.

– Allez, Françoise, encore une photo de Michael et toi ! lança Kim en me sortant de mes rêveries.

Je m'exécutai, offrant un large sourire à l'objectif.

Tout le monde se retrouva ensuite à Tented Camp pour les festivités. Je remerciai tous ceux qui avaient rendu ce grand jour possible, en particulier nos partenaires et l'équipe de Thula Thula. Je remerciai aussi les autorités responsables de la protection de la faune sauvage de m'avoir mise sous pression et ainsi poussée à aller de l'avant. Il fallait bien admettre que la menace du transfert de nos éléphants nous avait fait redoubler d'efforts et de créativité pour obtenir les terres dont nous avions besoin.

Steve Jobs disait : « En affaires, les grandes choses ne sont jamais réalisées par une seule personne, mais par toute une équipe. » Je crois que c'est vrai. En regardant les visages heureux autour de moi ce jour-là, je me sentis reconnaissante envers chacun d'entre eux – même ceux qui m'avaient parfois rendu la vie difficile !

Je retournai chez moi avec le sentiment du devoir accompli et le cœur léger. Je ne m'étais pas sentie aussi confiante en l'avenir depuis des années. Les chiens accoururent pour me saluer, bondissant et jappant de joie, comme si je m'étais absentée pendant des semaines.

– Hello, Gypsy ! Oui… Viens, Tina. Descends, Zara. Ici, rentre…, dis-je, entraînant ma meute dans la maison.

Je me préparai un café et m'assis pour consulter mes mails. Je n'en crus pas mes yeux.

Le même titre faisait la une de tous les sites d'information : « Le nouveau variant sud-africain ». Nos scientifiques avaient été les premiers au monde à isoler le génome d'une nouvelle souche Covid inquiétante – si récente qu'elle ne portait pas encore de nom. La panique s'empara de moi. Un nouveau titre s'afficha : « Les vols entre l'Afrique du Sud et l'Europe suspendus ». Toute l'énergie positive de la journée s'évanouit en une seconde. Je fus saisie par une effroyable impression de déjà-vu. Nous avions déjà vécu ça, je connaissais cette histoire.

Je traversai la pelouse en courant, jusqu'à la réception. Swazi leva les yeux de son écran d'ordinateur et me regarda, sous le choc.

– Françoise, les hôtes… Ils annulent tous, dit-elle.

Sa boîte mail croulait sous les messages d'hôtes qui annulaient les uns après les autres leurs réservations pour les fêtes de fin d'année.

– Mon Dieu. C'est une catastrophe, fis-je, sans pouvoir me contenir.

Un charmant couple d'Américains se présenta alors à l'accueil, le visage blême :

– Nous venons de voir les informations. Il faut que nous attrapions un vol. Vous pouvez nous aider ?

Les nouvelles déclenchèrent un tourbillon d'activités. Tout le personnel de réception et de bureau se mit à organiser le départ de nos hôtes et de nos bénévoles, afin qu'ils puissent rentrer chez eux le plus rapidement possible. La situation était à la fois épuisante, stressante et chaotique – c'était la répétition à l'identique de ce que nous avions vécu lors de l'annonce du premier confinement, dix-huit mois plus tôt.

Le soir venu, je me sentis éreintée, envahie par l'angoisse et la peur. J'avais fait face à tant de problèmes, tout était enfin en train de s'améliorer, la journée avait été merveilleuse... Et maintenant, ça.

Honnêtement, je ne savais pas si j'arriverais à traverser tout cela : les annulations, les chambres vides, les mois d'inquiétude à se demander comment payer les factures. Cette nuit-là, je me tournai et me retournai dans mon lit et passai en revue toutes les conséquences possibles de cette nouvelle onde de choc. Combien de temps les frontières resteraient-elles fermées ? Comment réagirait l'Afrique du Sud ? Le gouvernement confinerait-il de nouveau les habitants ? Mon cerveau était en ébullition. Lucy vint se coucher contre moi. J'assouplis provisoirement la règle qui interdisait toute présence canine sur mon lit, en faisant comme si je n'avais rien remarqué. Sentir leurs corps chauds tout près de moi m'apportait un grand réconfort.

Le lendemain matin, je me levai, après ce qui me sembla une demi-heure de sommeil, et je me remis au travail. J'aidai les hôtes et bénévoles à s'organiser et je tentai d'apaiser les craintes du personnel tout en poursuivant au mieux les activités quotidiennes nécessaires au bon fonctionnement de la réserve. Mon téléphone n'arrêtait pas de sonner : questions, demandes, annulations, mails d'amis qui s'inquiétaient pour nous. J'avais à peine le temps de le consulter. Dans l'après-midi, j'ouvris cependant un message de Michael. C'était la photo d'un nyala. Une photo ordinaire, d'une antilope tout à fait ordinaire. Mais ce cliché était loin de l'être. Tout était dans la légende : « Un premier visiteur a emprunté le tunnel ! »

Quelle joie ! Les animaux commençaient donc à utiliser le passage souterrain entre Thula Thula et Zulweni. J'étais certaine que les éléphants aussi s'y frayeraient un chemin et que leur curiosité les pousserait à explorer les nouvelles aires de notre grande réserve.

La photo fit le tour des rangers. Khaya demanda de quel côté venait l'antilope et il se réjouit en apprenant que c'était un nyala de Zulweni qui s'était rendu à Thula. Le soupçonnant de craindre que notre faune nous quitte, je lui rappelai alors :

– Nous ne faisons qu'un maintenant. Il n'y a pas de « nous » et « eux ». Nous partageons tout, dans l'intérêt de tous.

Sur le principe, tout le monde était d'accord, même si j'étais curieuse de voir comment ils réagiraient lorsque leurs éléphants bien-aimés iraient faire un tour chez les voisins ! Cette photo fut littéralement une éclaircie dans ma journée, et mon moral remonta en flèche !

Le lendemain, le président Ramaphosa annonça que malgré la vitesse de propagation du variant désormais baptisé Omicron, il n'y aurait pas de nouveau confinement. Je crois que cela aurait été tout simplement trop difficile à supporter pour le pays. C'était au moins une bonne nouvelle : nous allions pouvoir continuer à accueillir nos hôtes sud-africains.

37

Thabo et Ntombi font le test

Quelques mois plus tôt, notre vétérinaire avait suggéré que nous fassions analyser la fertilité de Ntombi et de Thabo. Pourquoi ne se reproduisaient-ils pas ? Était-ce un problème physique, ou cela était-il dû au fait qu'ils avaient tous deux été élevés par des humains ? Comment pouvions-nous les aider ?

Trever s'entretint avec le docteur Morné de la Rey, le spécialiste mondial de la reproduction assistée chez les animaux, incluant fécondation in vitro et insémination artificielle. Il était également l'un des fondateurs de l'association à but non lucratif Rhino Repro, qui recourt aux dernières techniques d'aide à la fertilité pour tenter de préserver le rhinocéros blanc du Nord, une sous-espèce quasiment éteinte. Lorsque j'appris qu'il avait examiné et opéré plus de deux cent vingt rhinocéros, je me dis que le rencontrer pourrait être utile.

Le docteur Morné arriva le 8 décembre 2021. Nous espérions tous qu'il ferait la lumière sur la mystérieuse – et infructueuse – vie sexuelle de Thabo et Ntombi. Si cela s'avérait nécessaire, il pourrait même les opérer. Hendrik Hansen, un vétérinaire spécialiste de la faune sauvage, et Trever, notre vétérinaire, pourraient l'aider ; et nos rangers étaient également présents pour prêter main-forte et assister à cette opération de pointe. Enfin, comme à son habitude, Kim se chargerait de documenter la journée. C'était un véritable événement.

Les animaux furent anesthésiés sans incident. Les choses sérieuses pouvaient commencer. Le docteur Morné avait toute une panoplie d'équipements : tubes et sondes, perfusions et aiguilles, ainsi qu'une valise matelassée contenant flacons et bouteilles. Carla, son assistante, l'aida à disposer le tout – une vraie salle d'opération à ciel ouvert, en plein bush.

D'abord, Ntombi. À l'aide d'un instrument que le docteur Morné et son équipe avaient mis au point pour les rhinocéros, il réalisa une échographie pour examiner les organes reproducteurs de la jeune femelle. Il constata que l'ovaire droit était inactif, mais que l'ovaire gauche avait deux follicules fonctionnels. Cela signifiait que Ntombi était inactive, mais pas stérile.

Il inséra une sonde afin d'effectuer une OPU – pour « Ovum Pick-Up », autrement dit une récupération d'ovocytes. Il aspira ainsi deux ovules provenant de l'ovaire gauche. Tandis que le docteur Morné s'occupait de Ntombi, on décorna Thabo. L'opération de Ntombi ayant duré un peu plus longtemps que prévu, Trever administra deux légères doses supplémentaires d'anesthésiant à Thabo pour qu'il reste endormi jusqu'à l'arrivée du docteur Morné et d'Hendrik. Nul ne voulait risquer qu'il se réveille !

Le tour de Thabo arriva. Après quelques tentatives, le docteur Morné réussit à introduire la sonde de ponction de sperme à travers la paroi du rectum, afin de stimuler ses organes reproducteurs. Il était en pleine intervention quand je l'entendis murmurer :

– *Eish*, il va se réveiller !

Et il avait vu juste ! Pour Thabo, ça suffisait comme ça. Il en avait assez, de tous ces examens. Le docteur Morné et Carla s'arrêtèrent dès qu'il commença à bouger. Il lutta pour se relever, projetant rangers et équipe vétérinaire au sol. Andrew, qui était alors allongé en travers de son encolure, s'accrocha à lui comme s'il le chevauchait. Sheldon, un jeune bénévole, fit de même.

Malgré ses yeux bandés, les perfusions et les seringues, Thabo se mit à avancer. Il se secoua, éjectant les deux hommes qui atterrirent heureusement sains et saufs. Pendant ce temps, tous ceux qui connaissaient Thabo s'enfuirent aussi vite que leurs jambes le leur permettaient pour se réfugier sous les véhicules. Tout le monde se comporta comme si une grenade allait exploser, mais le docteur Morné et Hendrik, eux, restèrent calmes. Notre fuite précipitée les déconcertait : ils ignoraient qu'ils n'avaient pas affaire à un rhinocéros normal, mais à Thabo !

Malgré l'incident, le docteur Morné avait réussi à obtenir les échantillons et toutes les informations dont il avait besoin. Les rangers ôtèrent tout l'attirail médical et le bandeau des yeux de l'animal qui s'éloigna, l'air un peu hébété. De retour au lodge, après cinq heures d'intervention, le docteur Morné nous fit part de ses impressions.

– Concernant Thabo, je n'ai pas de bonnes nouvelles. Les tests ont prouvé qu'il ne produisait pas de sperme. Il est donc probable qu'il soit stérile, ou du moins hypofertile, déclara-t-il. Je suis désolé.

Il nous expliqua que c'était assez fréquent chez les rhinocéros qui avaient subi des traumatismes précoces ou avaient été élevés par des humains.

– On ne sait pas exactement pourquoi, poursuivit-il. Cela pourrait être lié à la structure hiérarchique des groupes de rhinocéros. Les jeunes mâles semblent avoir besoin de la présence et de la concurrence d'autres mâles dominants pour les aider à se développer d'un point de vue hormonal, et pour les guider. Thabo n'a jamais eu d'adulte pour lui montrer comment s'accoupler avec une femelle.

En effet, en présence de Mona ou Ntombi, Thabo adoptait un comportement craintif et soumis, comme s'il ne savait pas comment s'y prendre. L'annonce de son incapacité – physique et psychologique – m'attrista. C'était un si bel animal, si extraordinaire. Quel dommage de devoir renoncer à voir de petits bébés Thabo gambader à Thula Thula.

Du côté de Ntombi, les nouvelles étaient bien meilleures. Son cycle hormonal – augmentation et diminution de progestérone et d'œstrogène – était certes déréglé, ce qui ne lui permettait pas d'être en chaleur, mais l'ablation des ovules dormants et non viables devrait inciter son corps à reprendre un cycle normal.

La reproduction des rhinocéros est plus complexe qu'on ne l'imagine et elle est affectée par un certain nombre de facteurs physiques, sociaux et émotionnels. Dans notre cas, les problèmes de Ntombi semblaient d'ordre social. La présence d'une femelle dominante plus âgée qu'elle, comme Mona, aurait dû avoir un impact positif sur son cycle, mais malheureusement, les deux femelles ne se fréquentaient pas. La compagnie de Thabo, soumis, qui entretenait une relation « fraternelle » avec elle, n'aidait pas non plus à provoquer ses chaleurs, mais la venue d'un mâle dominant et sexuellement actif (Rambo !) pourrait être bénéfique.

À treize ans, Ntombi avait encore de nombreuses années de fécondité devant elle. C'était une bonne nouvelle. De plus, l'arrivée de Rambo était prévue une semaine après l'ablation : le moment ne pouvait pas être mieux choisi !

Mona, s'étant déjà reproduite deux fois, ne fut pas testée et nous savions que Rambo s'était accouplé avec succès à plusieurs reprises. Nous avions donc bon espoir que Ntombi et Mona donnent naissance à des petits avec notre nouveau mâle.

J'étais infiniment reconnaissante de pouvoir bénéficier de ce type d'intervention vétérinaire de pointe et des connaissances exceptionnelles du docteur Morné.

Une semaine après l'opération, nous attendions impatiemment une livraison très spéciale : Rambo ! Assise dans une voiture de safari, je regardais une grue soulever l'énorme caisse en acier renforcé, à l'arrière du camion, avec une excitation teintée de nervosité. Jusqu'à présent, nos efforts pour accroître la population de rhinocéros et aider Thabo à devenir un mâle adulte équilibré s'étaient soldés par des échecs. Ce grand frère tant attendu ferait-il l'affaire ?

La grue posa à terre la caisse, d'où provenaient des

bruits sourds : un géant de deux tonnes et demie remuait. Deux assistants grimpèrent sur le toit et ouvrirent la porte.

– Il sort ! s'écria Kim avec enthousiasme.

Rambo émergea en reculant, sa croupe grise en premier, massive.

– On est sûrs qu'ils ne nous ont pas envoyé un éléphant ? plaisantai-je.

Son corps apparut, suivi de ses larges épaules et de son cou épais, et enfin, de son énorme tête, qui se balançait. Le pâle moignon circulaire de sa corne, récemment coupée, contrastait avec sa peau sombre.

C'était un spectacle magnifique : nous avions sous nos yeux un rhinocéros de dix-sept ans, robuste, dans la force de l'âge.

Une fois sorti, il se retourna et observa son nouvel environnement. J'imaginai qu'il admirait alors la prairie douce et luxuriante et au-delà, les plaines verdoyantes, les ruisseaux et les flaques d'eau qui scintillaient au soleil. C'était son territoire désormais.

– Bienvenue à la maison, Rambo, dis-je tandis qu'il humait le vent.

Sentait-il l'odeur de Thabo ?

Rambo n'avait pas été anesthésié pour effectuer le voyage de Phinda à Thula Thula, mais il semblait tout à fait calme. Je poussai un soupir de soulagement. Dans une telle opération, tout peut arriver. Je craignais que, effrayé ou désorienté, il ne devienne agressif. Mais quand on a vécu avec un rhinocéros comme Thabo, on apprend la prudence : nous nous étions positionnés de manière à pouvoir nous éloigner rapidement en cas de charge. Toutefois, Rambo semblait à l'aise et affichait une confiance tranquille. Il baissa la tête et brouta quelques instants, puis s'allongea pour se remettre du trajet.

Nous avions décidé de ne pas placer Rambo dans le *boma*. C'était un adulte qui connaissait bien le bush, et les rangers pensaient qu'il s'adapterait sans problème à son nouvel environnement. Son attitude leur donnait raison. Après une sieste réparatrice, il s'éloigna dans les broussailles.

Dans les jours qui suivirent, Rambo s'avéra assez facile à repérer. Un matin, Muzi, Clément, Christiaan et moi l'avions trouvé en train de se rafraîchir dans le petit étang de Mpisi, sur la route de Lavoni. Son comportement calme et assuré avait fait s'envoler toutes mes inquiétudes ; il se sentait chez lui. Il avait ignoré notre présence et profité de son bain de boue.

– Voilà, ça c'est un rhinocéros sauvage ! s'était exclamé Christiaan avec satisfaction.

Je songeai alors à notre Thabo, si marqué par la disparition de sa mère, et cette pensée m'attrista. Malgré les efforts que nous avions déployés pour compenser cette perte, l'amour et les soins que nous lui avions prodigués, nous n'avions jamais pu lui donner l'éducation dont il avait besoin. J'espérais encore que la présence de Rambo le changerait et l'aiderait à développer la force et la confiance qui lui faisaient tant défaut. Seul l'avenir nous le dirait.

38

Rambo, voici Thabo

Rambo prit ses repères le plus naturellement du monde. Les rangers l'aperçurent en train de marquer son territoire sur les plaines de Gwala Gwala, non loin de la maison principale. Il répandait alternativement excréments et urine, indiquant à tout un chacun qu'il s'agissait désormais de son domaine.

Je ne pouvais m'empêcher de me demander ce que Thabo pensait de cette nouvelle odeur. En tant qu'unique mâle, il avait toujours eu l'ensemble de Thula Thula pour lui seul. Comment allait-il réagir à la présence de cet intrus ? Partagerait-il son territoire ou au contraire, se battrait-il pour le garder ?

Les rangers surveillaient notre nouveau venu de près, aux aguets, attendant à la fois la rencontre entre nos deux grands mâles et celle de Rambo et des femelles. Pour ma part, c'était le premier face-à-face que je redoutais, même si j'essayais de me rassurer en me disant que Rambo n'avait aucune raison de vouloir affronter Thabo.

La rencontre eut lieu la veille de Noël, au petit matin. Je reçus un message de Victor :

Rambo et Thabo sont ensemble !

Waouh ! Dites-moi comment ça s'est passé ! Vous êtes où ?

Entre les ossements de Numzane et l'aire de pique-nique du lodge. Près de l'étang de Nana.

Je saisis mes jumelles et courus me placer en haut du talus, près de la piscine, d'où on a une vue imprenable sur les plaines. C'était une journée sinistre, si froide que même les serpents se terraient ! Il commença à bruiner, mais je ne voulais pas perdre un seul instant en allant chercher un imperméable. Malgré la mauvaise visibilité, je repérai le véhicule de Victor. La végétation cachait en partie les deux animaux.

Que faisaient-ils ?

Ils s'observaient l'un l'autre. Je retenais mon souffle. Dans les régions isolées du Zululand, le réseau mobile n'est déjà pas très fiable en temps normal, mais c'est toujours au moment où on attend des nouvelles importantes qu'il semble disparaître complètement ! Victor demeurait donc silencieux, et mes messages, de plus en plus désespérés, ne parvenaient pas à leur destinataire.

Enfin, mon téléphone sonna :

Thabo s'est allongé. On dirait qu'il dort !

Et Rambo ?

Il le regarde dormir.

Vraiment, Thabo ?

Rambo, voici Thabo

L'envie me prit de rire en imaginant notre petit voyou décider de piquer un somme sous le nez de cet énorme nouveau venu. Ce n'était pas la première fois que Thabo agissait ainsi : je l'avais vu faire la même chose avec les éléphants. Il s'était allongé devant eux, au milieu de la route, leur bloquant le passage et les ignorant complètement. Les éléphants avaient semblé déconcertés par cette attitude. Était-ce une stratégie ? Cherchait-il à les perturber ? Essayait-il de reproduire cela avec Rambo, ou était-ce un simple signe de soumission ?

Les minutes s'écoulèrent. Je regardais Victor, au loin, dans son véhicule, et attendais ses messages avec impatience. Terrifiée à l'idée que les deux mâles puissent se battre et se blesser, j'étais à deux doigts d'appeler notre vétérinaire, juste au cas où, mais ça ne servait à rien. Le suspense m'était de plus en plus insupportable.

J'écrivis à Victor :

Il dort encore ?

Non. Il vient de se lever. Il attend. Rambo prépare ses munitions !

Hahaha... ! Ils sont proches ? (Je riais jaune !)

À 5 mètres, peut-être moins.

Et vous ?

À 100 mètres. Ne vous inquiétez pas, en cas de problème, je suis bien placé.

Merci, Victor. Continuez à les surveiller et prenez des photos si possible.

Quelques minutes plus tard, Victor écrivit de nouveau :

Rambo s'éloigne.

Qui sait, peut-être Thabo avait-il été plus malin que je ne le pensais. Sa stratégie semblait avoir fonctionné. Il avait évité l'affrontement. Rambo avança tranquillement vers d'épais buissons et se mit à uriner, marquant ce qui était désormais son territoire. Thabo se releva et le suivit, en s'arrêtant pour renifler l'urine. Rambo continua à cheminer, Thabo à sa suite, et ils arrivèrent en face du *boma*. Je les voyais bien à présent, depuis mon poste d'observation, mais je ne savais toujours pas à quoi m'en tenir.

De retour, Victor nous montra les photos qu'il avait prises. Les rangers se rassemblèrent autour de lui avec enthousiasme. Tout le monde voulait entendre le récit détaillé de cette première rencontre. Victor raconta l'événement et fit circuler les images, tandis que nous les analysions et débattions, disséquant chaque information, cherchant à prédire l'avenir.

Même si j'étais perplexe, j'étais avant tout soulagée de constater l'absence de toute agressivité.

Cette nuit-là, je me tournai et me retournai dans mon lit, inquiète, espérant que la paix qui s'était installée entre eux durerait encore un peu. Je me réveillai à l'aube pour consulter les messages des rangers. Rambo se trouvait au même endroit que la veille, mais Thabo était parti vers le nord, non loin du camp de bénévoles, soit aussi loin que possible de son concurrent.

Quant aux femelles, elles restaient au nord de la réserve, tandis que Rambo établissait son territoire plus

au sud. Je n'étais peut-être pas une spécialiste de la reproduction animale, mais j'étais sûre que ce n'était pas
comme ça que ça fonctionnerait! Cela dit, nous étions à
peu près certains qu'ils étaient au courant de leur présence mutuelle. C'était une question de temps. Une fois
de plus, nous ne pouvions rien faire d'autre qu'attendre.
Nous ne perdions toutefois pas espoir, car nous savions
qu'en période de reproduction, les femelles diffusaient
leur odeur, afin d'attirer les mâles et d'éloigner leurs
concurrentes. Le moment venu, cela éveillerait sans doute
la curiosité de Rambo, et pour nous, un nouveau rêve
deviendrait réalité!

39

La terre promise

Ce matin-là, Muzi, Christiaan, Clément et moi étions en route pour Lavoni, désormais intégré à Thula. Plus aucune clôture ne séparait nos propriétés. Les éléphants avaient pris possession de leur nouveau territoire et j'avais hâte de voir s'ils s'y plaisaient. C'était une belle journée pour sillonner le bush : une légère brise soufflait et l'air était encore frais. Grâce aux fortes pluies, la végétation était spectaculaire, d'un vert éblouissant, et les animaux, avec cette profusion de nourriture, étaient en excellente santé.

Décembre est le mois des naissances. Bébés nyalas, impalas, zèbres, gnous… ; tous se tenaient sur leurs pattes quelques minutes seulement après leur venue au monde, se préparant à explorer la nature, collés à leurs mères. Je demandai à Muzi de s'arrêter un instant pour admirer un zébreau, âgé de quelques heures à peine.

– Regardez ses longues pattes, fit remarquer Christiaan. Elles ont déjà leur taille adulte à la naissance. Ça permet de garder les prédateurs à distance : tapis dans les herbes, ils ne discernent que les pattes de leurs proies et ne peuvent donc pas voir que des bébés vulnérables se cachent au sein du troupeau.

Il n'existe pas de plus beau cadeau de Noël que ces naissances-là, qui me comblent de joie. Cette année cependant, en les regardant, je ne pus m'empêcher de penser à Savannah. Nous avions tant espéré qu'elle mettrait bas pour les fêtes de fin d'année. Mais elle était seule, sans partenaire ni petits. La question des permis n'était toujours pas réglée. Je chassai cette pensée et dis à Muzi de reprendre la route, impatiente de voir nos éléphants.

Nous avions fait tomber les clôtures entre Thula Thula et Lavoni le 26 novembre 2021, en présence d'amis, de membres du personnel et des médias, tous venus célébrer l'événement. Mais la vraie victoire avait été de constater que notre merveilleuse harde s'était frayé un chemin jusqu'à ces nouvelles terres.

Nous n'avions pas de mal à voir par où elle était passée, c'était flagrant. Muzi pila à la sortie d'un virage et descendit du véhicule pour examiner un jeune saule en travers de la route. L'arbre avait été arraché, ses racines étaient à nu. Les branches et les feuilles avaient été mangées puis écrasées sous le poids d'un troupeau d'éléphants enthousiastes.

Clément et Christiaan aidèrent Muzi à dégager le chemin, mais à peine repartis, les débris d'un cactus lui aussi déraciné, grignoté et piétiné nous arrêtèrent. Le trajet se poursuivit ainsi, car malgré la solidité du quatre-quatre et les talents de conducteur de Muzi, nos pachydermes, pris dans l'exploration joyeuse de leur nouveau terrain de jeu, avaient parsemé la route d'embûches.

Soudain, j'entendis un craquement familier et caractéristique. En me retournant, j'aperçus Nandi et E.T. qui se gavaient de feuillage frais, arrachant de jeunes branches et les fourrant dans leur bouche. Bébé Tom, l'éléphanteau apeuré qui avait séjourné dans ma cuisine, courut à la rencontre du véhicule, la trompe haute. Me reconnaissait-elle ? Après quelques instants à les observer, on continua en direction de la rivière, jusqu'à une clairière, au milieu du bush, à partir de laquelle le troupeau avait visiblement tracé son propre chemin. Tout au bout s'étendait un grand plan d'eau, dans lequel des éléphants de la famille de Nana nageaient et s'éclaboussaient.

Nous ne les avions jamais vus ainsi. On aurait dit des enfants dans un immense parc d'attractions plein de nouveaux manèges et toboggans, de saveurs et d'odeurs incroyables. Ils débordaient d'enthousiasme et de joie. Le troupeau resta durant des jours à Lavoni, explorant sa nouvelle aire de jeu et goûtant à tous les délices qu'elle leur offrait. Je sentais qu'ils ne reviendraient pas en terrain connu avant des semaines, mais au fond, ça ne me dérangeait pas.

Lavoni dépassait tous nos espoirs. C'était la terre promise dont notre famille d'éléphants avait besoin. Et ce n'était qu'un début. En mars 2022, nous commencerions à poser les clôtures autour des parcelles de Dube Ridge et à faire tomber celles de Thula Thula.

Je pensai à Frankie, certaine qu'elle aurait adoré cette nouvelle terre et qu'elle se serait réjouie de voir sa harde aussi épanouie. Cela faisait un an que la matriarche avait disparu, et le troupeau ressentait encore son absence. Si nous allions rarement sur son lieu de repos – difficile d'accès et territoire des buffles –, les éléphants, eux, s'y rendaient souvent. Qui sait ce qu'ils éprouvaient quand ils saisissaient ses ossements avec leur trompe, les sentaient et les goûtaient ?

Brendan avait été le plus affecté par la perte de Frankie. C'était un vrai fils à maman. Il était resté à ses côtés tout au long de sa maladie, jusqu'à ce qu'elle finisse par le chasser, peu avant sa mort, sans doute pour le protéger. Brendan, encore en deuil, adoptait parfois une attitude étrange. Un jour, à Mkhulu, Victor assista à une terrible confrontation. Brendan se comportait mal avec certaines femelles ; il les touchait de manière inappropriée ou essayait de les monter sans autre préalable. Disons qu'il ne s'illustrait pas par son élégance.

– Dans ce troupeau, il n'a aucune chance de s'en sortir s'il continue ainsi, dit Victor, l'air désapprobateur. E.T. l'a vu faire et a décidé de mettre un terme à tout ça. Elle l'a poursuivi jusqu'à l'étang et l'a cloué dans l'eau. Brendan barrissait de toutes ses forces, mais elle ne l'a pas lâché et l'a empêché de se relever. Je n'en revenais pas.

Je compatissais envers ce pauvre Brendan. E.T. était une éléphante redoutable !

– Ça s'est fini comment ? demandai-je à Victor.

– Mabula est intervenu. Il a tenu son rôle de grand frère, a plongé dans l'eau et s'est mis à jouer avec Brendan pour le calmer. C'était un peu comme s'il lui disait : « Tu sais, je suis passé par là moi aussi. Si tu restes tranquille et que tu te comportes bien, tout va s'arranger. » C'était incroyable.

L'extraordinaire intelligence émotionnelle de ces

animaux me frappait. Mabula avait réussi à désamorcer la situation en un rien de temps.

– Tout est bien qui finit bien alors !

– Pas vraiment. Une fois calmé, Brendan a essayé de sortir de l'étang, mais E.T. a refusé de le laisser passer. Mabula a avancé et s'est dressé devant elle, comme s'il voulait dire : « Bon, ça suffit maintenant, il a compris la leçon. » Ils sont restés un moment face à face. Tout le troupeau les regardait et retenait son souffle en attendant de savoir comment cette histoire allait se terminer.

– Et ?

– E.T. l'a laissé partir.

Gobisa aussi avait changé. Maintenant que sa chère Frankie avait disparu, il rendait visite aux autres femelles, comme pour prendre de leurs nouvelles, mais il semblait également montrer un intérêt sexuel, et c'était réciproque. Après tout, c'était un beau mâle tout à fait désirable !

Le plus intrigant était toutefois la manière dont évoluait la dynamique du troupeau. Nous en discutions sans cesse ; c'était notre feuilleton à nous. Dotée d'une forte personnalité et d'une famille assez nombreuse, Marula était certes la matriarche établie, mais elle ne détenait pas encore l'autorité qu'avait eue Frankie. Quant à Nana, sa sagesse et son expérience lui conféraient un pouvoir naturel et elle n'approuvait pas toujours les choix de Marula.

– Marula est plus aventureuse, comme Frankie, et plus jeune, expliquait Andrew. Quand elle décide de partir à l'autre bout de la réserve, Nana se permet parfois de décliner la proposition.

Sa famille suivait alors son exemple, tout comme

Nandi, qui restait à ses côtés pour apprendre les ficelles du métier. Malgré sa nature très douce, Nana n'était pas du genre à se laisser faire. Il y a peu, Christiaan roulait sur les pistes de Lavoni quand il tomba sur une grosse branche qui l'empêchait de continuer. Rien d'inhabituel. Christiaan sortit de la voiture pour dégager le chemin. Nana, non loin de là, l'observait.

– Je suis repassé dix minutes plus tard, et vous ne me croirez jamais… Nana ramenait la branche sur la route ! me raconta-t-il en secouant la tête. Elle m'a lancé un regard qui signifiait clairement : « Ne touche pas à mon arbre, jeune homme. Si je l'ai mis là, c'est que je veux qu'il y reste. Point. »

Sous le règne de Marula, le troupeau était donc moins soudé qu'auparavant. La famille de Frankie demeurait fidèle à Marula, mais celle de Nana prenait parfois ses distances. E.T., elle, se situait entre les deux. Il est probable que cette dynamique continue d'évoluer pendant un certain temps. Et qui sait, avec les nouvelles terres, peut-être assisterons-nous à une véritable scission, d'où deux ou même trois troupeaux distincts émergeront !

40

Par amour

« La passion est le secret de la persévérance. Une fois qu'on est tombé amoureux d'une vision, abandonner est impossible. » C'est l'une de mes citations préférées de Robin Sharma. Elle me parle, tant elle fait écho à mon propre parcours.

L'amour a toujours guidé mon aventure à Thula Thula : je suis d'abord tombée amoureuse de Lawrence, puis de ces terres, et enfin des éléphants, qui ont réussi à me toucher au plus profond de mon âme. Dès lors, veiller à leur sécurité et à leur bonheur est devenu l'œuvre de ma vie. Jamais je n'ai renoncé à cela, même si le chemin était semé d'obstacles.

Je repense souvent aux débuts de cette aventure. Un jour, il y a trente-quatre ans, Lawrence m'avait emmenée faire un tour dans la petite réserve de Windy Ridge. C'était mon premier voyage en Afrique du Sud. Quelle émotion j'avais alors ressentie en voyant pour la première fois l'humble impala et la gracieuse girafe déambuler sous mes yeux ! Jamais, même dans mes rêves les plus fous, je n'aurais pu imaginer que dix ans plus tard, nous serions propriétaires de cette terre, que nous avons baptisée Thula

Thula : un havre de paix pour la faune sauvage. Jamais non plus je n'aurais pensé que Lawrence mourrait si soudainement, me laissant la responsabilité de Thula Thula, de son personnel et de ses animaux.

Au cours des dix années qui ont suivi sa disparition, j'ai été confrontée à des situations extrêmes : inondations, braconnage, décès, luttes administratives, trahison et, plus récemment, pandémie. Ces montagnes russes émotionnelles m'ont bouleversée. J'ai parfois eu l'impression d'être incapable de poursuivre, mais je ne pouvais pas baisser les bras. Je devais continuer à défendre cette vision, à me battre pour les éléphants.

Ce sont eux qui m'ont guidée à travers toutes ces épreuves. Leur intuition, leur résilience et leur sens de la famille et de la communauté m'ont profondément touchée. Ils sont pour moi un parfait modèle de société et l'exemple même d'une vie épanouie. Voir notre harde unie, travailler dans l'intérêt commun, sous la direction de sa matriarche, m'a montré la voie à suivre dans cette nouvelle existence sans Lawrence, en me poussant à aller de l'avant, à poursuivre notre rêve et à mener notre équipe là où nous sommes aujourd'hui.

Je ne savais pas comment surmonter la disparition de Lawrence, comment continuer à faire vivre Thula Thula, ni comment traverser cette période de pandémie. J'étais tout sauf certaine qu'en 2022, je serais encore ici, dans cette merveilleuse région du Zululand, où demeure une exceptionnelle faune sauvage, libre et en sécurité. Et pourtant, je suis toujours là.

Le Covid nous a appris à ne jamais rien tenir pour acquis, à chérir chaque moment, même le plus ordinaire ;

on ne sait jamais de quoi l'avenir sera fait. Pour rien au monde je ne voudrais revivre ces années de pandémie, mais je reconnais avoir énormément grandi durant cette période et trouvé en moi des ressources jusque-là insoupçonnées.

Savoir s'adapter à des situations inédites est la clé pour survivre. Après toutes ces années, j'ai fini par comprendre que le changement est inévitable et que la pression, les défis et les obstacles qui vont de pair sont nécessaires à toute évolution, à tout développement. C'est la façon dont nous les abordons qui fait la différence et parfois, à notre grande surprise, l'impossible devient alors possible.

Au moment où j'écris ces lignes, depuis ma maison, j'aperçois les kudus, les gnous et les girafes paître dans l'immense prairie, douce et luxuriante en cette fin d'été. Au loin, les éléphants descendent la colline et se dirigent vers l'étang Mkhulu. Ils sont revenus de leurs vacances de Noël à Lavoni, repus de délicieux feuillages, de souvenirs et de nouvelles expériences. Ils nous avaient terriblement manqué, et nous étions bien sûr ravis de leur retour après ces trois mois dans le sud, mais les voir éprouver autant de joie en découvrant leurs nouvelles terres m'avait procuré un bonheur infini. Ils m'ont prouvé que tous nos efforts en valaient la peine.

Avec mon équipe, nous avons avancé petit à petit, en nous rapprochant toujours plus du rêve de Lawrence d'agrandir la réserve, pour protéger davantage d'animaux et préserver leur habitat.

Il y a quelques semaines, nous avons introduit un nouveau membre au sein de la famille de Thula Thula en relâchant Luigi, un crocodile, dans l'étang. Les fermiers qui l'avaient trouvé n'en voulaient pas et le CROW, un centre de sauvegarde de la faune sauvage réputé, nous a demandé si nous pouvions l'accueillir. Je n'ai pas hésité une seconde. Nous n'avions qu'un seul crocodile, Gucci, et bien plus d'étangs qu'il n'en fallait. Luigi, ravi, s'est élancé hors de sa caisse et a plongé dans l'eau tandis que la famille d'hippopotames observait du coin de l'œil l'irruption de ce nouvel individu.

Rambo semblait toujours à l'aise. Après avoir fait connaissance avec Thabo, il avait aussi rencontré les éléphants, puis les buffles, et les avait tous salués avec son assurance tranquille, sans la moindre agressivité. Cependant, il a pris son temps avant d'aller voir les femelles. Un mois ou deux après son arrivée, il a commencé à se déplacer vers le nord de la réserve, sur le territoire de nos chères femelles. Un jour, il est tombé nez à nez avec Ntombi qui broutait paisiblement en compagnie de Thabo, et s'est présenté à la belle. En rhinocéros, cela signifie se renifler ; romantique, non ?

Thabo ne semblait pas particulièrement impressionné par cet intrus qui faisait des avances à sa chère amie. Il s'est contenté de lever les yeux, l'air de dire « Qu'est-ce que tu fais au juste ? », puis il a baissé la tête et il a chargé. Une bousculade s'est ensuivie entre les deux prétendants – sans qu'aucun soit blessé, Dieu merci – et Rambo est sorti vainqueur, s'en allant vers le soleil couchant en compagnie de Ntombi.

Bientôt, il lui dit au revoir et continua sa route vers le nord. Quelques jours plus tard, il fit la connaissance de Mona, et le petit manège reprit.

Les présentations faites, Rambo attend désormais que

l'une des deux femelles soit en période de reproduction. Il en sera informé grâce à leur odeur, et viendra les retrouver. Et alors, je l'espère de tout cœur, mes petits-enfants rhinocéros verront le jour. C'était sa mission, après tout !

Notre pauvre Thabo, quant à lui, semble dépité. Depuis que Ntombi l'a laissé tomber, il erre seul comme une âme en peine, et cela me serre le cœur. Il a pris l'habitude de nous rendre visite à la maison principale et passe parfois des journées entières auprès de nous, comme s'il cherchait du réconfort.

Aujourd'hui, nous avons plus de terres et une faune plus riche que jamais. Le centre de sauvegarde du Zululand vient d'ouvrir ses portes et croule déjà sous les appels de toute la région — ce qui démontre l'importance et l'utilité d'une telle structure.

Malheureusement, la végétation est si dense qu'elle nous empêche d'observer Savannah, mais nous disposons de nombreuses preuves de sa présence et de son activité dans la réserve. Il ne lui manque plus que la compagnie d'un partenaire, dont nous attendons l'arrivée avec impatience.

Nous avons de nouveau soumis le plan de gestion des prédateurs aux autorités, cette fois pour l'ensemble de la réserve du grand Zululand. Nous devions recevoir le permis d'introduction de nos deux guépards mâles et espérions accueillir des bébés avant la fin 2022, pour contribuer à la sauvegarde de cette espèce menacée. Ce n'est que partie remise.

Dans le bush, rien n'est jamais certain. La seule chose dont je sois sûre, c'est que le chemin qui s'étend devant nous sera semé de défis et d'obstacles. Mais jamais nous n'abandonnerons. Défendre une cause et avoir un but est ce qui nous permet de traverser les moments difficiles, ce qui donne la force de continuer à nous battre et à poursuivre nos rêves.

En choisissant de vivre ici, j'ai embarqué pour un long voyage fait de découvertes et d'épreuves. Les bons jours, j'ai l'impression que c'est une aventure extraordinaire. Les mauvais, j'ai le sentiment d'être dans une lutte perpétuelle. Mais chaque jour est l'occasion de faire de Thula Thula un endroit encore plus accueillant pour les animaux comme pour les humains.

En février 2022, j'ai eu l'honneur de recevoir la médaille de chevalier de l'Ordre national du mérite, remise par l'ambassadeur de France à Pretoria, pour ma contribution à la protection de la faune sauvage en Afrique du Sud. Si je suis touchée d'être ainsi reconnue, je ne m'aventurerai jamais à croire que ce que je fais est unique, ou que je l'ai accompli seule. J'ai dédié cette médaille à ma formidable équipe de Thula Thula, qui a été à mes côtés tout au long de ce voyage et m'a permis de faire évoluer la réserve. Par ailleurs, j'estime que la reconnaissance que je reçois s'adresse aussi à tous les défenseurs de l'environnement, à ces héros méconnus qui s'efforcent de créer un monde meilleur et de sauver la faune sauvage africaine de l'extinction.

Vous lisez peut-être ce livre depuis un lointain pays enneigé, une grande ville animée ou depuis une plage, quelque part. Où que vous soyez, j'espère que vous vous sentirez proche de ce petit coin de terre si particulier, ici, au sud de l'Afrique, de sa faune, sa flore et des personnes qui s'en occupent. Car puisque nous partageons la même planète, nous sommes tous liés, humains et animaux du monde entier, pour le meilleur et pour le pire.

J'espère que mon histoire et celle des éléphants de Thula Thula vous auront fait tomber un peu amoureux de ces créatures fascinantes, et comprendre qu'il est essentiel de les protéger. Nous devons créer davantage d'espaces consacrés à notre faune et à notre flore, afin de prendre soin de notre planète et de ses habitants. Pour cela, il est nécessaire de former les gens à la préservation de ces espèces et de les sensibiliser à la lutte contre le braconnage.

Nous devons tous nous atteler à cette tâche avec passion et détermination. Ainsi, les générations futures pourront vivre l'une des plus belles et des plus profondes expériences qui soit : voir un éléphant, un rhinocéros, un guépard ou un lion se promener en liberté dans son habitat naturel. Au cœur de l'Afrique sauvage.

Remerciements

Je remercie ma collaboratrice, Kate Sidley, pour son dévouement et pour tout le travail de recherche qu'elle a effectué afin de créer ce merveilleux outil d'information sur la sauvegarde de la faune sauvage, tout en sachant raconter nos aventures dans le bush avec style et humour.

Merci à mon incroyable équipe de rangers, Siya, Andrew, Victor, Muzi et Khaya, d'avoir partagé avec nous leurs anecdotes et leur profonde compréhension des éléphants, des rhinocéros et de toutes les créatures qui vivent à Thula Thula.

Un merci tout particulier à Christiaan pour sa passion et ses connaissances sans faille de la faune sauvage – Kate et moi avons tant appris – ainsi que pour sa patience sans bornes et son aide inestimable dans la réalisation de ce livre.

Merci à tous les membres de mon équipe pour leur amour de Thula Thula et pour leur loyauté. J'espère qu'un jour, leurs enfants et leurs petits-enfants liront ce livre et découvriront avec fierté ce que nous avons accompli. J'espère aussi de tout cœur qu'ils seront une source d'inspiration pour de nombreuses générations futures.

321

Merci à notre si talentueuse photographe en résidence, Kim, d'avoir illustré cet ouvrage avec de magnifiques clichés de nos animaux.

Merci à Clément, qui tient une place particulière dans ma vie, pour son amour et son soutien inébranlable, ainsi que pour sa patience à l'égard de mon mode de vie un peu fou.

Merci à mon amie Bella, un puits de science et de sagesse, pour son aide et ses merveilleux conseils, que j'accueille toujours avec une immense gratitude.

Merci à tous nos amis et à celles et ceux qui soutiennent Thula Thula d'avoir été à nos côtés pour nous épauler dans les moments les plus difficiles. MERCI. Sans vous, nous n'aurions pas réussi.

Merci à notre famille d'éléphants, si unique – Nana, Nandi, Marula, Mabula, E.T., Gobisa, Mandla et tous les autres – de m'avoir inspirée, de m'avoir donné la force de ne jamais abandonner et de m'avoir aidée à mener l'équipe de Thula Thula là où nous sommes aujourd'hui.

À Lawrence et à Frankie, vos esprits vivront à jamais parmi nous, à Thula Thula.

Avec tout mon amour,

Françoise

Crédits photographiques

Pour toutes les photographies : © Kim Mcleod à l'exception de :

Page 2 en bas © Lynda Smith.
Page 3 en haut, page 4 en bas et page 16 en bas © Victor Ngwenya.
Page 4 en haut © Michael Holthuysen.
Page 6 en bas, page 10 en haut à droite et page 15 en haut © Françoise Malby-Anthony.
Page 8 en haut © Plony Bos.
Page 10 en haut à gauche © Sunel Hills.
Page 12 en bas © Siya Mbatha.
Page 16 en haut à droite © Ayan Kamath Mehra.

Table

1. Un éléphant dans mon jardin 9
2. La terre d'avant 20
3. S.O.S. rhinocéros en détresse 42
4. Un adolescent bagarreur... de deux tonnes et demie 53
5. Un épineux problème de corne 59
6. Une compagne pour Thabo 66
7. Secourir, soigner, relâcher 79
8. Sauver des vies 85
9. Cloches et senteurs de Noël 92
10. La famille s'agrandit. 101
11. Le Covid s'invite à Thula Thula 106
12. Un plan d'action 113
13. Les chiens de ma vie 122
14. Thabo contre l'excavateur. 131
15. Nous dépendons tous les uns des autres 137
16. Aux grands maux, les grands remèdes 146
17. La générosité des autres 155
18. Ce qui est à nous est... miné ? 160
19. De grands projets pour de grands félins. 172
20. Une redoutable équipe de nettoyage 180

21. Qu'arrive-t-il à notre matriarche ? 186
22. Une étrange visite pour Noël 192
23. Des oranges pour la reine 197
24. Savannah. 208
25. La vie après Frankie 216
26. Des problèmes de permis 222
27. Plus grands et plus forts que jamais. 228
28. Un pays en flammes. 235
29. L'esprit de l'Ubuntu 242
30. L'extinction silencieuse. 248
31. Humains contre animaux 256
32. On ne s'ennuie jamais dans le bush ! 264
33. D'ingénieux éléphants 269
34. Alerte noire 278
35. Un rêve devient réalité 285
36. Des hauts et des bas. 289
37. Thabo et Ntombi font le test 296
38. Rambo, voici Thabo 303
39. La terre promise. 308
40. Par amour. 314

Remerciements 321

Crédits photographiques 323

Composition : IGS-CP
Impression : CPI Firmin-Didot en avril 2024
Éditions Albin Michel
22, rue Huyghens, 75014 Paris
www.albin-michel.fr

ISBN : 978-2-226-48298-3
N° d'édition : 25424/01 – N° d'impression : 179290
Dépôt légal : mai 2024
Imprimé en France